U0031394

石人考古學

ユーラシアの石人

與緒遺厥突
世界的原草亞歐

林俊雄——著
朱振宏——譯

石人，高 88 公分，位於蒙古西北部烏布蘇省的溫都‧杭愛郡。此石人的材料為半
塊鹿石，其右手持著突厥‧粟特造型的容器（參照第壹部第二章「容器及其拿法」）。

目次

第貳部　古代歐亞大陸的各種石像

序言

那些去過蒙古和中亞旅行的人會記得，在當地的博物館中展示了很多表現人類的石刻像，也就是所謂的突厥石人。在昏暗的博物館展覽室內，甚至在室外中庭上，也擺著一排石人，這樣的場景實在太令人感到可憐了。如果那些石人知道自己是被強行帶離原本站立的地方，如此被狠狠地對待的話，應該也會想哭吧。石人既不是帶到哪裡都是可使用的石器，也不是為了單獨欣賞而製作的美術作品。它是考古遺址的一部分，與石圍圈、石列等一系列的遺存具有密不可分的關係。

「現代化」的開發浪潮，破壞了世界各地的文化遺產，中央歐亞草原地帶也不例外。當遊牧民族從草原上被趕出來，取而代之的是開始耕種的農民，他們砸碎了阻礙耕種的石頭，將它們搬到田地旁邊，有時又把它們當作建築材料再度利用，只有極少數倖免於難的石人被帶到博物館，一直延續到今天。現在如果想看看那些仍然站在原地的石人，就只能去不適合農耕的天山和阿爾泰山那樣涼爽的高地，或是遊牧民族仍占主導地位的蒙古草原了。

現在仍站在草原上的石人，雄偉地（也有女性石像）向四周睥睨著。即使是只有 1 公尺高的石人，在幾乎沒有樹木的草原上也相當顯眼。它們是在什麼時候、是誰、又是為了什麼原因而建立的呢？事實上，遺憾的是，這些根本問題很難說已被充分地闡明清楚。經由調查而新發現的石人，年年都在增加；然而，雖然資料增加了，問題非但沒有解決，反而變得越加複雜，甚至產生了新的問題（真懷念那些資料不多、問題簡單的日子呀！）。

　　順道一提，在歐亞大陸上，不僅是中央歐亞草原地帶，鄰近草原的周邊地域，在不同時期也都有創造人像。迄今為止，我寫過一些關於突厥石人的論文和報告，最近突然覺得為了解決問題，也應該一併參考其他文化類型的石人。因此，本書第壹部，首先根據最新的資料，探討突厥石人是在什麼時候、為了什麼原因而建立的問題。接著，在第貳部則根據地域的不同，由西向東概略地觀察與中央歐亞相鄰近的歐洲、西亞北部、中國北方的石人，並將其作為比較參考的研究資料。最後的第參部，則試著探討突厥石人在突厥時代結束後所經歷的命運。

　　通過石人圖像的變遷與譜系的建立，我希望多少能闡明一些關於遊牧民族自身的文化表現與不同遊牧民族之間的文化交流，以及他們與南方定居農耕城市文明的接觸、交流等內容。

第壹部

突厥石人

石人，高 82 公分，位於蒙古國西北部的烏布蘇省。此石人豎立於由北到南排列的 5 個石圍圈中，最南端的石圍圈東側。石人以右手的大拇指與食指持著容器的台座。

石人，高 97 公分，位於上述位置最北邊的石圍圈東側。石人的手握著容器的底部。

第一章

何謂石人？

古突厥時代

自古以來，遊牧民族常常會豎立模仿人類的石人像，來作為一種紀念方式。比如從青銅器時代（Bronze Age）晚期到早期斯基泰時代（Scythian Epoch）的鹿石；或是斯基泰時代和早期薩爾馬提亞時代（Sarmatians Stage）的石人都是其中的代表（本書第貳部將詳細敘述）。此後，在匈奴時代、薩爾馬提亞中期以後的時代和民族大遷徙時代，豎立石人的風俗似乎暫時中斷。然而，當它再次復活時，那就是突厥的石人，並且廣泛地傳播至歐亞大陸各地。

首先，讓我們來看看豎立這些石人的古突厥時代吧。西元六世紀中葉，一直以來臣屬於柔然統治下的突厥[(1)]擊敗了柔然，於西元五五二年獨立建國，東起大興安嶺，西抵裏海（Caspian Sea），一下子擴大了勢力。突厥不僅與中國產生關係，還與西亞的波斯薩珊王朝（Sassanid Empire）、後來興起的阿拉伯帝國、以及遙遠的拜

---

(1) 突厥被認為是Türk（土耳其人）的複數形式Türküt的漢字記載。此外，中國的南北朝、隋唐時代，不僅僅是使用突厥一詞，還廣泛使用勅勒、鐵勒等名稱來表示突厥系諸族。

中央歐亞地區圖

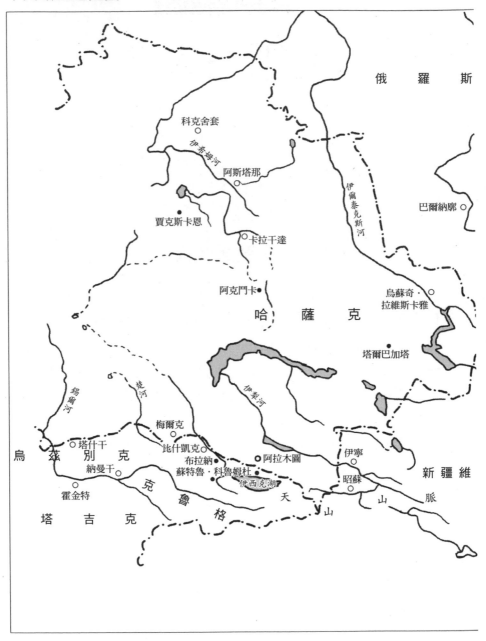

俄　羅　斯

科克舍套

伊希姆河

阿斯塔那

巴爾納廓

賈克斯卡恩

卡拉干達

伊爾泰克斯河

阿克門卡

哈　薩　克

烏蘇奇・
拉維斯卡雅

塔爾巴加塔

錫爾河

楚河

伊犁河

梅爾克

烏　茲　別　克

塔什干

比什凱克

阿拉木圖

伊寧

新疆維

納曼干

布拉納

蘇特魯・科魯姆杜

伊西克湖

昭蘇

霍金特

克　魯　格

天

山

山

脈

塔　吉　克

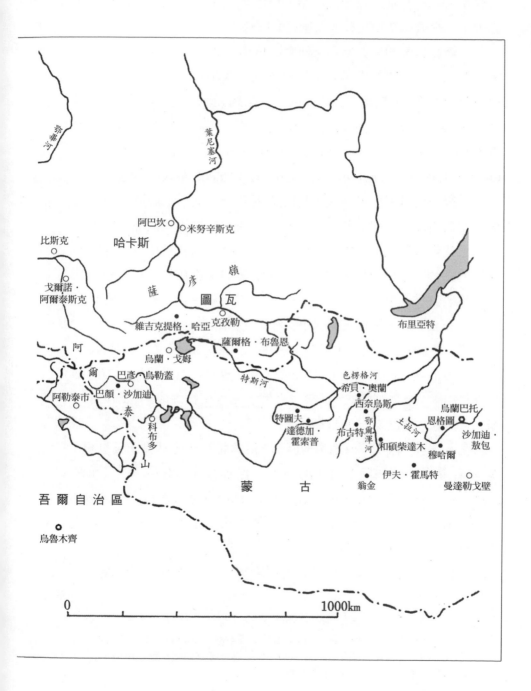

鄂畢河

葉尼塞河

比斯克
戈爾諾‧
阿爾泰斯克

哈卡斯
阿巴坎
米努辛斯克

薩
彥
嶺

圖

瓦

布里亞特

維吉克提格‧哈亞
克孜勒

薩爾格‧布魯恩

烏蘭‧戈姆

阿
爾
泰

巴彥
烏勒蓋

特斯河

色楞格河
希貝‧奧蘭
西奈烏斯

烏蘭巴托
恩格圖

阿勒泰市
巴顏‧沙加迪

科布多

土拉河

沙加迪‧
敖包

山

特圖夫
達德加‧
霍索普

鄂爾渾河
布古特

和碩柴達木

穆哈爾

吾爾自治區

蒙

古

伊夫‧霍馬特
翁金

曼達勒戈壁

烏魯木齊

0   1000km

占庭帝國都有交往，還間接控制了草原地帶南方的綠洲地區。在此過程中，突厥與粟特人有著很密切的關係。

突厥從建國初期開始，東西兩部就處於近似於自立的狀態，後來於西元五八三年左右，完全分裂為東、西兩國，以蒙古高原為主要統治地區的東突厥（Gök Türk），在西元六三〇年時被唐朝所消滅，被後世稱為突厥第一汗國，簡稱為「第一突厥」。統治阿爾泰山（Altai Mts.）到阿姆河（Amu Darya）一帶的西突厥（On Ok），則在西元六五七年左右，由於唐朝勢力的擴大而衰退。

在第一突厥滅亡後不久，屬於突厥系統、被稱為薛延陀的部族統治了蒙古高原，但薛延陀部在西元六四六年被唐朝消滅，突厥系諸族自此進入唐朝的羈縻統治之下。「羈縻」原意是指分別操縱馬和牛的韁繩，用以形容唐朝通過操縱臣屬的部族首長，將其屬下的部落也收歸統治之下。但是，在西元六八二年左右，東突厥實現了復興和獨立，此後被稱為突厥第二汗國，簡稱為「第二突厥」。

第二突厥在西元七四四年左右被回紇（Uyghur，又稱「回鶻」）摧毀，取而代之的是新建立的回紇汗國。西元八四〇年，北方的點戛斯（Kirghiz）消滅回紇，此後一直到十三世紀初的成吉思汗之前，蒙古高原沒有產生統一的政權。

另一方面，歐亞草原地帶的西部，從六世紀後半葉到十三世紀，突厥系遊牧集團如阿瓦爾（Avars）、保加爾（Bulgars）、[2] 可薩（Khazars）、佩切涅格（Pechenegs, Patzinaks）、奇普查克（Kipchak，也稱為波洛韋茨、庫曼、欽察）也相繼從東方出現。其中，奇普查克以留下眾多石人而聞名。

在這個時代，通過草原地帶的研究可以發現幾個共同的歷史特徵：[1]

---

(2) 保加爾人被可薩人攻擊後分裂，一部分遷移到多瑙河（River Danube）下游地區建立國家；另一部分在窩瓦河（Volga River）中游區域建立都城。歷史上，前者被稱為多瑙保加爾；後者被稱為窩瓦保加爾。

(a) 遊牧民族首次使用自己的文字（突厥、回紇、黠戛斯、可薩）。

(b) 建立大規模的城市（回紇、保加爾、可薩）。

(c) 接受佛教、摩尼教、伊斯蘭教、基督教、猶太教等具有經典的宗教（第一突厥、回紇、保加爾、可薩）。

(d) 貿易量比上一代明顯增加（第二突厥、回紇、保加爾、可薩）。

這些特徵乍看之下和石人沒有什麼關係，但實際上與石人的消長有著很大的關係。

各式各樣的石人及其分布

接下來就來說明石人的形態吧。雪爾（Sher Ya. A.）根據石人細部的表現，用統計學方法對哈薩克斯坦（Kazakhstan）南部的石人進行分類。[2] 關於他的研究，有人批評認為由於手法誇張，以致於得出的結論無足稱道。[3] 然而不可否認，雪爾的分類研究方法為日後的石人研究指明了方向，並產生了巨大的影響。他將石人分為以下六類：

① 右手拿著容器，腰帶上攜帶武器的男性石人（圖1左）。

② 右手拿著容器，但不攜帶武器的男性或性別不明的石人（圖2）。

③ 只有表現臉部的石人（圖3）。

④ 手裡拿著鳥的石人（圖4）。

⑤ 雙手拿著容器置於腹前的男性石人（圖5）。

⑥ 雙手拿著容器置於腹前的女性石人（圖6）。

他將上述總結分為兩組：右手拿著容器（或鳥）的石人作為第一類型（年代在六～八世紀）；雙手拿著容器的石人作為第二類型（六～十二世紀）；③包含在第一類型之中；⑥因為將乳房表現出來，

圖1　東哈薩克斯坦，米丘林斯克（Michurinsk）農場出土，高255公分（作者拍攝）站在烏斯特‧卡梅諾戈爾斯克（Ust-Kamenogorsk）博物館前，右圖是它的背面

圖2　蒙古國，後杭愛省塔阿特郡，達德加和碩特，高170公分（作者拍攝），插在基石上

圖3　東哈薩克斯坦，塞米巴拉金斯克省，塔城村，高138公分（作者拍攝）。邊長約5公尺的石圍圈（中間是石板）的東側南面站立。原本是面向東邊。從這個石圍圈往南還有兩座石圍圈，它們的東側也有石人和石人的下部片斷。無法證實有沒有巴爾巴爾（balbal）

圖4　哈薩克斯坦國立歷史博物館藏，
高220公分（作者拍攝）

圖5　圖瓦西南部，比克蒂格‧哈亞
（Bizhiktig-Khaya）（意思是「有文字
的岩石」，這個石人附近有一塊寫有元
代短碑文墨書的岩石），高156公分（作
者拍攝），因其威嚴莊重，故當地人稱
之為「成吉思汗的石人」

圖6　哈薩克斯坦，阿拉圖木州，哈薩
克斯坦國立歷史博物館藏，高220公分
（作者拍攝）

所以被認為是女性。

同樣是研究哈薩克斯坦石人的查里科夫（Charikov），將石人分類如下：[4]

（I） 右手拿著容器置於胸前的石人（七～九世紀）。

（II） 雙手拿著容器置於腹前的石人（九～十一世紀）。

（III）只表現臉部的石人（十一～十三世紀）。

他稱（I）為「古突厥」型；（II）為「波洛韋茨」型；（III）為石柱型。「波洛韋茨」是俄羅斯人給予從哈薩克草原往西移動的突厥系欽察人之名稱。關於波洛韋茨型石人，我將在第參部再詳細敘述。最後，查里科夫把雪爾的①②④總結為（I）；將⑤⑥總結成（II）。但兩人在年代的斷限上，存在著很大的不同。

繼雪爾和查里科夫之後，艾爾倫科（Ermolenko）在哈薩克斯坦進行調查，並指出單手拿容器的石人（雪爾分類的第一類型）是古突厥型式；雙手拿容器置於腹前的石人（雪爾分類的第二類型）是奇普查克型；只表現出臉部的石人，根據其眉毛、鼻子、鬍鬚等表現手法的不同，可分為古突厥型和奇普查克型。[5]她區分「東歐」（實際上是南俄）的石人稱之為「波洛韋茨」的石人；「中亞和哈薩克斯坦」的則稱為「奇普查克」的石人。[6]而在時間斷限上，古突厥型為六／七～八／九世紀，奇普查克型為九世紀中葉～十三世紀初。[7]

在俄羅斯阿爾泰地區繼續進行調查的庫巴列夫（Kubarev），則將阿爾泰石人分為以下四個類型：[8]

(1) 右手拿著容器，繫緊腰帶，攜帶武器的石人（56個）。

(2) 右手拿著容器，沒有攜帶武器的石人（42個）。

(3) 雙手拿著容器置於腹或胸前的石人（4個）。

(4) 只有表現臉部的石人（135個）。

根據庫巴列夫的說法，（1）和（2）屬於七～十世紀，特別是（1）是在八世紀，其遺址有附帶突厥貴族階層的追悼設施；（3）

屬於八～九世紀的回紇時代。另外，（4）雖然很難斷限其年代，但是有些可能屬於六～七世紀，另一些則晚至十～十二世紀。[9]

雖然和庫巴列夫稍有不同，但是（1）（2）的類型是六～八世紀，（3）是從八～九世紀的回紇時代直到十世紀的見解，在此前調查過圖瓦（Tyva）地區的庫茲拉索夫（Kyzlasov）已經發表過了。庫茲拉索夫認為，考慮到十一至十三世紀的奇普查克（波洛韋茨）的石人必定是雙手拿著容器置於腹前，他將（3）放置在（1）與（2）之間。[10]同樣是在圖瓦進行調查的格拉奇（Grach），只將其分為「表現人類身體的東西（48個）」與「表現人類的頭或臉的東西（10個）」的兩種型式，並沒有進行更詳細的分類。[11]

在蒙古高原，雪爾分類的①②③幾乎在全域都可以看到，但是⑤只在西北部的圖瓦、阿爾泰附近才能看見，④和⑥沒有被確認。另一方面，在蒙古高原的可汗和高級官員階級的大規模遺址中，存在以下幾種在其他地區很罕見的石人（多的話超過十個以上）：

ⓐ 盤腿坐著的座像石人（圖7）。男性像很多，也有女性像（圖8），被認為是祭祀在遺址裡的主人夫妻。[12]

ⓑ 跪坐著的座像石人（圖9）。有男性像和女性像。男性像被認為是隨從，女性像被認為是主人的妻子。

ⓒ 和上述兩種一樣是精心製作的雕像，但是改為站立的石人。許多是雙手合攏置於胸前，也有一些持劍或杖之類的東西（圖10）。

ⓓ 雙手合攏置於胸前的石人。有的石人也刻著塔姆加（tamgha）*（圖11）。

上述的ⓐ～ⓒ可以說是用圓雕來表現全身的雕像，但是ⓓ使用的石料不好，製作也很粗糙。ⓐ除蒙古外，在圖瓦（圖74）和東哈

---

* 譯者注：塔姆加（tamgha），歐亞遊牧民族所使用的抽象印記，通常是一個特定的部落、氏族或家庭的象徵。這些印記在遊牧民族中主要用在確定牲畜所屬權，在牲口上加蓋塔姆加可防止牲畜被盜。

圖7　蒙古國，後杭
愛省，和碩柴達木I，
毗伽可汗像（推測）
（左邊是正座的隨從
石人），高90公分
（作者拍攝），現在
與其妻子的石像一併
放在蒙古國立歷史博
物館展示

圖8　蒙古國，後杭
愛省，和碩柴達木I，
毗伽可汗妻子石像
（推測），高82公
分（作者拍攝）

圖9　蒙古國，後杭
愛省，和碩柴達木
II，闕特勤的隨從石
像，高60公分（作
者拍攝）

圖10 蒙古國，托夫省，察加恩奧博I、曦欲谷的隨從石人，高140公分（作者拍攝）

圖11 蒙古國，後杭愛省，和碩柴達木III，巴爾巴爾風格石人，高183公分（作者拍攝）

圖12 東哈薩克斯坦，馬卡科爾地區（Markakol'），奧洛夫卡村（Orlovka），高72公分（作者拍攝），放置在烏斯特‧卡梅諾戈爾斯克博物館前

薩克斯坦（圖 12）也廣為人知。

　　石人有各種不同的大小，高度從 40～50 公分到超過 2 公尺不等。一般來說，雪爾分類的③比較小，④和⑥也比較小。蒙古有許多ⓐ～ⓒ比較大，也有大如真人等身或更加巨大的石人。

　　接下來，讓我們來看石人的分布範圍。首先，東起蒙古高原、西到錫爾河（Syr Darya）的分布，呈現了東西向的細長延伸及南北向的狹窄範圍；而在圖瓦北方的米努辛斯克地區（Minusinsk）和蒙古高原南部的內蒙古地區的分布則較少。另外在新疆維吾爾自治區，包括天山山脈在內，從那裡向北方也分布一些石人。

　　迄今為止發現的數量（含已經亡佚的），包括最近王博和祁小山的綜合研究與各地研究人員的集結，以及我自己的觀察，在哈薩克斯坦有 526 個、[13]吉爾吉斯斯坦（Kyrgyz）約 100 個、烏茲別克斯坦（Uzbekistan）約 20 個、塔吉克斯坦（Tajikistan）1 個、土庫曼斯坦（Turkmenistan）2 個、新疆 182 個、俄羅斯聯邦內的阿爾泰 256 個、圖瓦 100 個、哈卡斯（Hakassia）5 個、蒙古國約 330 個、內蒙古 11 個，[14]合計 1500 多個。當然，實際製作的石人可能是這些數量的許多倍吧。

　　從種類分布上的特徵來看，雪爾分類的①②③數量較多，幾乎分布在所有地區；④數量極少，僅在哈薩克斯坦南部可見；⑤是從蒙古高原的西部以西可見；⑥多見於哈薩克斯坦。ⓐ～ⓓ在蒙古高原中部有很多；ⓐ～ⓒ則是聞名於圖瓦和阿爾泰。

　　在哈薩克斯坦的西邊，從北高加索到黑海北岸及西岸，豎立著奇普查克（波洛韋茨）的石人，男女幾乎各占半數，但無論是哪一種性別，都是拿著容器置於腹前。因此，查里科夫認為他分類的（II）是向西方移動之前的波洛韋茨石人，所以稱之為「波洛韋茨」類型。在俄羅斯有時會把突厥石人稱為「卡門娜亞・巴巴」（kamennaya baba），這在俄羅斯語是「石頭農婦」的意思。因為分布在俄羅斯南部的波洛韋茨石人中有許多女性像，所以就被這樣稱呼了。[3]

　　波洛韋茨的石人大多坐在小椅子上，但在遙遠的東方，從蒙古國西南部到內蒙古自治區，仍分布著男女各占半數、坐在椅子上的石人座像。關於波洛韋茨石人的年代問題，將在第參部第十四、十五章中詳細敘述。

---

(3) 因為「baba」在現代土耳其語中是「父親」的意思，所以把「卡門娜亞‧巴巴」看作是俄羅斯語和土耳其語的合成語，也有解釋為「石頭之父」（Horváth A.P. *Pechenegs, Cumans, Iasians: Steppe Peoples in Medieval Hungary*, Corvina: Budapest, 1989, p.99）。但也有觀點認為「baba」是相當近代的單字（G. Clauson, *An Etymological Dictionary of Pre-Thirteenth Century Turkish*, Oxford: The Clarendon Press, 1972., pp.169-170），「石頭之父」的說法恐怕無法成立。

第二章

石人的細部表現

石人的臉部特徵之一，是表現連結的眉毛和鼻子。許多石人留著八字鬍，但是很少能看到長在下巴的鬍鬚。除了臉以外，還有頭髮、帽子、耳環、項鍊、衣服、手指和腳、手鐲、手拿著容器、腰帶和裝飾、懸掛在腰帶上的武器和袋子、火鐮、* 磨刀石等細節的表現。其中，特別是考察年代與其他地域的交流方面，最重要的表現是髮型、帽子、衣領、手指和腳、容器、帶飾和袋子及以火鐮。讓我們來比較這些細節，其中不僅包括歐亞草原地帶，還包括中國和西亞等相鄰近地區的圖像和出土文物。

髮型

石人頭上，有的能看見頭髮，有的戴著帽子、頭盔之類的東西，有的則是完全沒有表現出來。讓我們先看一下髮型。

從天山北部到哈薩克斯坦分布的石人，相當於是雪爾分類的①

---

* 譯者注：火鐮，又名火刀，與火石、火絨配合使用，以摩擦生熱方式的一種生火用具。

和②，它們通常有幾根垂到腰部的長辮（圖1右），大多數是7到8根的辮子，在靠近底部的地方綁起來，然後向下捲曲（圖13）。

這種髮型可以在西元七～八世紀歐亞各地的突厥或是突厥系的眾多人物形象中看到，讓我來介紹其中的幾個。

位於烏茲別克斯坦的撒馬爾罕市（Samarkand）殘留的阿弗拉西阿卜（Afrasiab）遺址，發現了一個保存狀態十分良好，被認為是粟特統治者王宮的大廳壁畫。關於壁畫的主題有幾種不同的解釋，但在西壁（正面）所描繪盤腿坐在後面的幾個人（圖14），可能是突厥（更有可能是西突厥）人。[1] 這是根據其獨特的髮型判斷出來的，年代也是在七世紀中葉，這是基本一致的觀點。[2]

在俄羅斯所屬阿爾泰的庫迪里格（Kudyrge）古墓群9號墓中出土的馬鞍，其鞍橋前輪的裝飾板上刻有狩獵的騎士，可以看到與前述相同的髮型（圖15）。發掘者加夫里諾娃（Gavrilova）在15號墓中發現了北周（五五七～五八一年）建德三年（五七四年）以後發行的「五行大布」銅幣，[3] 她認為這與9號墓屬相同類型的墓葬。因此，此一類型的墓葬，整體被認為是於西元六～七世紀左右建造。[4] 不過，從9號墓所出土的馬鐙形狀來看，我認為與其說是六世紀，不如說是七世紀比較妥當。總之，阿爾泰山北部這個地方的遺址，雖然不能確定是突厥人，但毫無疑問是突厥系部落的遺址。

在天山山脈吉爾吉斯地區所屬的蘇特－布拉克I-54號墓（Süttüü-Bulak I-54），出土的兩塊骨製裝飾板上，也刻有同樣髮型的戰士（圖16），[5] 發掘者們將表現戰鬥場景中右邊的長髮戰士認為是突厥人，左邊短髮的戰士是粟特人；年代為七～八世紀。[6] 我認為把短髮戰士視為粟特人的證據有點不足，但長髮的戰士的確實是突厥人。

在北高加索的達吉斯坦（Dagestan）威爾夫尼——奇爾尤特（Verkhnii-Chiryurt）古墓群17號墓中出土的馬鞍鞍橋裝飾板上，也刻有狩獵的騎士（圖17）；發掘這個古墓群的馬格莫多夫

圖 13　吉爾吉斯，
伊塞克湖（Issyk-Kul
Lake）東北岸克魯
姆杜（Korumdy），
高 280 公分
〔Sher1966〕

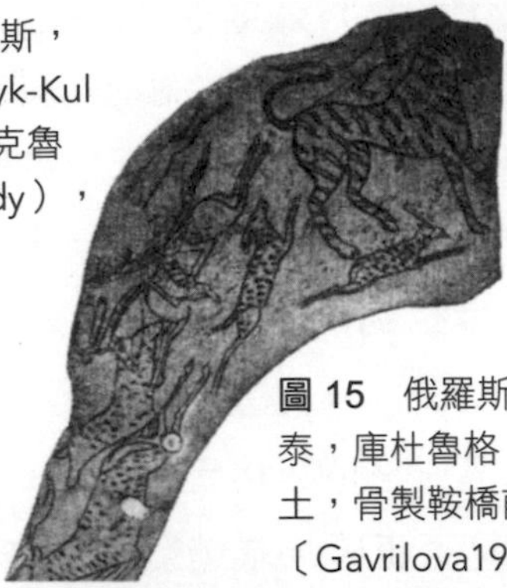

圖 15　俄羅斯，阿爾
泰，庫杜魯格 9 號墓出
土，骨製鞍橋前輪裝飾板
〔Gavrilova1965〕

圖 14　烏茲別克斯
坦，阿弗拉西阿卜
（Afrasiyab）遺址，
王宮大廳西壁的壁
畫（作者拍攝）

圖 16　吉爾吉斯，斯圖爾
特·布拉特 I-54 號墓出土，
骨 製 裝 飾 板〔Tabaldiev,
Soltobaev 2002〕

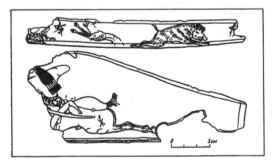

圖 17　北高加索，達吉斯坦，韋爾夫·奇爾尤爾
特古墓群 17 號墓出土，骨製鞍橋居木先裝飾板
〔Magomedov1983〕

（Magomedov）把該遺址和可薩人聯繫起來，而可薩考古學的第一人──普雷托諾娃（Pletneva）也支持這個說法。[7]17 號墓也出土了將拜占庭帝國莫里斯皇帝（Mauricius，五八二～六〇二年在位）的金幣上開孔、以作為垂飾再利用的物品，馬格莫多夫認為埋葬的年代是在七世紀到八世紀初。[8]這個時期統治達吉斯坦的是可薩人，所以留下這個古墓群是可薩人的可能性很高。關於可薩人的起源眾說紛紜，但似乎是與突厥，特別是西突厥有一定的淵源。姑且不論這種說法是否正確，毫無疑問，他們的語言屬突厥語系。[9]

最近在昭陵，也就是唐朝第二任皇帝太宗李世民（六二六～六四九年在位）的陵寢，發現了具有與前述完全相同的髮型、非常逼真的浮雕石像。這些是在唐太宗死後不久，用來表現突厥及其他歸順唐朝之君長的石人，是年代清楚的重要資料。二〇〇三年十月，我有幸參觀了正在發掘調查中的昭陵，有機會實際看到並拍攝了石人。遺憾的是，這些材料目前尚未公布，因此，對於不是發掘當事人的我來說，無權在此刊登照片，我想等到發掘報告出版後再公開。關於這個石人，我將在第貳部第十二章之「唐代石像（三）」再繼續說明。

有一些髮型雖然同樣是長的辮髮，但辮髮的下面不會先變細然後捲曲，而是單純地垂下。位於中國新疆維吾爾自治區伊犁區昭蘇縣的石人髮型就是一個例子（圖 18）。一般認為，其頭部戴著帽或冠之類的東西，[10]考慮到石人後腦勺有帶狀的表現，可以推測是鉢卷型的冠，也就是所謂的王冠。這個石人的下半身刻寫著粟特文碑銘，從字體和內容上來看，被認為是西元六世紀後半葉。[11]關於這個石人，我將在第壹部第七章之「最早的石人？（三）」中，再詳細討論。

在日本滋賀縣的美秀博物館（MIHO Museum），可看到表現人物髮型分成幾條長辮的彩色浮雕石刻收藏（圖 19），浮雕上方被認為是在帳篷內愜意而坐的主人、在主人面前表示恭敬的幾個人、以及在浮雕下方狩獵的騎士們，都是垂著長辮。他們之中有些人把

圖 18　中國新疆伊犁地區昭蘇縣，縣城西方的石人，高 183 公分（作者拍攝）

圖 19　美秀（MIHO）博物館所藏，彩色浮雕石刻
〔杉村 1997〕

圖 20：西安市北郊，安伽墓，彩色浮雕石刻〔陝
西省考古研究所 2003〕

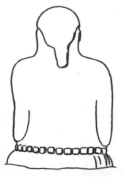

圖 21　圖 5 背面（作者拍攝）和圖版

圖 22　俄羅斯，圖瓦，阿克・凱吉格村（Ak-Kezhig）東方 5 公里，高 95 公分〔Grach1961〕

圖 23　俄羅斯，圖瓦，沙戈納爾村（Shagenaer）南方，高 138 公分〔Grach1961〕

長髮綁起來。這個石刻的年代，推測是從北朝末年到隋代。[12] 西元二〇〇〇年在西安市北郊發掘出與此極為相似的彩色浮雕石刻，[13] 那是北周粟特人安伽（五七九年去世）的墳墓，石刻上也有表現長髮的突厥騎士，但無法清楚判斷辮髮的長辮數量（圖20）。

《周書》和《隋書》的〈突厥傳〉把突厥的髮型稱為「被髮」。被髮也寫作披髮，指的是不紮髮髻的散髮。對於按照身分、階級的不同，從而決定髮髻紮法的中國傳統社會來看，被髮與後面要談的「左衽」（左襟在前），一併被視為「非文明」的野蠻象徵。看到這裡的長髮和辮髮，大概就相當於是被髮吧。

此外，在雪爾分類的⑤，可以看到將沒有上述那麼長辮髮的頭髮，在後腦勺紮成單根粗長髮辮的髮型（圖21）。同時這種髮型也是雪爾分類①和②的一部分（圖22）。在圖瓦，類型⑤的石人以

圖24　塔吉克斯坦，雷尼納瓦德市（今霍金特市）街角，1989年（作者拍攝）

圖25　烏茲別克斯坦，納曼干市（Namangan），1989年（作者拍攝）

將幾條辮髮在靠近頂部處紮成一條,並逐漸變細的髮型而廣為人知(圖 23),也許這就是前述單根粗長髮辮之髮型的真正樣貌。在之後的波洛韋茨石人中,髮辮從一根到三根都有(圖 262),即使是三根,也大多會在下面整理成一條(圖 261),這可能與上述的單根粗長髮辮有關。

不過,我們不能簡單的說,隨著年齡遞減,髮辮的條數就減少。現在的烏茲別克斯坦和塔吉克斯坦,有時會看到分成 10 根以上髮辮的年輕女性(圖 24)。辮髮究竟是存在了一千多年,還是到了近代才重新復活,我沒有任何判斷的材料。不過有趣的是,與石人相同,將兩邊眉毛連在一起描繪的化妝法,現在仍然能在上述地區的女性身上看見。

帽子和頭盔等

接著來看頭上戴的帽子。庫巴列夫在俄羅斯所屬阿爾泰共和國內發現的 256 個石人中,其中有 49 個戴著帽子或頭盔等物品,可分為七種類型:[14]

第一型是圓錐形的帽子,看起來有 14 個(圖 26)。第二型與第一型相似,但圓錐頂部帶有小突起的帽子或頭盔,有 15 個(圖 27)。第三型是圓錐梯型帽,有 13 個(圖 28)。第四型是平的帽子,有 6 個(圖 29)。第五型是帶接縫的帽子與有交叉鐵圈的頭盔,有 2 個(圖 30)。第六型是尖頂帽子或圓錐形的頭盔,有 1 個(圖 31)。第七型是 3 個低三角型重疊排列的帽子,有 1 個(圖 32)。

庫巴列夫將粟特壁畫和波洛韋茨石人,與現代阿爾泰遊牧民族的帽子進行比較,他認為相較於第一、第二型的實用性,第三型是受到隋唐貴族影響的禮儀用物品。不過,帽子和頭盔的表現不太清楚,他的解釋是否能成立,很值得懷疑。另外,一個類型若只有一至二個個體,便沒有分類上的意義。

蒙古高原的闕特勤（Kül Tegin）陵墓遺址所出土的闕特勤頭像，正面戴著裝飾著類似鳳凰的鳥型高冠（圖 33），這可能是受到來自中國的影響。庫巴列夫認為，這個頭冠和第三型帽子有關。近年在毗伽可汗（Bilgä Qaghan）陵墓遺址出土的金冠上，也有鳳凰（圖 34）。眾所周知，中國武官的頭冠上會帶有一隻名為「鶡」的勇猛之鳥（圖 35），可能與此有關。在唐朝的皇陵中，不論是在西元七一〇年崩逝、同年被葬的唐中宗定陵，[15] 或是下一任的睿宗（七一六年葬）橋陵，以及在這之後帝陵 [16] 翁仲（神道上的石人）的頭冠上也都帶有鳥的圖案。

另外，在吉爾吉斯斯坦的楚河（The Pearl River）流域所發現的石人帽子很獨特，頭巾狀的雙重粗皮帶，像土耳其帽一樣高，這也被庫巴列夫視為是第三型帽子的一種。

突厥石人的帽或冠，特別值得注意的是一種三根尖角形狀的帽子（圖 36），主要是在天山北麓發現。俄羅斯的研究人員將其稱為「『trekhrogii』golovnoj ubor」（「三根角」的帽子），大澤孝翻譯為「三角冠帽」。[17] 但是這個稱呼容易被誤解為「三角帽子」，很難說是合適的用語。本書將其稱為「三根角冠帽」。

在阿爾泰的庫杜瑞格（Kudyrge）遺址，一九二四到一九二五年期間發現了只有臉部的石人，在其背面刻有三個從馬上下來的人，向戴著三根角冠帽的正坐人物跪拜的情景（圖 37）。這位戴著三根角冠帽的人，被認為是古突厥碑文中出現的烏邁（Umay; Umai）女神，[*] 而下馬的人物中，其中戴著三根角冠帽的人，則被認為是薩滿（shaman）。[18]

---

* 譯者注：烏邁（Umay; Umai），是突厥—蒙古神話中的母神，歐亞大陸突厥語系民族皆將烏邁視為至高無上的女神，突厥民族之亦將烏邁代表著女性的生殖器官及子宮，象徵豐饒之意。突厥民族認為烏邁是大自然起源的化身，也是大自然豐盛的來源，烏邁掌管群山、帶來豐收並使牧畜繁盛。大地就是烏邁的身體，因此必須對土地表達崇敬之情。

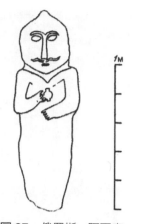

圖27 俄羅斯，阿爾泰，
塔雅（Taya），高 125 公
分〔Kubarev1984〕

圖26 俄羅斯，阿爾泰，阿
奇克（Achik），高 155 公分
〔Kubarev1984〕

圖29 俄羅斯，阿爾泰，
薩瑪哈（Samakha），高
143 公分〔Kubarev1984〕

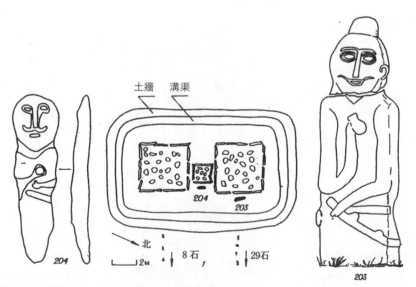

圖28 俄羅斯，阿爾泰，庫普圖爾（Kypchyl）203 號石人，高 170 公分
〔Kubarev1984〕，被土牆和溝渠包圍裡面有三座墳墓的石圍圈與 2 個石人

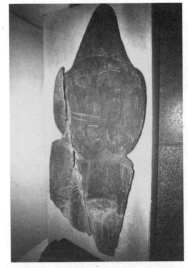

圖 31 俄羅斯，阿爾泰，馬卡贊（Makazhan），阿
爾泰大學附屬考古學資料室，高 145 公分（作者拍攝）

圖 30 俄羅斯，阿爾泰，凱
梅·克楚（Keme-Kechu），
高 169 公分〔Kubarev1984〕

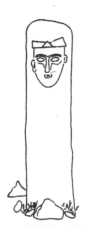

圖 33 蒙古國，
後杭愛省，碩柴達
木 II，闕特勤頭像，
蒙古歷史研究所
藏，高 41 公分（作
者拍攝），現展示
於蒙古國立歷史博
物館

圖 32 俄羅斯，阿爾泰，
騰加（Ten'ga），高度不
明〔Kubarev1984〕

圖 34 蒙古國，後杭愛省，和碩柴達木 I 出土，鳳凰裝飾金冠袖珍畫，蒙古歷史博物館藏（作者拍攝），現展示於蒙古國立歷史博物館

圖 36 庫爾達、小凱米河、德帕蘭（Delparan）出土，高 80 公分〔Sher1966〕

圖 35 中國陝西自咸陽市，李貞墓出土，彩繪武官俑（部分），西元 718 年，昭陵博物館藏〔陝西省咸陽市文物局 2002〕

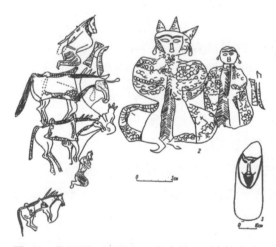

圖 37 俄羅斯，阿爾泰，庫吉格 16 號墓出土，石人內側刻畫〔Gavrilova1965〕

最近庫茲拉索夫和大澤孝試圖進一步擴大這一觀點，並認為這是受到粟特的影響。[19] 庫茲拉索夫注意到，在南西伯利亞哈卡斯共和國（Republic of Khakassia）的蘇萊克（Sulek）岩畫中，有2個三根角冠帽人物像和2頭公山羊像的一幅岩畫，這一構成被解釋為表現了突厥的天神（Tangri）、烏邁女神，以及瑣羅亞斯德教（Zoroastrianism）的山羊崇拜。

但是，像這樣的組合幾乎沒有其他的例子，目前無法斷言這種說法是否正確。另外，大澤孝還指出，有時在大型石人遺址中，有男女一對的石人和公山羊石像組合在一起的例子。[20] 蒙古高原闕特勤陵墓遺址中，那不是公山羊而是綿羊（圖78）。希韋特・烏蘭（Shiveet-ulaan）遺址中，也有母羊和羔羊像（圖125）。另外，俄羅斯所屬阿爾泰地區的巴爾納廓（Barnaul）博物館前放置的石羊，是來自於阿爾泰還是哈卡斯，目前尚不清楚，[21] 但無論如何，肯定是出土於南西伯利亞。在其他的動物像中，蒙古和圖瓦以獅子石像聞名，但是迄今為止尚未發現山羊像。

衣領

在雪爾分類的①和②中，有時會表現出衣服的領子。許多衣領看起來像是折成三角形，有些則是在三角形的前端有一個小球（圖38）。這樣的衣服在粟特的壁畫上可以經常看到（圖39），它也經常出現在唐代中國女扮男裝的女性服裝上（圖40）。這種時尚不是經由突厥，而是直接從粟特傳到中國，這是因為早在西元五四二年突厥首次與中國進行交涉之前，粟特人就已經深入中國。關於這三者最初的關係，將在第貳部第十三章之「粟特對中國和突厥的影響」中繼續討論。

此外，正如在前述「髮型」一節中所提及的，中國史書中記載突厥習俗「不文明」的現象，除了「被髮」之外，還有「左衽」。

圖 38　俄羅斯，圖瓦，罕都河（Kham-Dut）出土，石人及其細部，莫斯科國立歷史博物館藏，高約 180 公分（作者拍攝）

圖 39　塔吉克斯坦，片治肯特出土壁畫，艾米塔吉博物館藏

圖 40　中國陝西省西安市，韋頊墓，石刻畫〔王 1990〕

也就是說，從對方的角度來看，將左襟置於衣服前面（從本人的角度看，右襟向前重疊）的穿法。然而，也有把衣襟置於中間，既不能說是右衽，也不是左衽的例子。另外，原本衣領沒有明確表現的情況也很多。讓我們來按地區比較這些衣領重疊的例子，看看左衽

和右衽哪一種比較多。

在河中（Transoxiana）地區（俄羅斯語是「七河地區〔Semiryechye〕」，指的是哈薩克斯坦南部和吉爾吉斯斯坦北部相結合的地區），左衽有6例，[22]不見有右衽的例子。在俄羅斯所屬阿爾泰，有2個石人勉強能判斷出是右衽。[23] 在新疆和圖瓦，則沒有能辨識左右衽的石人。在蒙古國，左衽有5例，[24] 右衽有8例，[25] 因此右衽較多。

資料雖然很少，但綜合整體的研究趨勢，可以說西方左衽多，東方則是右衽多。庫巴列夫隨後也討論了從河中地區到蒙古高原全部地域的石人衣領，指出左衽有21例，右衽有5例，右衽都是在蒙古中部，這是因為很容易受到中國的影響，[26] 這一論點應該是正確的。但是在同一個遺址中，也會有兩者相混的情況。在毗伽可汗陵墓遺址中，被認為是毗伽可汗本人的石人（圖7）是右衽；相對的，被認為是毗伽可汗妻子的石人（圖8）是左衽，與毗伽可汗不一致，這點很有意思。毗伽可汗已經熟悉了中國文化，但其妻子是否遵守了突厥固有的習俗呢？

另外，在粟特地區的壁畫中，衣衽在正中間的比較多，此外也能看到一些左衽，但似乎沒有右衽。[27]

容器及其拿法

庫巴列夫將阿爾泰石人手持容器的樣式分為6種類型，[28] 但其分類標準略有問題。據他介紹，第一種類型是容器頸部垂直或外翻，主體呈圓形而長，帶有底座（29例），主體部分多數帶有圓形把手（圖41）。第二類型的主體部分呈球型，沒有底座，並且帶有圓形把手（11例）（圖42）。但是，他也舉出了帶有底座的實物作為例子（圖43），所以和第一類型的區別，只在於容器的主體是長形還是球形這一點，差距很小。

此前已有人指出，拿著容器的石人其手指的表現有幾種模式，其中也有獨特的拿法，雪爾承認容器形式和拿法之間有其相關性。[29] 因此，在考慮雪爾分類的同時，讓我們結合拿法的樣式，對容器進行分類。

以右手拿容器的情況（雪爾分類的①和②）：

I——如果杯子的下面有向下擴長的小台座，就用拇指和食指握住台座（圖 1、2、13、38、68）。

IIa—台座低或沒有台座的圓底或是平底的碗和酒杯，以拇指和另外四個手指張開，握住容器（圖 44）。即使具有圓形的把手，也可以像這樣握住。

IIb—在不把手指張得太開的情況下，握住圓底或平底的容器，有些類似 I 的拿法（圖 45）。

III—若容器的主體部分有圓形的把手，則將手指放入圓形中，用雙手拿著容器放在腹前的情況（雪爾分類的⑤和⑥）（圖 46）。

IV—這類情況多半是容器主體鼓起的壺形（圖 5、23）或是單純縱長的筒形（圖 6）。上述 I 類型的杯子也有這樣拿的。

其中 II 雖然是普通的容器形式，但與波斯薩珊王朝時代伊朗的長杯和碗、也與現在蒙古遊牧民常用的碗相似。I 和 III 是馬爾沙克（Marshak）所稱的粟特風格，被認為是一種遊牧民用的木製容器，容器上有著粟特風圖案的金屬製裝飾。[30] 另一方面，IV 的壺形、筒形容器，粟特和伊朗則沒有，似乎是遊牧民固有的容器形狀。

手指表現

關於上述 d 的 I 和 II 的手指表現，雪爾解釋道：「石匠想要通過柔和的線條和略顯做作的手指彎曲方式，表現出人物的一種貴族性。」這種表現手法並不是突厥藝術的特徵，而是要追溯到東西突厥斯坦*的粟特藝術和佛教藝術。[31] 最早指出這種關係的是調查伊

圖41　俄羅斯，圖瓦，寇平納‧
吉達（Kopena-chaatas）出土，
金杯，莫斯科國立歷史博物館藏
（作者拍攝）

圖42　黑海北岸，小佩列謝皮納
（Malaya Peresh-chepina）出土，
金杯，艾米塔吉博物館藏，高 9.2
公分〔《絲綢之路遺寶》〕

圖43　俄羅斯，阿爾泰，圖克塔
出土，戈爾諾‧阿爾泰斯克博物
館藏（作者拍攝）

圖44　吉爾吉斯，伊塞克湖（Issyk-
Kul Lake）東北岸格里戈里耶夫卡
（Grigor'evka）出土，吉爾吉斯國立歷
史博物館藏，高130公分（作者拍攝）

圖46　蒙古國，烏布蘇省，祖恩格爾
（Züün-gol），高135公分（作者拍攝）

圖45　吉爾吉斯，楚河流域凱根特谷
（Kegety Valley）出土，莫斯科國立歷史
博物館藏，高167公分（作者拍攝）

塞克湖（Issyk-Kul, Lake）周邊石人的伯恩斯坦（Bernshtam），他認為手指的表現方法是受到粟特和東突厥斯坦（East Turkestan）技法的影響。[32]

對此，阿里巴姆（Al'baum）批評道，石人所見獨特的手指表現，不是受到粟特或東突厥斯坦的影響。[33]他曾在位於烏茲別克斯坦南部特梅茲市（Termez）西北郊外的巴拉克·泰佩（Balalyk-tepe）[（4）]進行調查，並注意到當地出土壁畫中所見手指表現及衣領反摺等特徵，經常出現在河中地區托克馬克（Tokmak）附近的石人上。並且從突厥石人是表現突厥戰士生前所殺敵人的角度來看，這些石人是於西元五六七年左右，被突厥與波斯薩珊王朝聯合擊敗的嚈噠（Hephthalite）人像。[34]在托克馬克周圍罕見的女性石人，則被認為表現了遭俘虜的嚈噠女性。[35]

關於將石人看作是突厥人的人像抑或是被突厥所殺的敵人像這個問題，將在第四章中詳述，目前是突厥人的人像這個說法較為有力。阿里巴姆後來也修正了看法，認為石人是表現突厥人自己的形像。[36]

其後雪爾否定了阿里巴姆的舊說，支持伯恩斯坦的看法，再次強調手指的表現是來自於粟特、佛教藝術的影響，並指出在片治肯

---

*　譯者注：突厥斯坦（Turkestan），本為波斯語，意為「突厥人所居住的土地」，指中亞地區使用突厥語系的民族所生活的地區，隨著時代的變遷，以及突厥人居住地區的不斷改變，具體的地理範圍，在不同時期而有所不同。十九世紀下半葉，西方著作已較明確將突厥斯坦分為三個部分：中亞以烏茲別克人為主要居民的「俄國突厥斯坦」（或稱為「西突厥斯坦」）、新疆南部以維吾爾族為主要居民的「中國突厥斯坦」（或稱為「東突厥斯坦」）、興都庫什山北麓以可薩人為主要居民的「阿富汗突厥斯坦」。二十世紀中葉，蘇聯以民族識別為基礎，取消突厥斯坦的使用，改以「中亞」一詞取代。

（4）　阿里巴姆認為，巴拉克·泰佩是由五～六世紀嚈噠所留下的遺址（L.I. Al'baum, *Balalyk-tepe*, p.125）；阿扎佩（Azarpay）則將其置於六世紀下半葉至七世紀末（G. Azarpay, *Sogdian Painting*, University of California Press, Berkeley, 1981, p.49,88）；馬爾沙克也置於六世紀末至七世紀上半葉（《絲綢之路的遺寶——古代·中世的東西文化交流》，頁127、解說）。不得不說，嚈噠說的根據很薄弱。

特（Pendzhiken）和巴拉克・泰佩的壁畫、阿富汗與東突厥斯坦的一些作品中可以看到這一點。[37] 讓我們來研究一下這些要點。

雪爾專門提到史坦因（Marc Aurel Stein）在和闐附近的丹丹烏里克（Dandan-Uiliq）遺址發現的兩幅板畫，[38] 以及二〇〇一年遭到破壞的巴米揚（Bamiyan）35 公尺大佛的佛龕壁畫。[39] 在巴米揚的壁畫 a-3 座像中，左手端著圓底碗的拿法與 IIa 有點相似。在巴米揚及其附近的卡克拉克（Kakrak）等西元五～六世紀的壁畫中，可以看到將拇指和食指尖合在一起連接印相*的佛陀。[40] 這樣的印相在佛教藝術傳播的地方隨處可見，但說到底這只是印相，而不是拿容器的表現。[(5)]

另一方面，丹丹烏里克板畫中的三面四手菩薩，右前方握住碗的方式（圖 47），類似於一些石人拿碗的方式（圖 48）。另一幅四手菩薩座像，左前手的拇指和食指（圖 49），看起來確實與 I 的拿法相似，但拇指和食指沒有握住杯子的底座。布薩格利（Bussagli）將手中的東西解釋為「杯子」，[41] 但若是仔細觀察，它呈現出上下展開的撥形。史坦因將其解釋為金剛杵（Vajra），即「閃電」的象徵。[42] 顯然史坦因的解釋更為正確。

IIa 的拿法在東突厥斯坦的克孜爾（Kizil）千佛洞壁畫中，可以看到數例（圖 50）。[43]

然而，雖然在阿富汗和東突厥斯坦能看到 IIa 的拿法，但是 I 的拿法卻無法找到。那麼，在西突厥斯坦（West Turkestan）能找到嗎？

針對這個問題，雪爾只列舉了片治肯特和巴拉克・泰佩兩個遺

---

* 譯者注：「印相」（mudra），佛像的手有各種不同的擺放姿勢，佛教稱之為「印相」或「印契」。各種印相有其特定的含意，是識別各尊佛像的重要依據。常見的印相有「說法印」、「無畏印」、「與願印」、「降魔印」、「定印」等。

(5) 雪爾只是把這個手指表現描述為有特定意義的「手勢」，但之後庫巴列夫很清楚的把這個解釋為「穆德勒」（mudra，印相）（V.D. Kubarev, *Drevnetyurkskie izvayaniya Altaya*, pp.100-101）。但是，正如以下所述，這個表現和印相沒有關係。

圖47　中國新疆，丹丹烏里克出土，
板面油畫〔Stein1907〕

圖49　中國新疆，丹丹烏里克出土，
板面油畫〔Stein1907〕

圖50　中國新疆，克孜爾千佛
洞壁畫〔《新疆壁畫》〕

圖51　烏茲別克斯坦，巴拉克‧泰佩（Balalyk-
tepe），壁畫的勾畫圖〔角田1962〕

圖48　吉爾吉斯，楚河流
域卡拉巴塔（Kara-Balta）
出土，吉爾吉斯國立歷史
博物館藏，高150公分
〔Marshak et al. 1983〕

址名稱，以及司雅科諾夫（D'yakonov）、貝萊尼茨基（Belenitskii）和阿里巴姆的著作，但是並沒有指出其中的具體圖像。[44] 或許因為有太多例子，而不能列舉出來。但是在本書中，我會認真的確認一下。

首先，在巴拉克·泰佩可以看到 22 個坐在酒宴圖中拿著容器的人，其中用右手拇指和食指拿著容器底座的有九人（圖 51），左手同樣拿著容器的有 10 人；用右手握住容器主體的有 1 人，用左手同樣握住容器主體的有 1 人；有 1 個人用左手拇指和食指握住沒有底座的平底容器底部。[45] 也就是說，如果將左右手一併加起來的的話，22 人中有 20 人以 I 的方式表現（角田文衛的圖缺少 1 張，只能看到 19 人）。

其次，在索格底亞那（Sogdiana）的片治肯特 1 號寺院遺址 10 號房間（圖 52）和 16 號居住遺址 10 號房間的酒宴圖座像中（圖 39），可以看到 I 的拿法。[46] 除此之外，片治肯特還有一幅壁畫，用 IIb 的握法拿著不是容器而是想像的動物圖像（圖 53）。[47] 此外，在布哈拉（Bukhara）西部的瓦拉赫沙（Varakhsha）壁畫中，可以看到用拇指和中指握住的方式（圖 54）。[48]

除了壁畫之外，在波斯薩珊王朝的銀器中，也可以經常看到 I 的表現。據說是從烏拉山的彼爾姆（Perm Krai）出土的銀碗上，描繪了在圓形地毯上盤腿而坐的一對男女，右邊的男性用拇指和食指拿著容器的底部（圖 55）。[49] 女性也用拇指和食指握著，但是拿的東西不是容器而是花。另外，站在左邊的人也用左手拿著同樣的容器。關於這只銀碗，馬爾沙克推斷是西元六世紀末到七世紀前半葉在托哈里斯坦（Tokharistan）* 北部或是索格底亞那南部製作的。[50]

在薩珊王朝的正統藝術中，也能看到 I 的表現。在薩珊王朝末期的庫薩和二世（Khosrow II，五九一～六二八年在位）時代製作

---

*　譯者注：托哈里斯坦（Tokharistan），又名巴克特里亞（Bactria），古希臘人在此地建立希臘—巴克特里亞王國（Greco-Bactrian Kingdom），西漢稱之為大夏，主要指阿姆河（Amu Darya）以南，興都庫什（Hindu Kush）以北的地區。

圖 52　塔吉克斯坦，片治肯特，
壁畫的勾畫圖〔Belenizki 1980〕

圖 54　烏茲別克斯坦，瓦拉夫沙、壁畫，布
哈拉博物館藏（作者拍攝）

圖 53　塔吉克斯坦，片治肯特，
壁畫，艾米塔吉博物館藏（作者
拍攝）

圖 56　伊朗，Taq-e Bostan、
大洞窟浮雕〔深井 1983〕

圖 55　據說是在烏拉爾彼爾姆（Perm）出土，
銀碗，艾米塔吉博物館藏〔Belenizki 1980〕

的塔克—伊·波斯頓（Taq-e Bostan）*大洞浮雕中，飛翔的天人是用 I 的拿法握著杯子的底部（圖 56）。

如果把握著的物品擴展到容器以外，比如一些製作於西元五～六世紀的銀壺上，便表現了以 I 的拿法拿著花（鬱金香）、鳥、石榴果實等物品的女性（圖 57）。[51] 稍微向前追溯至西元三～四世紀伊朗製作的銀碗裡，一位女性用拇指和食指拿著花聞它的香味（圖 58）。[52] IIb 的拿法更廣泛地出現在帕邁拉（Palmyra）*等羅馬統治下的東方藝術和希臘化時代（Hellenistic period），甚至在西元前九～七世紀的亞述帝國（Assyria Empire）（圖 59）和新西臺王國（New Hittite Kingdom）的浮雕中也經常看到。與 I 相比，這是比較普通的拿法，兩者是否有繼承關係，還不能斷定。

I 的表現在薩珊王朝以後也被繼承下來，不僅几世紀初在呼羅珊（Khorasan）的銀盤中發現（圖 60），[53] 並通過伊斯蘭藝術進入到阿爾穆尼亞（Armuna），在安納托利亞（Anatolia）東部的阿克塔瑪島（Akdamar Island）上，建造於九一五到九二一年之間的寺院遺址浮雕中也能看到（圖 61）。[54] 這個浮雕人物的左手和圖 53 一模一樣，用 IIb 的方式拿著一串葡萄。

綜上所述，I 的手指表現與 IIa、IIb、佛教藝術的印相皆無關係，它的來源包括托哈里斯坦、索格底亞那在內的傳統伊朗手指表現藝術，甚至可以從更古老的古代東方藝術中尋求其淵源。這些手指表現，實際上也是在北魏時代由粟特人帶入中國（參看第貳部第十三章之「粟特對中國和突厥的影響」）。[55]

---

* 　譯者注：塔克—伊·波斯頓（Taq-e Bostan），位於今伊朗克爾曼沙赫（Kermanshah）。「Taq-e Bostan」的意思是「花園拱門」或「石製拱門」，是一個雕刻於西元四世紀左右波斯薩珊王朝時期的一系列大型岩石浮雕的遺址。

圖 57　烏拉爾，彼爾姆出土，銀壺艾米塔吉博物館藏〔Trever, Lukonin 1987〕

圖 58　伊朗，銀盤，德黑蘭考古學博物館藏〔Harper, Meyers 1981〕

圖 59　亞述，尼姆魯德（Nimrud）、阿瑟巴尼帕爾（Ashurbanipal）遊園會情景浮雕（西元前 645 ～西元前 635 左右）大英博物館藏（作者拍攝）

圖 60　烏拉爾，卡瑪河流域出土，銀盤，艾米塔吉博物館藏〔《絲綢之路遺寶》〕

圖61　土耳其東部，凡湖（Lake Van），阿克塔瑪島（Akdamar）、亞美尼亞使
徒教會（Armenian Apostolic Church）浮雕（作者拍攝）

腰帶上的東西

在石人的身上表現腰帶的情況，腰帶通常會繫有金屬配件（圖
5、26、30、62）。在腰帶上加上許多小型裝飾配件的習俗，興起
於西元四世紀左右的東亞和歐亞草原各地。

它的起源很自然地被聯想到原先攜帶劍、小刀、磨刀石、箭筒
等各種各樣東西的草原遊牧民族風俗習慣，然而真的有關係嗎？如
果有關係的話，究竟起源於哪裡？這個問題還不是十分清楚。但是
在方形或半圓形的裝飾金具上開一個細長的孔（圖63），從那裡垂

---

*　　譯者注：帕邁拉（Palmyra），位於敘利亞大馬士革（Damascus）東北215公里處，
　　是古代商隊穿越敘利亞的一個重要商業城市。1980年第四屆世界遺產大會將帕邁
　　拉古城遺址（Site of Palmyra）列為世界文化遺產；2015年5月，伊斯蘭國（ISIS）
　　占領該遺址並進行破壞。

下佩飾的習俗（圖 64），似乎在西元六～七世紀迅速地從東到西的傳播至歐亞各地（圖 40）。在西元五七九年去世的安伽墓中，刻著一個騎馬人物垂著佩飾金屬腰帶的彩色浮雕（圖 20）。[56]這大概是能夠確定年代的一個較早例子吧。

　　另外，在西伯利亞南部出土的金屬腰帶，則可參考莫吉里尼科夫（Mogil'nikov）的年代斷限，[57]因此，有必要對整個歐亞地域進行全面研究。

　　在石人的腰帶上還懸掛著磨刀石、短劍、長劍等，特別值得注

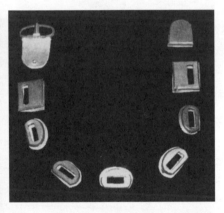

圖 63　蒙古國，後杭愛省，和碩柴達木 I 出土，金製帶飾金具雙簧管，蒙古歷史研究所藏（作者拍攝），現展示於蒙古國立歷史博物館

圖 62　圖 7 的側面（作者拍攝）

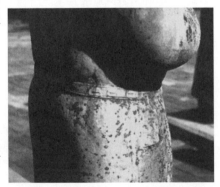

圖 64　中國陝西省，唐朝，乾陵，蕃酋像（作者拍攝）

圖 65　俄羅斯，圖瓦，火
鎌〔Kubarev1984〕

圖 66　俄羅斯，哈卡斯共和
國，火鎌配件（作者拍攝），
哈卡斯博物館藏

圖 68　俄羅斯，
圖瓦，漢達蓋特
（Khandagaity），
高 118 公分
〔Grach 1961〕

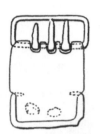

圖 69　俄羅斯，哈卡斯共
和國，火鎌？〔Kyzlasov
1960〕

圖 67　俄羅斯，哈卡斯共和
國，鳳凰文飾火鎌（作者拍
攝），哈卡斯博物館藏

意的是小袋子和火鎌。在大部分情況下，石人的右腰上都會有小袋
子。雪爾認為，這個小袋子是用來放入火石和火鎌的。[58]庫巴列夫
認為，小袋子是用來裝礦物性顏料、銅鏡、護身符（玻璃珠、果實
的種子、水晶、人牙），在其正面的金屬配件上有一塊火鎌（圖
26）。[59]

　　實際上，在古突厥時代（西元六～九世紀）的埋葬遺址中，在
被葬者的旁邊發掘出點火用工具連同皮革或絲織物製成的袋子一起
出土的例子並不多見。根據基瑟列夫（S.V. Kiselev）的說法，在阿
爾泰的庫雷 1 號墓（Kuraj 1），有一個絲綢小袋子被固定在一串裝
飾金屬配件之中，裡面裝有一個梯形的火鎌。[60]雖然沒有公布火鎌
的圖片，但肯定是後面敘述的（b）類型的火鎌。同樣的，庫雷 4
號墓（Kuraj 4）已被盜掘，但是在隱藏的洞穴中，發現了若干火石
和裝有火鎌的皮製小袋子。[61]遺憾的是，這裡既沒有火鎌的形狀說

明，也沒有圖片。

古突厥時代有兩種類型的點火工具：木板上切出一條溝槽，在上面推敲木錐所謂的火鑽具；以及由火鐮、火石組成的點火器。火鐮大致又分為兩種類型：（a）用石頭敲打的部分（刀刃）是筆直的，刀刃反側的刀鋒中心和兩端隆起的小型火鐮（圖65）；（b）刀刃或多或少是彎曲的，整體呈圓形或梯形的大型火鐮（圖66）。後者之中有許多在刀鋒中心有金屬配件，有些則是用鏤空雕刻裝飾（圖67）。[(6)]

（a）類型分布範圍極廣，從日本到東歐，遍及歐亞大陸的北部地區；[62]（b）類型基本上與古代突厥的中心地區重合，以哈卡斯、圖瓦、阿爾泰為中心，從阿姆河中游到天山北部。[63]石人多表現出（b）類型的火鐮（圖26、68），但小袋子中可能也裝有（a）類型。

那麼，現在的問題是火鐮的年代，但這是相當困難的。庫茲拉索夫將屬於塔什圖克文化（Tashtyk Culture）第四期（又稱為卡梅斯科〔Kameshek〕過渡期）（西元四～五世紀）的伊茲夫查阿塔斯4號墓（Izykh-chaatas 4）出土的神奇形狀火鐮，視為是（b）類型的始祖（圖69）。據他說這是一個具有金屬配件的袋子，在金屬配件上面有三個轉動針，裡面放有火絨和火石，並有一個火鐮縫在袋子下面。整體而言，這個袋子是通過金屬配件懸掛在腰帶上的。[64]

但是，（b）類型所附屬的金屬配件通常是小的青銅製品，且沒有貼上三針的大型鐵製金屬配件的例子。此外，從復原圖看，火鐮似乎是隨頁注(6)文獻中介紹的夾鉗型（Kasugai）。無論是西伯利亞東部，抑或是西伯利亞西南部，夾鉗型都比其他型式要來的新，此外塔什圖克文化的年代斷限，特別是末期的卡梅斯科時期的年代

(6) 除此以外，以西伯利亞東部為中心的地區有夾鉗型、烏拉（Ural）地區有帶柄的動物類型、北方歐亞西部有橢圓形等（林俊雄，〈北方歐亞的火鐮——烏拉以東〉，《日本與世界的考古學——現代考古學的開展》〔東京：雄山閣出版，1994年〕，頁352—369）。

設定是有問題的。所以，對於庫茲拉索夫的復原和年代判定，我不得不對此感到疑問。

　　儘管如此，專門研究西伯利亞南部冶金史的專家斯楚加索夫（Sunchugashev）還是支持這個年代，並認為（b）類型的火鐮在西元六～八世紀時在薩彥－阿爾泰（Sayan-Altai）地區廣泛普及。[65]但是斯楚加索夫的根據是突厥石人經常表現出這種類型的火鐮，而不是火鐮本身的編年研究。如後所述，我個人對於是否可以無條件的將突厥石人看作是突厥時代（六世紀中葉～八世紀中葉），抱有疑問。這裡還是應該先確立火鐮的編年，然後以此基礎來推測石人的年代。雖然資料還不能說是很充足，但是我把這些火鐮的研究結果綜合一下，復原其時代人約是在西元八到十世紀。

　　無論是（a）類型還是（b）類型，其形狀都是獨特的，並且不管是在何處，相互間毫無關係而同時產生，這是不自然的。庫巴列夫認為，它是出現在七到八世紀內亞的某地，而在十到十四世紀的遊牧世界中特別流行。[66]火鐮不僅從蒙古高原到東歐的遊牧草原地帶，還有諸如俄羅斯的諾夫哥羅德（Novgorod）[*]、北歐的中世紀都市村落遺址、濱海邊疆區（Primorsky Krai）^{**}、日本等地，也有大量出現，因此必須要以整個歐亞全境為對象進行考慮。雖然我在某些方面也贊同庫巴列夫的說法，不過火鐮應該要作為一個大的主題，並且另行考察吧。

---

* 　譯者注：諾夫哥羅德（Novgorod）位於俄羅斯西北部，始建於西元859年，是俄羅斯最古老的城市之一，它是從波羅的海到拜占庭的商道上一個重要據點。

** 　譯者注：濱海邊疆區（Primorsky Krai），是俄羅斯聯邦組成的主體之一，位於東南端日本海海岸區，屬於遠東聯邦管區（Dalnevostochny federalny okrug）。

第三章

伴隨著石人的
石圍圈和石列

小規模的石圍圈

石人不是單獨存在的（但是雪爾分類的⑤、⑥有時是單獨存在）。通常石人站在幾乎是正方形石圍圈的東側或東南側，每邊各豎立 2 到 3 塊石板（許多石板的四邊分別朝向東西南北，四個角面向東西南北則很少有）。石圍圈的內部放置著大量的石頭，有時會稍稍隆起呈石堆狀。極少數是沒有石圍圈，幾乎只有正方形石堆的情形，這可能是後來將石板拉出來的結果。

根據庫茲拉索夫的說法：在圖瓦，石圍圈的大小通常是一邊以 2 到 3 公尺為最多，少數也有達到 5 公尺的，石板的高度大多是 10 到 30 公分。[1] 我調查過新疆阿勒泰地區和蒙古西部也是如此。在俄羅斯所屬阿爾泰的發掘例子中，石圍圈內部的中央有一個凹坑，裡面還殘留有樹幹（圖 70）。在其周圍還發現了灰、炭、烤過的羊骨、馬骨和牙齒等。也有在石人面前埋著銀碗的例子。[2]

石人朝東的方向，以一定的間隔豎立著一列石頭。根據庫茲拉索夫的說法：在圖瓦，立石的高度為 10 到 70 公分，數量是 3 到 157 個，石列的長度最長可達到 350 公尺。[3] 在極少數情況下，石人

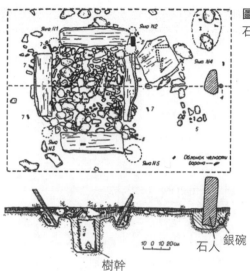

圖 70　俄羅斯，阿爾泰，尤斯圖德，
石人和石圍圈〔Kubarev1984〕

銀碗

石人

樹幹

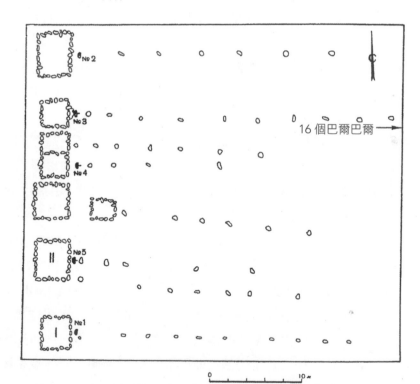

圖 71　俄羅斯，圖瓦，落庫斯爾‧泰西（Kyzyl-Tei），石人和石圍圈群〔Kyzlasov
1969〕

或石列位於石圍圈的西側或北側。

以上石圍圈、石人、石列組成的組合，大多是南北方向排列。圖瓦西南部的村落庫斯爾‧泰西（Kyzyl-Tei）附近的遺址中，8座石圍圈中除了1座以外，其餘都是南北向並排，其中有5座的東側立有石人（圖71）。石圍圈上無論有沒有站立著石人，都會向東方延伸石列，比如從圖下方之II號石圍圈中延伸出的兩排石列。

土牆和溝槽包圍的遺址

不過，遺址當中也有將石圍圈用極低的土牆和淺溝圍起來的例子。俄羅斯所屬阿爾泰的庫普丘爾（Kypchyl）地區，不分大小有3座石圍圈被長方形的溝槽和土牆包圍，石列從土牆外開始（圖28）。在蒙古高原，有一個例子是：石人立在經過精美加工，刻上斜紋格子圖案和圓形花朵圖案的石槨東南側，在其周圍用溝槽和土牆圍住，而不是石圍圈（圖72）。在達德加‧霍索普（Dadga Hoshoot）遺址，石人被插進了一個有樺眼的基石上（圖2）。[4]這樣的例子在圖瓦等地也是眾所周知的（圖73）。但是，在達德加‧霍索普遺址中，石列異常地延伸到石人背後的西北方。在這附近還有一個例子是石人背後延伸出一排石列。[5]總之，石槨和土牆、溝槽、石人、石列的組合，在蒙古高原很常見。

還有更大規模的遺址。圖瓦南部的埃爾金河畔（Erzin River）的薩爾格‧布魯恩（Saryg-Bulun）村，在長方形的土牆（36×29公尺）中，發掘出一個大致呈正方形（16×15公尺）、西側突出的基壇遺址（圖74）。在突出部檢測出大致正方形的柱孔，確認這裡有一個豎柱的小屋。中央盜掘坑的南邊，發現了一只手壺。從盜掘坑向東殘留著一些石像，其中一個是盤腿而坐的男性像，另一個是跪坐的女性像，這應該是夫妻像吧。剩下的兩尊是獅子像，大概正面是在東側，獅子像控制著入口。在土牆外側，石列似乎朝東方延伸，

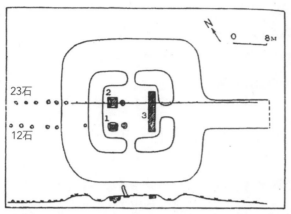

圖72　圖2石人（北側）圍起的土牆和溝渠〔Khudyakov1985〕

圖73　俄羅斯，圖瓦，克茲爾‧馬茲利克（Kyzyl-Mazhlyk），一對男女中被認為是女性的石人〔Kyzlasov 1969〕

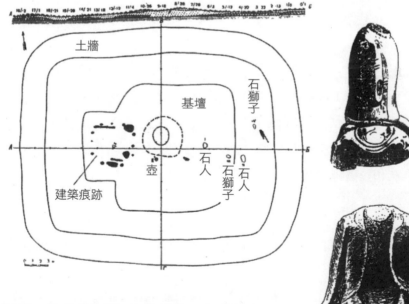

圖74　俄羅斯，圖瓦，薩爾格‧布魯恩（Saryg-Bulun），土牆圍起的基壇上建築遺址，發現一對男女石人和石獅子〔Kyzlasov 1969〕

可惜沒有詳細的記載。

在中國的阿勒泰地區，已知有幾處邊長超過 10 公尺大型長方形石圍圈的東側有多個石人遺址，關於這點將在本書第貳部第十一章之「新疆阿勒泰獨特的石像」進行討論。

可汗等級的遺址

從上一節介紹的遺跡內容，進一步加以擴展的是突厥可汗為其族人死後所營建的設施，其中被發掘調查並公布內容的，只有一九五八年由捷克考古學者伊蘇爾（Jisl）進行調查的突厥第二汗國第三代國君毗伽可汗（Bilgä Qaghan，七一六～七三四年在位）的弟弟闕特勤（Köl Tegin，七三一年過世）的陵墓遺址，[7] 茲將伊蘇爾推測當時的營建情況，以及我自己的觀察，一併加以介紹。[6]

環繞整個設施的外圍溝槽最大的深度有 2 公尺，頂部的寬度大約為 6 公尺，底部為 1.2 到 1.7 公尺（圖 75～77）。溝槽內側版築的土牆（67.25×28.25 公尺）上鋪有瓦屋頂，牆壁在白色的灰泥上面漆成紅色。東側有一扇寬 2.9 公尺的門，上面似乎也有特殊的瓦屋頂。門的兩側放著一對相對視的羊雕像（圖 78）。土牆內側鋪著磚，從門進入 8 公尺處，有一個長度為 2.25 公尺的龜趺（目前已分成幾個片段），有一個由四根柱子塔建而成的瓦屋屋頂建築，將龜趺和石碑覆蓋住。石碑上刻寫著突厥文和漢文（圖 79）。漢文

---

(7) 2000～2001年蒙古與土耳其的聯合調查團，發掘調查了毗伽可汗陵墓遺址，發現了馬的頭骨、羊骨以及許多金銀製品等（大澤孝，〈古代突厥系游牧民族葬禮中的動物犧牲〉，小長谷有紀編，《北亞的人與動物關係》〔東京：東方書店，2002年〕，頁165－167），雖然這些照片的圖解已經發表了（O. Sertkaya *et al.*, ed., *Album of the Turkish Monuments in Mongolia*, Turkish International Cooperation Administration (TICA): Ankara, 2001, pp.81-116），但是遺址的平面圖和詳細的記錄還沒有公開。2004年7月在烏蘭巴托的蒙古國家博物館開始展出這些出土文物，直到2004年末，還沒有出版解說這些出土文物的書籍。

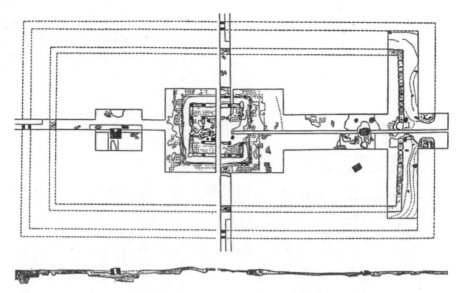

圖 75　蒙古國，後杭愛省，和碩柴達木Ⅱ，闕特勤陵遺址，平面圖和剖面圖
〔Novgorodova1981〕

是唐玄宗所寫的外交辭令性質文章，突厥文則是以略顯激動的語氣
講述了可汗兄弟的一生並強調團結突厥的重要性，兩者的內容完全
不同。從大門出發的道路兩側應該有很多站立的石人，但現在已經
大量減少，可確認的有 7 尊左右（圖 80 ～ 82）。參加調查團的諾
夫哥羅多娃（Novgorodova）推測復原圖中，在石像列中可以看到 2
尊座像，這一定是跪坐的臣下形象（圖 9）。

　　再往前走，有一座高 86 到 88 公分，邊長 13 公尺的正方形基
壇，上面建有一座邊長 10.25 公尺的正方形祠堂。基壇周圍的寬度
為 1.35 公尺並鋪設了一塊磚（高 6.5 公分），以使其高出一級，然
後將磚垂直嵌入土中，使其更為堅固。祠堂的牆壁在塗上白色的灰
泥後，再被漆成紅色。也發現了被認為是用來裝飾屋頂的「鬼瓦」*
（圖 83）。祠堂的牆壁內側畫著壁畫，但是壁畫只殘剩零碎片斷（圖

---

* 　譯者注：「鬼瓦」，又稱「獸頭瓦」，是屋脊兩端裝飾用的大瓦。

圖 76　闕特勤陵遺址推測復原圖〔Novgorodova1980〕

圖 77　空拍闕特勤陵遺址，1997 年（作者拍攝）

圖 78　闕特勤陵遺
址的石羊（作者拍
攝）

圖 79　闕特勤碑，突厥文面，上半部刻有阿史那氏族的徽章——山羊塔姆加。大
阪國立民族學博物館展示其精巧的複製品。右邊的照片是同一個碑的中文面（作
者拍攝）

84）。根據《新唐書》卷二一五下〈突厥傳下〉的記載，玄宗在闕
特勤死後，用敕書進行弔唁，「仍立廟像，四垣圖戰陣狀，詔高手
工六人往，繪寫精肖，其國以為未嘗有」，文中提到的應該是一幅
相當逼真的壁畫吧。在這座祠堂中又發現了一個邊長 4.4 公尺的第
二堵牆的礎石。因此，內牆和外牆之間是寬 1.82 公尺的回廊。柱子
有 16 根，其中 12 根在外牆，四根在內牆的四角。外牆的西側開著
出口，但內牆的西側好像沒有出口。

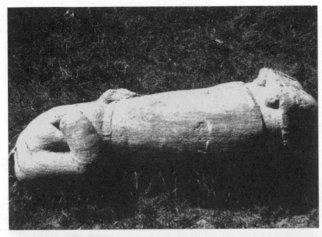

圖80　闕特勤陵遺
址的隨從石人，高
136公分（作者拍攝）

圖81　闕特勤陵遺
址的隨從石人，高68
公分（作者拍攝）

圖82　闕特勤陵遺
址的從隨石人，雙手
拿著絲巾一類的東
西，高160公分（作
者拍攝）

圖 83　闕特勤陵遺址出土獸面瓦和蓮花紋瓦當（作者拍攝），現在與圖 84 一併在蒙古國立歷史博物館展示。

圖 84　闕特勤陵遺址出土的壁畫碎片（作者拍攝）

在被內牆包圍的內陣中，發現了闕特勤和認為是他妻子的二尊座像的下半部。近年蒙古國與土耳其聯合調查團，對遺址進行重新調查之前，在遺址西面凹陷處的邊緣發現一塊盤腿而坐的左膝碎片（圖 85），據推測，底座的尺寸為 106×88 公分，比其他石人大得多，這被認為是伊蘇爾所說的闕特勤座像的下半部。此外，在蒙古國與土耳其聯合調查團中，也發現了右膝部分。

在內陣的北牆和南牆前面，發現了二尊面向中心站立的「侍者」像的軀幹。二尊座像前有三個深洞，洞壁塗有混合蘇沙*的泥土，在這些洞穴內發現了幾何紋路的陶片；在其中的一個洞裡，更發現了戴著有鷲形徽章頭冠的闕特勤頭像（圖 36），目前於烏蘭巴托（Ulaanbaatar）的蒙古國家博物館展出。除此之外，還發現了被認

---

*　譯者注：蘇沙，一種可與混凝土混合、以防裂縫的材料。

圖 85　闕特勤像碎片，左手放在盤腿的左
膝上（作者拍攝）

圖 86　闕特勤妻的頭像碎片
（作者拍攝），現在與圖 33
一併在蒙古國立歷史博物館展示

圖 87　毗伽可汗陵遺址
西邊開著大孔的石塊（作
者拍攝）

圖 89　和碩柴達木 III，
正座的石人（作者拍攝）

為是闕特勤妻子的臉部碎片（圖86）。在這後面建了一個較小的大廳，還有一個貫通圓形大孔的方形石塊，雖然用途不明，但在毗伽可汗陵墓遺址中也發現相同的石塊（圖87），在其旁邊是由蒙古與土耳其聯合調查團一起發現的金銀製品。

一排石列從包圍整個土牆的東側不斷綿延，數量約有170個。伊蘇爾認為石列全長有3公里以上，俄羅斯的沃伊托夫（Vojtov）則認為是2.3公里，一九九七年我們調查時確認是不到3公里（圖88）。

從闕特勤陵墓遺址向東南約1公里的地方有毗伽可汗陵墓遺址，它的規模略大於闕特勤陵墓遺址，石列也稍長（超過3公里）。此外，在闕特勤遺址向北850公尺處，雖然沒有石碑，但是有一塊巨大的細密蓮花圖案淺浮雕石槨和石羊、座像石人（圖89）、石列

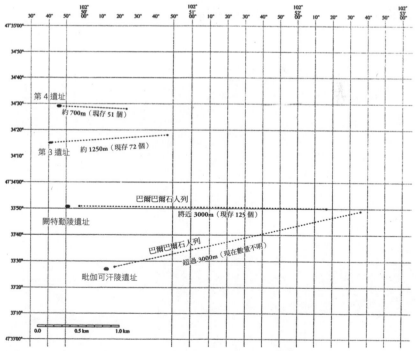

圖88　和碩柴達木Ⅰ～Ⅳ遺址相關關係圖〔森安、奧其爾，1999〕

（長度為 1250 公尺）。再往北約 450 公尺的地方還有一塊石槨，石列稍短（700 公尺），沒有石人。這四座遺址也許是因為彼此相距太遠了，所以沒有正確地排在一條直線上，但它們仍是沿南北方向排列，就如同本章之「小規模的石圍圈」中介紹的小規模遺址一樣（圖 88）。

本章最初介紹的邊長 2 公尺左右的石圍圈，與闕特勤陵墓遺址在規模等級上天差地別，但基本的要素是一致的。石圍圈、石槨、土牆、土壁都是方形，儘管有數量上的差異，但還是有石人、向東延伸的石列，而其南北方向排列的組成也是共通的。從小石圍圈到闕特勤陵墓遺址的規模差別，應該被視為是因為祭祀者的身分、階層所造成的差異。

關於沃伊托夫從突厥第一汗國到回鶻時代的可汗等級和上層的遺址，按其規模分類的成就，我曾經詳細介紹過，[7] 並根據他的研究成果，整理了可汗等級遺址的表格，則附在本書書末（附錄二），可進一步參考。

第四章

石人是表現誰呢？

檢討中國史料

在解釋石人、石圍圈、石列的意義方面，中國的史書留下了重要的信息。記載北周時代（五五六～五八一年）事件的《周書》（但是完成於六三〇年代）[*]卷五十〈異域傳〉中，詳細記載了突厥的習俗，其中也涉及到葬禮制度。茲徵引其中相關的部分：

死者，停屍於帳，子孫及諸親屬男女，各殺羊馬，陳於帳前，祭之。繞帳走馬七匝，一詣帳門，以刀劙面，且哭，血淚俱流，如此者七度，乃止。擇日，取亡者所乘馬及經服用之物，并屍俱焚之，收其餘灰，待時而葬。春夏死者，候草木黃落，秋冬死者，候華葉榮茂，然始坎而瘞之。葬之日，親屬設祭，及走馬劙面，如初死之

---

[*] 譯者注：《周書》完成於唐太宗貞觀十年（636）。據王溥，《唐會要》（上海：上海古籍出版社，2006年）卷六三〈史館上・修前代史〉記載：唐高祖武德四年（621）起居舍人令狐德棻請修梁、陳、北齊、北周、隋五代史，……然數載不就。唐太宗貞觀三年（629）復敕修撰，……至貞觀十年（636）撰成進上（頁1287—1288）。

儀。葬訖,於墓所立石建標。其石多少,依平生所殺人數。又以祭之羊馬頭,盡懸掛於標上。是日也,男女咸盛服飾,會於葬所。[*]

《隋書》(列傳於六三六年完成)卷八四〈北狄傳〉中記載了繼北周之後的隋朝(五八一~六一九年),其後半部分稍有不同:「表木為塋,立屋其中,圖畫死者形儀及其生時所經戰陣之狀。嘗殺一人,則立一石,有至千百者。」著眼於這兩書記述的不同,庫茲拉索夫認為:《周書》所見石圍圈是一般牧民的東西;而《隋書》所述繪有壁畫的小屋,則是貴族人物才能營造的。[1]

如何解釋與文獻資料相關的考古學資料中關於石人這個問題,一直以來存在著兩種對立的說法。一種解釋是,石人是表現死者生前殺死的敵人;在這種說法中,從石人向東延伸的石列,也被視為代表死者生前殺死的敵人。因此,石人和石列中的立石,其意義是相同的。支持這種說法的有巴托爾德(V.V. Bartol'd)、維塞羅夫斯基(N.I. Veselovskij)、格拉奇等人。

還有一種解釋是,石人是代表死者本人。在這種情形下,《隋書》中看到的「死者形儀」,被放大解釋為包括繪畫及石像。但是另一方面,從石人向東方延伸的石列,更像是死者生前殺死的敵人。因此可說石人和石列代表的意義是不同的。支持這種說法的有斯奇羅夫(S. V. Kiselev)、耶夫斯霍瓦(L. A. Evtyukhova)、庫茲拉索夫等人。

儘管《周書》寫著「立石」,是否也能將其解釋為「石像」呢?此外,《隋書》中的「死者形儀」,是否可以擴大解釋為「石像」,也同樣是個問題。這個問題對上述哪一種說法都是不利的。關於這一點,我將在第六章之「突厥第一汗國時期的遺址(一)」中繼續

---

[*] 譯者注:原著引自山田信夫譯注《騎馬民族史2》,平凡社,東洋文庫223。本譯文直接徵引唐・令狐德棻,《周書》卷五十〈異域傳下・突厥〉,北京:中華書局,1997年,頁910。

圖91　蒙古國，托夫省，沙迦・奧博I、暾欲谷石人，高
75公分（作者拍攝）

圖90　蒙古國，後
杭愛省，奈默・托爾
蓋、地上高140公分
〔Erdelyi 1978〕

圖92　同前，暾欲谷妻石人（右側高80公分）和隨
從石人，高100公分（作者拍攝）

圖 94　和碩柴達木 III，
刻有塔姆加的巴爾巴
爾，高 112 公分〔Vojtov
1996〕

圖 93　闕特勤陵遺址，東邊入口附近有巴爾巴爾風格的
石人，高 210 公分（作者拍攝）

討論。

石人和巴爾巴爾（balbal）

　　石人是指被殺的敵人，這個說法在過去是有力的，但是最近大
部分的研究人員都採取了石人是指死者本人形象的立場，其根據之
一就是石人拿著容器這一點。誠如前面第三章之「小規模的石圍圈」
中所述，在俄羅斯所屬阿爾泰的石圍圈調查中，出土了很多炭、灰、
燒過的動物骨頭，這意味著在石圍圈處舉行了犧牲祭典（宴會）。站
立的石人表現出下半身的例子並不多，但是若有表現出來，經常像是
盤腿而坐一樣交叉著腳（圖 90）。在上述圖瓦的薩爾格‧布魯恩遺址
中，發現了兩座被認為是夫妻的座像（圖 74）。另外在突厥第二汗國
毗伽可汗、闕特勤、宰相暾欲谷（Tonyukuk）等墓中，所供奉的本人
像和被認為是其妻子的像也是座像（圖 7、8、85、91、92）。這樣
考慮到被供奉的石人盤腿而坐拿著酒杯，葬禮時親屬聚集為死者舉行
追憶酒宴，死者本人也可以看作是以石人的形式參加吧。

　　然而，在毗伽可汗陵墓等大規模的遺址中，除了本人和其妻子

的像之外，還有幾尊座像（跪著坐）和立像（圖7、9、10、80～82）。由於這些尺寸小得多，所以被認為是臣下。這樣的話，石人基本上會表現出死者本人（特別是只有一尊的情況），但是在大規模的遺址中，會有表現出妻子和臣下。

在古代突厥留下來的鄂爾渾—葉尼塞碑（Orkhon-Yenisei inscriptions）中，經常能看到為了死者而將「巴爾巴爾（balbal）[*]樹立起來」的表現。與上述的爭論相關，有兩種說法：一種是把巴爾巴爾視為石人；另一種認為只是石列上的一塊石頭。以石人為被殺之敵人的說法，是將巴爾巴爾等同於石人；而以石人為死者本人的說法是，除了石人之外，只有從那裡向東排列的石頭才被視為是巴爾巴爾。[8] 最近這場爭論逐漸平息下來，巴爾巴爾被普遍認為不是石人，而是一塊石頭。[2]

但是，我個人認為，把巴爾巴爾斷定只是一塊沒有任何加工過的石頭，此觀點似乎有點過於偏頗了。我之所以這麼說，是因為敵人也是人類，即使不是華麗的石人雕像，也會將其稍微擬人化地表現出來。我在闕特勤陵墓遺址及其北方第3遺址，便看到了這樣的例子（圖11、93）。這些是極為粗糙的石像，但依然表現了人臉和合攏於胸前的雙手。而在第3遺址的例子中，更刻有象徵性表現山羊的塔姆加（被認為是突厥的統治氏族阿史那氏的徽章）和另一種倒「し」字形的塔姆加。

闕特勤陵墓和毗伽可汗陵墓的石人，即使是臣下的人像，也都是經過表面拋光並雕刻成圓形，寫實精巧的製作出來。與之相比，不得不說它們的製作方式完全不同，因此很難想像它們有著相同的作用。

雖然它們都已經倒在地上，原始的位置不明，但根據一九五八年伊蘇爾的調查，上述第 3 遺址的例子中，[9] 石列的最前面立著刻有山羊塔姆加的巴爾巴爾（圖 94），與之成對的是，在陵墓的入口前的石羊附近豎立的巴爾巴爾。[3] 此外，近幾年在蒙古與土耳其聯合調查團的調查中，包括從以前就知道的和碩柴達木的四個遺址在內，巴爾巴爾風格的石人數量一共有五個。[10] 現在它們都放在聯合調查團的倉庫裡。

雪爾也表明了這種觀點，認為只有在巴爾巴爾石列中模仿人類外形的立石，才是代表敵人，[4] 而且近年來沃伊托夫列舉了許多蒙古高原的例子進行說明。[5]

如果是這樣，承認人類形狀的巴爾巴爾存在的話，那麼在廣泛意義上的石人（表示人類的石像）中，除了死者本人及其臣下外，還有敵人的存在。然而，臣下和敵人的雕像似乎只有在大規模的遺址中才能看到。

---

(9) 伊蘇爾將這個遺址稱為「從沙達姆北部數起的第二個紀念遺址」（the second northern Khoshoo-tsaidam memorial）。和碩柴達木（Koshotsaidam）是闕特勤陵墓遺址等所在地的名稱，伊蘇爾在調查後，出版了幾篇概要報告和專輯就生病了，1969年48歲時去世，沒有出版完整報告，但留下了四部關於古代突厥的研究著作。其中摘錄的一部分作品，終於在1997年《布拉格國立歷史博物館年報》上作為專輯刊登，不僅是正文，圖版等也被大幅刪除，不得不說是一個遺憾。他的一部分調查發掘資料，從2004年7月開始在烏蘭巴托的歷史民族博物館展出。此外，俄羅斯的諾夫哥羅多娃也參加了他的調查，尤其是後者發表了一部分調查結果（E.A. Novgorodova, "Pamyatniki izobrazitel'nogo iskusstva drevnetyurkskogo vremeni na territorii MNR", *Tyurkologicheskij sbornik 1977*, "Nauka": Moskva, 1981, pp.203-218）。

(10) 2004年9月，我訪問了和碩柴達木聯合調查團的收藏庫，並確認了這點。

我來介紹一個加強這個想法的史料。在伊本・法德蘭（Ibn Fadlan）的旅遊記中看到。[*]他在西元九二一到九二二年之間接受阿拔斯王朝（Abbasid Dynasty）哈里發（Caliph）[**]的命令，來到伏爾加保加利亞（Volga Bulgaria）。作為使節旅行的他，寫下了在鹹海（Aral Sea）和裏海之間的突厥系烏古斯（Oghuz）的埋葬儀式如下：

　　一旦他們中的一個人死了話，他們首先會挖一個像房子一樣的大洞。接著，接近死者，給死者穿上庫爾塔克（這是指上衣？〔本書作者疑問〕）、腰帶和弓。並且手中還拿著裝有酒的木杯，正面供奉著裝有酒的木盤。在此期間，其他人把死者遺留下來的全部財產運來，與死者同葬在其家（即墳墓中）。當死者坐在家裡時，就會在家裡蓋上屋頂，在上面放一種類似粘土做成的圓蓋東西。接著，他們帶著死者生前所有的馬匹過來，殺死一百到二百匹，甚至殺到最後一匹，然後吃掉那些肉。另外，只有馬的頭、腳、皮和尾巴取下，綁在樹上，說這是他在天堂要騎的馬。如果死者生前是殺死過敵人或者是勇者的話，他們突厥人會雕刻死者生前殺死敵人數量一樣多的木製雕像，供奉在墓前。然後說道：這些都是在天堂服侍他的隨從。[6]

　　這段史料，有時被用作石人代表敵人這一說法的論據，僅僅基於他們將敵人刻成雕像（不是石像而是木像）這點，但由於雕像的數量和被殺人數一致，因此可以認為其與巴爾巴爾的作用相同。上

---

* 譯者注：即伊本・法德蘭（Ibn Fadlan）所著《里薩拉》（Risala）。

** 譯者注：哈里發（Caliph）：伊斯蘭教的宗教及世俗的最高統治者的稱號，原意為先知穆罕默德的繼承者。伊本・法德蘭是受阿拔斯王朝第十八代哈里發穆克塔迪爾一世（Al-Muqtadir bi-llām，908～932在位）之命，出使伏爾加保加利亞（Volga Bulgaria）。

圖 95　蒙古國，烏布蘇省西部，圓形石堆中有高的立石，東邊有超過 100 公尺的巴爾巴爾石列（作者拍攝）

述的引文，來自闕特勤陵墓建造二百年後的描述，不知道後來的巴爾巴爾之所以從石製改為木製，是否因為雕刻在木頭上更加便利。不過，在鹹海和裏海之間是，連一棵樹木都難以生長的地區，那麼又是如何得到木材的呢？最後，應當指出的是，雖然死者本人不是製成雕像，但是死者手持酒杯這一點和石人手持酒杯是共通的。

　　最後，讓我提及與石列有關的另一種解釋。在阿爾泰繼續調查的庫巴列夫，觀察石列後指出，離石人最近的立石比較高，隨著距離有變小的傾向。[7] 他把這些石頭看作是參加追悼宴會者的拴馬石，能把馬拴在靠近石人的地方，代表是高身分的人；距離越遠，地位越低，石頭的高度顯示出地位等級的高低，而且偶爾在巴爾巴爾看到的塔姆加，據說是帶著拴馬石與會者的象徵。[8]

　　但是，正如庫巴列夫自己也承認，為了證明這一說法，必須把上述《周書》和《隋書》的記載當成謊言來掩蓋。首先，這一點是一個研究瓶頸。此外，我在蒙古高原觀察到的例子中，石列中的石塊高度幾乎沒有變化，在石圍圈和石人較小的情況下，巴爾巴爾的石塊也很低小（高度 20 ～ 30 公分），圍繞著石圍圈擴展形成土牆和溝槽的大規模遺址（例如闕特勤和暾欲谷的陵墓）巴爾巴爾的石塊又大又高（高度大約 1 公尺）。另外，在毗伽可汗和闕特勤陵墓中，石列的長度達到 2 ～ 3 公里，如果按照庫巴列夫的說法，在隊伍盡頭停下馬的人，就必須走相當遠的距離才行。巴爾巴爾的高度，大概是由被祭祀的死者本人社會地位所決定。另一方面，關於在巴爾巴爾看到的塔姆加，沃伊托夫批評庫巴列夫的說法，提出是「作為打敗敵人的勝利象徵，而向死者致敬的印記。」的解釋。[9]

　　支持庫巴列夫說法的研究者極少，但是他的主張也有值得注意的地方。他指出，除了突厥的石圍圈以外，在所謂的初期遊牧民族時代（也可以說是斯基泰時代）的庫爾干（積石塚），[*] 東方也有石列延伸的例子。在阿爾泰著名的巴澤雷克古墓群（Pazyryk burials）中，遺址的分布圖上也顯示了從庫爾干向東方延伸的石列。[10] 我自己也在蒙古西部見過這樣的例子（圖 95）。[11] 在斯基泰時代，果真也有豎立和殺死敵人數量一樣多的石頭的風俗習慣嗎？目前對於從斯基泰時代的庫爾干延伸出來的石列，還沒有有力的解釋。

---

[*]　譯者注：庫爾干（kurgan），一種構建於墳墓上的墳塚，其特徵是包括單個人體，以及墓葬器皿、武器和馬匹。最初在東歐大草原上使用，西元前三世紀，進入中亞大部分地區以及東歐、西歐和北歐。

第五章

用石圍圈或土牆、溝槽圍起來的設施是火葬墓抑或是紀念遺址？

火葬墓說法的根據和弱點

據中國史料記載，突厥曾經實行過火葬，那麼石圍圈可以看作是突厥的火葬墓嗎？[11] 對此，產生是火葬墓和不是火葬墓兩種對立的說法。否定火葬墓的論點是從石圍圈中可以看到灰、炭、燒過的動物骨頭，但是卻沒有燒過的人骨，所以這不是墳墓，而是舉行悼念死者的酒宴場所（紀念遺址）。火葬墓的支持者有格列雅茲諾夫（M.P. Gryaznov）、波特布夫（L.P. Potapov）、格米列夫（L.N. Gumilev）等人；紀念遺址的支持者有曼登科（S.I. Rudenko）、基瑟列夫、凡恩斯坦（S.I. Vainshtein）、加夫里諾娃、庫茲拉索夫、格拉奇、伊蘇爾、雪爾、庫巴列夫、沃伊托夫等人。

近年來紀念遺址的說法更為有力，特別是在俄羅斯，可以說幾乎已成定論。但是，這個說法存在著巨大的問題。如果石圍圈不是火葬墓的話，那麼文獻中記載的火葬墓，在考古上會出現什麼樣的遺址形

---

(11) 實際上，突厥第一汗國時期實行火葬，在隋文帝開皇二年（582年），突厥南下與隋作戰的沙鉢略可汗和他弟弟的軍隊在激烈戰鬥之後，第二天「於戰處焚屍慟哭而去」（《隋書》卷五三〈達奚長儒傳〉）的記載也可以得到證實。

式呢？為了解決這個問題，格拉奇在圖瓦發現一個小圓形的石頭遺址中，燃燒的人骨被檢測出來，他將此作為是突厥的火葬墓發表。我自己作為格拉奇報告的共譯者之一，也曾對此加以介紹過。[1] 但是這座墳墓完全沒有出土能決定年代的資料，而且在那之後，也沒有發現這種類型的遺址，所以現在沒有人把它當作是突厥的火葬墓。這樣的話，不得不總結為「值得信賴的突厥火葬墓至今還沒有被發現。」。[2]

因此，我再次回到問題原點，我認為石圍圈等同於火葬墓的說法有重新探討的價值。根據中國史料的記載，突厥雖實行火葬，但並不是將燒過的骨頭馬上埋葬，而是將屍體、乘坐的馬匹和日用品一起燒掉後，收集「剩下的灰」，在等了將近半年後才埋進坑裡。如果是這樣的話，就沒有必要從墳墓裡找出一塊被燒的人骨來，少量的灰就足夠了。因此，從石圍圈中出土的灰和炭不正是這個「剩下的灰」嗎？

新疆維吾爾自治區的天山北部也有許多類似的石圍圈遺存，但除了阿勒泰地區的一部分（在第貳部第十一章之「新疆阿勒泰的獨特石像」詳述），中國的考古學者都是毫不懷疑地將其視為突厥的火葬墓。現今著名的作家張承志在新疆進行考古學調查後來到日本，我曾問他「石圍圈是火葬墓嗎？」，他的回答很明快：「這不是理所當然的嗎？怎麼會提這麼愚蠢的問題呢！」，被他頂了回來。

但是這個火葬墓的說法也有弱點。根據《新唐書》卷二一五上〈突厥傳上〉的記載，在突厥第一汗國滅亡之前的貞觀二年（六二八年）左右，突厥廢除了以前的火葬習慣，開始土葬。[(12)] 西元六三

---

(12) 匈牙利（Hungary）的埃塞蒂（Ecsedy）說：突厥第一汗國時期，在西突厥也有王族被土葬的例子，比如西元576年，室點密的遺體與馬、俘虜一起「土葬」（I. Ecsedy, "Ancient Turk [T'u-chueh] Burial Customs", *Acta Orientalia Academiae Scientiarum Hungaricae*, XXXVIII[3], 1984, pp.265-266）。但是，描述這一事件的拜占庭史料，在這個關鍵部分出現了闕漏，因此目前還不清楚到底是土葬還是火葬。內藤みどり則暗示是有可能是火葬（內藤みどり，《西突厥史研究》〔東京：早稻田大學出版部，1988年〕，頁385、394）。

〇年歸降唐朝的頡利可汗在六三四年死亡，葬在長安東部，《新唐書》特意說道：「從其禮，火尸」，這是否在強調當時在突厥中傳播的是原本的火葬，而不是新習俗的土葬呢？與頡利可汗一起被唐朝捕獲的阿史那思摩（後來改名為李思摩），之後又侍奉太宗，西元六四七年去世。墓誌上寫著「蕃法（突厥風俗），燒訖，然後葬」。[3] 但是被埋葬的墳墓是在太宗昭陵南側擴展的陪葬墓群之一，並不是突厥風俗。如果是這樣的話，火葬在七世紀初開始廢除，直到七世紀中葉仍然存在一部分，之後就消失了嗎？

如果火葬被廢除的信息是正確的，並且石圍圈是火葬墓的話，那麼石圍圈和附帶的石人、石列，都是七世紀前半葉以前的東西。但是，這與一百年後建造最豪華的石圍圈、石人、石列例子之一的闕特勤陵墓相互矛盾。

檢討闕特勤和毗伽可汗陵墓

那麼，闕特勤陵墓遺址是不是土葬墓呢？確實，可汗及緊隨其後等級的遺址中，經常放置有四塊大石板組合而成的石棺或石槨（圖96）。當然，闕特勤陵墓也有。但是，儘管伊蘇爾努力挖掘，卻沒有挖出人骨出來，於是他得出結論道：這個遺址不是墳墓，而是為了舉行追悼儀式的設施。並且在距離和碩柴達木遺址東南數公里的山頂上有一個直徑80公尺的巨大石塚，據推測如果在這裡進行挖掘的話，會發現闕特勤和毗伽可汗的遺骸，但是伊蘇爾還沒有發掘就過世了。[4]

我自己也去過那座山上的「積石塚」，但那並不是形狀整齊的「積石塚」，只是無數的石塊，無序地堆疊在一起，廣闊無垠地蔓延著。與此稍有相似之處的「積石塚」，是位於烏蘭巴托到國道幹線西南方向，剛剛進入哈拉和林（Kharkhorin）國道邊上的山丘上。現在那裡有盤腿而坐的大型座像石人（圖97），據說原本位於這裡

圖 96　蒙古國，托夫省，恩格圖，斜格子紋的石槨（作者拍攝）。以前曾倒下，2004 年重建。

圖 97　蒙古國，前杭愛省，塔爾納恩‧戈爾，近年在茫洋寬闊的「積石塚」前豎立的石人，高 120 公分（作者拍攝）

的南方。[5]我想這些「積石塚」確實是人造物，但看起來卻不像是一座古墓。因此到目前為止，我無法回答這個問題。

　　由蒙古與土耳其聯合調查團調查的毗伽可汗陵墓遺址，正如頁 60 的隨頁注（7）中提到的，因為調查記錄及平面圖還沒有公布，所以不能判斷是火葬墓還是土葬墓，但實際上在遺址中殘留的毗伽可汗碑銘（古突厥文）中的記載內容，與突厥第一汗國時期的喪葬儀式相同。〈毗伽可汗碑〉南面第十行記載毗伽可汗在「狗年第十個月第二十六日」（西元七三四年十一月二十六日）去世，在「豬年第五個月第二十七日」（西元七三五年七月二十四日）舉行葬禮（闕特勤死於西元七三一年二月二十七日，同年十一月二日下葬）。碑文下面到第十一行還有一些意義不明的地方，但根據解釋，葬禮開始時，來自中國的吊唁使節團帶來了大量的金銀、香料、香木等物。接著第十二行寫道：「有許多人民剪髮、割耳、劈面（？）」。[6]

死亡將近八個月後才正式進行葬禮，除此之外還有剪髮、割耳的禮儀，這在民族學的用語是「哀悼傷身儀式」，這一點也和《周書》中的記載一致。如果是這樣的話，說是火葬也不會奇怪。難道它又復活了嗎？

土葬墓在哪裡？

那麼，在古突厥時代就沒有土葬墓了嗎？並非如此。在圖瓦、阿爾泰、天山等地，從馬具等出土文物來看，發現了許多屬於古突厥時代的土葬墓。那就是把人和馬並排放入簡單的土坑裡，用極低的土台（庫爾干）覆蓋在上面。人和馬頭的方向，可能相同，也可能不同（圖98、99）。這樣的埋葬法之所以擴展到歐亞草原的西部，可能與突厥系遊牧民族的擴大遷徙有關。雖然這在今天的蒙古高原仍然知之甚少，這大概是因為調查還不夠周全的緣故吧。

還有一個看法是將這些土葬墓和石圍圈作為一個整體來考慮。耶夫斯霍瓦指出，石圍圈是為了紀念被埋葬在庫爾干下面土葬墓裡的人，而置於其遺體旁的祭祀設施。[7]但是，在阿爾泰的庫迪里格遺址，調查了庫爾干和石圍圈雙方的加夫里諾娃，以相鄰的庫爾干和石圍圈卻出土不同類型的弓為依據，得出了庫爾干和石圍圈是不同的部族製造的結論，否定了耶夫斯霍瓦的說法。[8]而且，在石圍圈群的旁邊不一定有庫爾干群。不過，就像日本的兩墓制一樣，*

平時去參拜的「祭拜墓」（沒有遺體，只有設施），是在住宅附近；實際收存遺體的墓地，就在遠離人煙的深山裡。

關於這些土葬墓的年代問題，雖然已提出了一些看法，[9]但還不能說是確定的。根據中國史料記載，土葬墓是在火葬被廢除的七世紀下半葉以後，然實際上並非如此單純。之所以這麼說，是因為根據《隋書‧北狄傳‧鐵勒》條的記載，同樣屬突厥族的鐵勒，與突厥習俗大體相同，只有婚姻制度和死者的葬禮有所不同。如果是這樣的話，這個土葬墓是鐵勒的，而石圍圈、石人是突厥留下來的嗎？（現在俄羅斯的特里福諾夫〔Trifonov〕認為有陪葬馬的土葬墓不是突厥，而是鐵勒的）。[10]又或者是說，土葬墓中既有鐵勒所留下的，也有改成土葬之後的突厥所留下的呢？

綜合本章所述，能得出什麼結論呢？即使石圍圈和擴大版的土

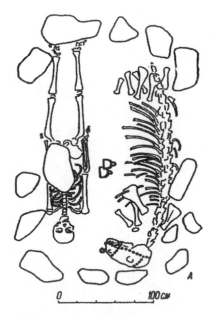

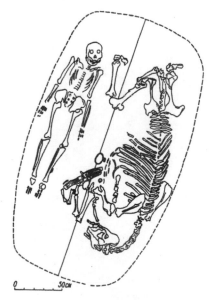

圖 98 俄羅斯，阿爾泰，庫杜爾蓋 10 號墓，人頭朝北東北〔Gavrilova 1965〕

圖 99 俄羅斯，阿爾泰，卡塔達第 II 古墓群 5 號墓，人頭朝南〔Gavrilova 1965〕

牆、溝槽不是火葬墓而是紀念遺址，在那裡也沒有發現被紀念者的遺體（無論是否焚燒）墓地。埃塞蒂（Ecsedy）無可奈何的總結道：「突厥的埋葬習俗並不像人們所想像的那樣——在他們的帝國內是固定、普遍而統一（universal and uniform）」。[11]畢竟，關於突厥族葬禮制度，目前還沒有一個能同時符合中國文獻史料和考古現場資料的完美解答。

第六章

突厥第一汗國時期
沒有石人嗎？

突厥第一汗國時期的遺址（一）
──布古特（Bugut）遺址

　　一直以來，人們模糊地認為石人製作的年代與突厥統治時期重疊。這是基於第四章之「檢討中國史料」中所介紹的中國史料所推測的，但是近年來對此提出了疑問。那就是石人是否存在於突厥第一汗國時期的疑問。首先，前面所提到的《周書》寫著墓地立「石」，但是沒有寫石人、石像。此外，《隋書》還寫著建造「墓室」，畫死者的肖像，但這只是壁畫，將其解釋為「石像」，不得不說有點牽強。也就是說，突厥第一汗國時期，立石、石圍圈（或畫有壁畫的建築物）、巴爾巴爾等，都能從文獻中得到了確認，但是關於石人，沒有肯定證明其存在的文獻。

　　再者，明顯屬於突厥第一汗國時期可汗等級的遺址中沒有石人，這也是一個很大的問題。在此看看幾個這樣的遺址。突厥第一汗國第四代佗鉢可汗（Tatpar，[13] 五七二～五八一年在位），由沙

_____

(13) 以前這個可汗的名字一直被認為是Taspar，吉田豐等人在直接看到石碑，重新採了

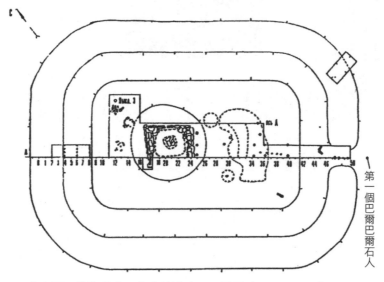

圖100　蒙古國，後杭愛省，布古特遺址，平面圖〔Vojtov 1996〕

鉢略可汗（Ishbara，五八一～五八七年在位）修建的布古特（Bugut
或 Bugat）遺址，一九五六年由蒙古的道爾吉蘇榮（Ts. Dorjsren）
首先調查，之後在一九八二年由俄羅斯的沃伊托夫和克利亞什托爾
內擴大範圍進行調查。一九九七年我也參加了日本和蒙古聯合調查
團、前往觀察遺址，並在附近的采采勒格市（Tsetserleg）博物館內，
對放置的龜趺採拓石碑的拓本。

　　最外側有極低的長方形土牆（據沃伊托夫的說法是 59×30 公
尺），其內側變低之後又變高，呈現長方形基壇的狀態（36×22 公
尺）（圖100）。土牆東南方的一側有一個缺口，這一側應該是入口。
基壇中央稍偏西約 7.5 公尺處，有一個正方形石堆。克利亞什托爾
內推測，在這下面可能有火葬者的遺骸，但中心部分由於盜掘而遭
到嚴重破壞，無法證實。[1]

　　拓本進行研究，得出應該讀作「Tatpar」的結論（吉田豐、森安孝夫，〈布古特碑
　　文〉，森安孝夫、奧其爾 編，《蒙古國現存遺跡、碑文調查研究報告》〔大阪：
　　中央歐亞學研究會，1999年〕，頁124）。

圖101 同前遺址，發掘挖掘坑的碎片，在同一水平上露出了瓦片的面貌（作者拍攝）

圖102 蒙古國，後杭愛省，採拓布古特遺址出土的石碑拓本。全高 245 公分（作者拍攝），現放置在采采勒格市博物館

圖103 布古特碑上半部的碎片數位合成（作者拍攝）

圖104 布古特遺址，東邊連續的巴爾巴爾石列（作者拍攝）

石堆的東側發現了 8 根木柱,但因為沒有全部挖掘,所以不知道柱子原來有多少,但是發現了相當多的平瓦,所以似乎有相當大的建築物。從沃伊特夫等人打開的溝槽斷面可以看到,在地表下 10 公分左右處,連續出現平瓦(圖 101)。道爾吉蘇榮認為,這座建築是有屋頂無牆壁的亭子;沃伊特夫認為,帶有屋頂的走廊從亭子向東方延伸。[2]

現在放在博物館裡的石碑(圖 102),似乎本來就在這座建築物的中央。龜趺是由紅色的花崗岩製成,長 124 公分、寬 93 公分、高 48 公分,榫眼的尺寸是 36×17 公分,深度不明(現在石碑的榫頭被插入,用水泥固定著)。碑身上刻著一對中國風格的螭首,也就是一對螭龍。有一種說法認為,這條龍其實是狼,而且在狼的腹部下面還浮雕著一個人的形象,這與漢文史料中記載突厥的祖先是狼的傳說有關。[3] 動物的頭部看起來確實不像狼,即使用數位相機拍攝上部右側的二個小片斷並進行合成,也只能看到腹部以下的腳,看不到人的形象(圖 103)。

石碑的正面和兩側都刻著粟特文,俄羅斯的研究者們發表了解讀的結果。一九九七年,身為包括我在內的實地調查團的一員,吉田豐指出了俄羅斯翻譯錯誤之處,並發表了新的譯本,為闡明突厥早期的歷史做出了巨大的貢獻。[4] 石碑背面刻有婆羅米文字(Brahmic scripts),但因為磨損非常嚴重,導致完全無法解讀。

在被認為是向東方延伸的走廊上,柱子之間排列著五塊立石,在土牆的縫隙處也有三塊立石。從土牆縫隙外向東,約有 300 公尺的石列相連。不過,石列的最後,方向稍微向北彎曲(圖 104)。沃伊托夫調查石頭的數量為 258 個;但是根據我們的調查,可以計算出 276 個石頭。

那麼,在這個遺址中,首先注意到的是,儘管這是一座如此大規模的突厥可汗遺址,卻沒有發現一個石人。如果再注意的話,就會發現土牆的內側也有應該從土牆外面開始的石列。在突厥第二汗國時期的闕特勤陵墓，門內並排站著臣下的石人。如果這樣的話，布古特遺址土牆內部的石列，或許也同樣是代表臣下的意思。

突厥第一汗國時期的遺址（二）
──特圖夫（Tsetsüüh）遺址

正如沃伊托夫所指出的，還有一些同樣大規模的遺址，卻沒有石人，在土牆內部只有石頭排成一列的遺址，其中之一的特圖夫（Tsetsüüh）遺址 [14] 是一九七六年由克利亞什托爾內和蒙古的哈爾賈拜（S. Harjaubai）進行小規模的發掘；一九八二年由沃伊托夫和蒙古的梅內斯（G. Menes）進行了擴大調查。我也在一九九五年和一九九九年兩次訪問過這個遺址，所以我想根據沃伊托夫的描述及我自己的觀察，稍微詳細介紹這個遺址。[5]

外側的溝槽東西方向較長，呈現約 70×50 公尺的長方形（圖105）。內側的土牆極低，沃伊托夫推測這可能只是將挖溝槽的土堆積起來而已。土牆的東側有個裂縫，似乎是入口。在土牆內側的西部有低矮的石頭堆積（直徑 15 公尺），中央因盜掘形成很大的凹陷。克利亞什托爾內認為，石堆下面一定有王族的火葬墓，但這部分還沒有被挖掘出來。

遺址的中央有紅色花崗岩加工而成的龜趺，但沒有石碑，頭部缺損（圖 106）。「頭」朝南，但不知道這是不是原來的位置。長度為 105 公分、寬 90 公分、高 45 公分，樺眼的尺寸是 40×23 公分，深 25 公分。石材、後腿和尾部的表現、大小，都與布古特遺址的龜趺一樣，但這邊的樺眼稍大一些。

---

(14) 沃伊托夫將這個遺址命名為伊德爾（Ider），但是伊德爾河是一條相當長的河流，其流域分布著大量的考古遺址，只給這個遺址命名為伊德爾是不公平的。另一方面，這個遺址實際上位於注入到伊德爾河的支流，也就是德德·特圖夫河流域，所以我稱這個遺址為特圖夫遺址。

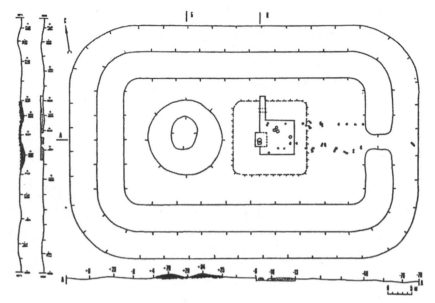

圖 105　蒙古國，庫蘇古爾省，特圖夫遺跡，平面圖和剖面圖〔Vojtov 1996〕

　　龜趺的東邊發現了一梱 3 根圓木，其中一根被燒到只剩根部。沃伊托夫認為這些圓木是支撐陵墓的柱子。[6] 然後又在遺址的東南邊，發現了很多覆蓋在屋頂的碎瓦片堆。一九九九年當我們仔細看過之後，有了很大的發現，這事將在後面敘述。陵墓屋頂的形狀由於挖掘面積狹窄而無法判斷。從陵墓內側開始，兩列巴爾巴爾石一直延伸到土牆，溝槽外有 210 個一列的巴爾巴爾石，延伸長達 308公尺（圖 107），而且沒有石人。

　　從土牆內側的巴爾巴爾石列不是一列而是二列，以及土牆不在外側而在內側這兩點來看，龜趺和遺址整個結構酷似布古特遺址。因此，沃伊托夫判斷，和布古特遺址一樣，這個遺址同屬於突厥第一汗國時期，但他並未提出是祭祀哪一位可汗。考慮到龜趺的榫眼和土牆都稍大，是一個可以匹敵甚至是凌駕於佗鉢可汗的突厥第一汗國時期可汗，因此縮小可能的人選範圍，集中在建國者布民（Bumin〔土門或伊利〕）可汗（五五二～五五三年在位）、第三

圖 106　特圖夫遺址，龜趺（作者拍攝）

圖 107　特圖夫遺址，東邊連續的巴爾巴爾石列（作者拍攝）

代木杆（Muqan）可汗（五五三～五七二年在位），或者是沙鉢略可汗等三位。接著，我們在瓦片堆裡發現到可以從這三位中進一步縮小範圍的材料。

　　一九九九年八月底，結束了在蒙古國西北部的庫蘇古爾省（Khovsgul）木倫市（Murun）附近的遺址群發掘調查後，我所在的日本與蒙古聯合調查團繞了一段路，一邊參觀周邊的遺址，一邊前往烏蘭巴托。我這次旅行真正想訪問的，就是這個特圖夫遺址。一九九五年我也曾經來過這裡，那時因為急著趕路，所以沒有足夠的時間去觀察遺址。八月二十九日中午前，到達遺址的我們，開始各自分散觀察。過了一會兒，正在調查瓦片堆的高浜秀隊員突然叫我，在瓦片上面竟然刻著魯尼文（Rune）。[*]

　　那是構成平瓦凸面一角的碎片，大小為 7×6 公分，厚度為 1.5 公分，刻有四個魯尼文字，從右邊讀作 illk（圖 108）。可能在其他的瓦片上面還會有文字。包括蒙古方面參與者在內的全體人員都開始尋找，但遺憾的是，沒有發現其他的東西（圖 109）。[7] 乍看之下，文字是在瓦片燒製完成後刻寫的，並不是最近才做的。雖然也有人認為這可能是某個人的惡作劇（例如曾經調查過這裡的研究者），但是放在這樣遍僻的遺址瓦片堆中，等待不知道什麼時候來並能解讀出魯尼文字的研究者，這樣長時間的惡作劇可能性不大。二〇〇三年我去莫斯科（Moscow）時，我在東方博物館（State Museum of Oriental Art）遇到了沃伊托夫，我直接問了他這個問題。當然他作證說並不知道有這麼一塊瓦片。

　　那麼，這個瓦片是真的嗎？如果是真的，這裡會產生很大的問

---

[*]　譯者注：魯尼文（Rune），又稱如尼文或盧恩文，在中世紀的歐洲用來書寫某些北歐日爾曼語族的語言，廣泛使用於斯堪地那維亞半島（Scandinavian Peninsula）與不列顛群島（British Isles）。古代突厥、回鶻等突厥語民族，在八世紀創造並開始使用了一種文字，因其形似歐洲古代的魯尼字母，故舊時被歐洲人稱為突厥魯尼字母（Runic script），然實際上兩者間並無直接派生關係。

圖108 特圖夫遺址，在堆積的瓦片中發現刻有魯尼文的瓦片（作者拍攝）

圖109 特圖夫遺址，仔細觀察堆積瓦片的隊員們（作者拍攝）

題。之所以這麼說，是因為魯尼文字在突厥第一汗國時期還不存在，到了第二汗國時期才出現，這是學術界的常識。我也是一個有常識的人。

那麼，要如何解釋突厥第一汗國時期的遺址中，會有刻寫魯尼文字的的瓦片呢？有一種可能性是，突厥第二汗國復興後，進行了修復以前第一汗國時期可汗的陵墓工作，並在那個時候刻上文字。這樣的話，也可以認為是刻上了這個遺址所供奉的可汗名字吧。

根據對中國北朝到盛唐之「官營瓦」的研究表明，從北魏遷都洛陽（四九三年）前開始，會將製造負責人的名字書寫或刻印在平瓦凸面的邊緣（在燒製前）。[8] 而在東魏、北齊到隋、初唐的期間則只有刻印；玄宗時期的刻印內容則變成年號和供應方。特圖夫出土的瓦片，在燒成後的平瓦凸面邊緣書寫位置與中國一致。如果年代是突厥第二汗國的話，就接近玄宗時期了，所以內容很可能是年號或是供應方。因此，illk 的意義就成了問題。

魯尼文基本上是表音文字，但母音經常會被省略。如果在「Illk」中補入母音的話，研究者無論是誰都會在「l」和「k」之間補入「i」，並將其復原為「illik」（伊爾利克）。「Il」是「國家

圖110　蒙古國，後杭愛省，巴顏‧沙加迪，東邊連續的巴爾巴爾石列（作者拍攝）

或部落等政治團體」的意思，「lik」是將名詞抽象化或集合化的接續詞，所以「illik」的意思就是「國家性」。但在古突厥時代沒有使用過這個單詞的例子。

　　如果把這個看作是可汗的名字的話，有兩個和伊爾利克名字相似的可汗。一個是第一代的布民可汗土門，根據《周書》記載，土門自號「伊利可汗」；另一個人沙鉢略可汗，據《隋書》的記載，他在寄給隋朝的書信中自稱是「伊利俱盧設始波羅莫何可汗」。兩者共同的「伊利」，通常解釋為「illig=擁有國家」。[9] 普利斯基（Pritsak）將其讀作「*ilik（<*ilig<*il+lig）」，解釋為「king（王）、ruler（統治者）」。[10]

　　對此，利帕斯基（Rybatzki）批評道，「王」在沙鉢略可汗之全稱號中的位置並不合適。[11] 而且，以他為暫定的條件，他把沙鉢略的稱號翻譯為「Külüg Sad Bagha Ïsbara Qaghan, who has a land」。[12] 也就是「擁有國土俱盧設莫何沙鉢略可汗」，但是在他的翻譯過程中，「Sad（中國史料記載為『設』，是僅次於可汗的稱號，支配著國家的東面或西面[15]）」[13] 的稱號被列入了。那麼，頭銜放到最前面也不奇怪吧。這樣的話，他的全稱號「統治者、俱盧設、沙鉢略可汗」，這樣三個稱號的並列也就可以理解了。沙鉢略可汗在別的書信中稱自己為「從天生大突厥天下賢聖天子伊利俱盧設莫何始波羅可汗」，[*] 這是否可以解釋為「從天生大突厥天下賢聖天子、伊利、俱盧設、莫何始波羅可汗」作為稱號的並列呢？如果上述的推定是正確的話，特圖夫遺址是為了布民可汗或沙鉢略可汗而建造的，那個年代是突厥第一汗國時期的西元六世紀後半葉。

我要對於針對這個沒有石人遺址的冗長討論表示歉意，但重點是我想澄清沒有石人的年代，在突厥的遺址中，能清楚了解年代的並不多。從這個意義上來說，布古特和特圖夫兩個遺址是重要的。

其他被認為是突厥第一汗國時期的遺址

沃伊托夫還將另外兩個遺址歸入突厥第一汗國時期。一個是被他稱為金定・布拉克 I（Gindin Bulak I），位於布古特遺址東北東方 10 ～ 12 公里處。[14] 但是二〇〇三年我們在另一個地方發現了與他所說的遺址完全相同的規模和結構，巴爾巴爾石列長度也相同的遺址。那是當地人稱巴顏・沙加迪（Bayan Tsagan höndii）的地方，位於布古特遺址南南東方 7.5 公里處（北緯 47 度 45 分 20.4 秒、東經 101 度 20 分 39.6 秒）。巴爾巴爾石列從東西長 56×35 公尺（沃伊托夫稱 57×41 公尺）的土牆外側向東方延伸約 800 公尺（沃伊托夫稱 732 公尺）（圖 110）。土牆內側只有 8×8 公尺的石堆，沒

---

(15) 沙鉢略可汗在佗鉢可汗統治時期，支配著國家的東面，所以有可能被稱為「設」（sad）。在突厥，即使是可汗，也會加上以前的稱號。

* 　譯者注：此為隋文帝開皇四年（584）突厥沙鉢略可汗致信給隋文帝時的提稱，詳見《隋書》卷八十四〈北狄傳・突厥〉，頁1868。

有石人，也找不到龜趺和瓦片。也就是說沒有陵墓，所以等級應該
比布古特和特圖夫來得低。

　　他舉的另一個遺址是一九〇九年芬蘭調查團從烏蘭巴托向西踏
查時發現的，標記為「Sewsüül」。[15] 根據芬蘭調查團的記錄和繪圖，
直徑 20 多公尺的土牆內側有溝槽，在其中央有邊長 9 公尺的正方
形石圍圈，從石圍圈向東連續延伸的巴爾巴爾石列有 400 公尺。沃
伊托夫好像沒有發現這個遺址。我也在二〇〇二年八月找了很多被
認為這個遺址所在的地區，但是最終並沒能找到。

　　我在特圖夫遺址的南邊，看到過和這個有點相似的遺址。在 8
公尺見方的石圍圈東側，豎立著一塊巨大的石頭（沒有人像的表
現），一排巴爾巴爾石列從那裡持續延伸超過 200 公尺。

　　雖然缺乏積極理由來斷定這三個遺址都建立於突厥第一汗國時
期，但它們的共同之處在於儘管遺址的規模相當大，但都沒有石人。

第七章

石人何時出現？

最早的石人？（一）——恩格圖（Unegt）遺址

如果突厥第一汗國時期的遺址中沒有石人的話，石人什麼時候才出現呢？從烏蘭巴托沿著土拉河（Tuul River）北岸往下約 100 公里的恩格圖（Unegt，或稱為 Ungetu, Öngöt），有土牆、石棺、瓦製屋頂陵墓的遺跡、許多石人、長的巴爾巴爾石列所組成的遺址。沃伊托夫指出，這裡的石人是突厥最古老的石人。[1] 現在就簡單介紹這個遺址。

該遺址於一九二五年由俄羅斯的布羅夫卡（Borovka）調查；[2] 一九七六年、一九七八年、一九七九年由沃伊托夫和蒙古的塞爾·奧德賈布（Ser-Odjav）、巴亞爾（Bayar）進行調查。[3] 我自己也曾於一九九五年、二〇〇二年、二〇〇四年到訪過這裡進行觀察。

根據沃伊托夫和塞爾·奧德賈布的記錄，40×60 公尺的土牆內有溝槽，其中有 20×40 公尺的基壇（圖 111）。在基壇的東南部有一座磚造的建築遺存，發現了很多覆蓋屋頂的瓦片。另一方面，西北部石槨的周圍一共檢測出 14 個柱孔，因此，認為石槨上面也掛有瓦製的屋頂。不知道布羅夫卡發表的蓮花紋瓦當屬於其中哪一個

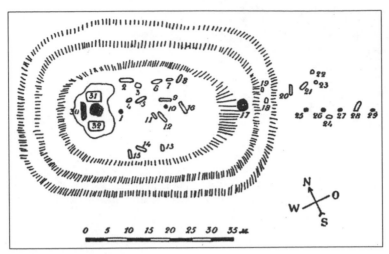

圖 111　蒙古國，托夫省，恩格圖遺址平
面圖〔Borovka1927〕

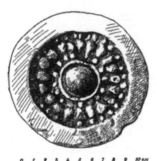

圖 112　恩格圖遺址出土，蓮花紋瓦當
〔Borovka1927〕

（圖 112）。在幾個發掘區已確認了上層和下層的地板，但是上層
很薄，下層則堅固厚實。石槨和柱孔屬於上層。[4]

　　根據布羅夫卡的說法，遺址中有 24 個石人、1 個石獅子和花崗
岩石板組合而成的石槨（圖 96）。據巴亞爾說有 35 個石人；沃伊
托夫說有 34 個石人、1 個石羊、1 個石獅子，以及長達 2.2 公里的
巴爾巴爾石列（直到二〇〇三年，石羊、石獅子和一部分的石人，
被放置在該遺址所屬的中央省首府宗莫德市（Zummod）南方的文
殊菩薩寺院遺址公園；二〇〇四年遺址周圍設置了柵欄進行整修，
石羊和石獅子也被送回遺址）。

圖 113　恩格圖遺址出土，巴爾巴爾風
格石人（作者拍攝）

圖 114　恩格圖遺址出土，巴爾巴爾風
格石人（作者拍攝）

圖 115　恩格圖遺址出土，
石獅子，高 98 公分（作者
拍攝）

圖 116　恩格圖遺址出土，
石羊，高 96 公分（作者拍
攝），腰部刻有塔姆加
第 88 頁

圖117　恩格圖遺址，東邊連續巴爾巴爾石列（作者拍攝）

石人數量雖然很多，但都簡單而粗糙，只表現了臉和手臂，雙手合攏置於胸前，完全沒有武器、容器和腰帶等（圖113、114）。與石人相比，石獅子和石羊的做工似乎更為細緻，石材選用了堅硬的石頭。但是石羊的腿沒有明顯的表現出來，給人一種未完成的印象（圖115、116）。石羊的左腰刻有塔姆加，很有意思。

巴爾巴爾石列大部分都倒在地上，但使用的是相當大且長的石頭（圖117）。雖然排列的長度比毗伽可汗、闕特勤的陵墓稍顯遜色，但現存有552個數量的巴爾巴爾，是突厥遺址中最多的。如此大規模的遺址，所祭祀的對象一定是可汗級別的。

巴亞爾和塞爾・奧德賈布認為，這裡的石人右手沒有容器，此外，衣服和容器、武器也都沒有表現出來，既原始又古老，所以推測這是在突厥以前，也就是柔然時代的遺址。[5]與此相對，沃伊托夫認為，蒙古高原還沒有發掘確實被認定屬柔然時代的遺址，而且沒有記載柔然埋葬儀式的文獻，所以無法將這個遺址視為柔然時代的東西，同時他對於導入「原始」（primitive）或「古老」（archaique）等模棱兩可的標準，也抱持著批判的態度。[6]的確，這樣的批評是有道理的（我在一九九六年直接與巴亞爾會面，確認了這點，現在他自己也表明要撤回柔然的說法），那麼我們來探討一下沃伊托夫的說法吧。

他認為這個遺址可能是為了紀念西元六四五年左右去世的薛延陀夷男（真珠毗伽〔Yinču Bilge〕可汗）而修建的，其依據可概括為兩點：一是，《新唐書·突厥傳》記載，突厥第一汗國滅亡後，夷男成為了可汗，並將根據地轉移到土拉河，而恩格圖遺址位正好於土拉河寬闊的山谷中，與史書的記載相吻合。二是，遺址由兩層構成，上層的石槨刻有菱形的花紋，他認為這是突厥第二汗國時期的特色，由於上層對下層有很大的破壞，所以他認為建造上層的人民憎恨下層的人民。說到突厥第二汗國的人民所憎恨的突厥系大部族，首先就是薛延陀，其可汗即是夷男。[7(16)]

但是這兩個論據可以說都是間接證據，不能說是很可靠。二〇〇三年三月我在莫斯科遇到沃伊托夫時，曾就這一點向他提出質疑，他本人也承認這一論據並沒有這麼牢固。根據我在蒙古中西部的奧蘭·奧西格（Uran-Osig）遺址（距今近三千年前）發掘的經驗，地面上的沉積層至多是 20～30 公分，要區分其中的層位非常困難。但是，在基壇上的東南部和西南部分別有建築物，這很可能表明恩格圖遺址跨越了兩個時期。因此，可以認為石槨比遺址的其他部分要來的晚。另外，考慮到石獅子和石羊的石材、製作技術和石人不同，這兩個物體也有可能與石槨一樣晚。

如前所述，這個遺址的石人特徵是，只有合攏於胸前的手和臉被粗略地表現出來。正如第四章之「石人和巴爾巴爾」中所指出的，

---

(16)　關於沃伊托夫的說法，我曾經詳細的介紹過（林俊雄，〈蒙古高原的石人〉，《國立民族學博物館研究報告》，第21卷第1期〔1996年〕，頁232～233）。

圖 118　蒙古國，托夫省，穆哈爾遺址出土，長 176 公分（作者拍攝）。龜趺左側面有己字形蛇浮雕。右側面有羊的浮雕。現展示於托夫省宗莫德博物館前

圖 119　穆哈爾遺址，盤腿而坐的石人，高 76 公分（作者拍攝）

突厥第二汗國時期闕特勤陵墓等，有一個石人只粗略地表現出合在胸前的雙手和臉，這個石人可以解釋為是巴爾巴爾，即表現被殺害的敵人。僅從巴爾巴爾石人特徵來看，這個遺址接近突厥第二汗國時期，但是在突厥第二汗國時期並沒有僅僅只有巴爾巴爾石人的可汗等級遺址。

　　但是應該注意的是，這個遺址位於土拉河流域。在土拉河流域還有其他大規模的遺址，例如上游留下了侍奉突厥第二汗國第一代到第三代可汗的功臣暾欲谷（Tonyuquq，七二〇年去世）的陵廟遺址，以及恩格圖對岸殘留下失去石碑的龜趺和盤腿而坐的石人（圖118、119）的穆哈爾（Muhar, Muker）遺址（龜趺現在放置在中央

省首府宗莫德市博物館前）。[17] 這兩個明顯是突厥第二汗國時期，不可能是祭祀夷男的遺址。因此，恩格圖遺址有可能是夷男的陵墓。

總之，評價恩格圖遺址很困難，是否是祭祀薛延陀夷男的遺址，只有百分之五十的可能性。如果是真的話，這個遺址的石人就是古突厥遺址中最古老的。但是，這裡的石人並不是死者本人和隨從，而是作為巴爾巴爾的石人。關於這個遺址的定位，將在本書第貳部第十三章中討論。

最早的石人？（二）──
希韋特‧烏蘭（Shiveet-ulaan）遺址

不是作為巴爾巴爾的石人首次出現在哪裡呢？候選地點之一是希韋特‧烏蘭（Shiveet-ulaan）遺址。該遺址位於俯瞰伏努伊河（Funui River）與卡努伊河（Khanui River）匯流處（圖 120）的小山丘上（圖 121）。在西部最高處堆積石塊，建造直徑 35 公尺的大塚（現在中央有一個盜墓者留下的大洞），在積石塚的東麓及離此向東較低的地方，散落著許多石人、石獅子、石羊（圖 122～125）（原始位置不明）。向東再低一層還有一個石碑的基座（不是龜趺，而是單純的方形）（圖 126）。石碑目前位於附近的海爾罕‧索姆郡（Hayrhan sum）中心的寺廟內，作為藏傳佛教五體投地儀式用的石板放置（圖 127）。石碑的基座以東陡峭地向河傾斜，沒有巴爾巴爾石列。

---

(17) 有一說認為這個遺址是用來供奉突厥第二汗國第二代的默啜可汗（S.G. K1yashtornyj, "Epigraficheskie raboty v Mongolii", Arkheologicheskie otkrytiya 1976 g, "Nauka": Moskva, 1977, p.588），其根據是龜趺側面有蛇浮雕這一點（圖118）。西元716年，默啜可汗在土拉河附近去世，第二年適逢巳年，所以浮雕了一條蛇。暫且不論這個說法是否妥當，從石人的形式來看，這個遺址絕對屬於突厥第二汗國時期。

圖 120　蒙古國，
布爾干省，從希韋
特・烏蘭遺址南部
看伏努伊河（前）
與卡努伊河的匯流
處（作者拍攝）

圖 121　從北邊的
山丘看韋特・烏
蘭遺址，發現西
（右）有積石塚，
東（左）有低台階
（作者拍攝）

圖 122　希韋特・
烏蘭遺址，從東側
的低處看石人、石
獸和積石塚（作者
拍攝）。石人和石
獸已不在原位

圖 123　希韋特・
烏蘭遺址，雙手合
攏置於胸前袖裡的
石人，高 118 公分
（作者拍攝）

圖 124　希韋特・
烏蘭遺址，後腿刻
有塔姆加的石獅
子，高 80 公分（作
者拍攝）

圖 125　希韋特・
烏蘭遺址，帶羔羊
的石羊，長 64 公
分（作者拍攝）

圖126　希韋特‧烏蘭遺址，石碑的礎石（作者拍攝）

圖127　希韋特‧烏蘭遺址出土，刻著雜亂無章的塔姆加石碑，高224公分（作者拍攝），現在放在海爾罕‧索姆郡中心的寺院內

　　遺址的整個區域被長方形的石牆包圍（100×40公尺），四角及其中間有石堆（圖128）。該遺址於一九一二年由芬蘭的拉姆斯特（Ramstedt）進行調查，之後由哈爾賈貝等蒙古研究者和克利亞什托爾內、沃特夫、巴亞爾、庫巴列夫等人進行調查，但這些都只是表面調查，沒有進行發掘。我自己也曾在一九九六年、一九九七年、二〇〇三年到訪過這裡進行觀察。

　　克利亞什托爾內說在積石塚的盜掘坑中看到了磚塊和粘土的灰泥碎片，沃伊托夫認為，因為有許多磚塊和瓦片的碎片，所以有陵墓。[8]但是我們到訪的時候，連一片都沒能發現，因此，現在還無法斷定是否有陵墓。

　　很多石像仍留在當地，但一部分被放置到海爾罕‧索姆郡中心的文化館和額爾登特市（Erdenet）的博物館。根據巴亞爾和庫巴列夫關於這個遺址的最新報告，有9個石人、4個石獅子、6個石羊。二〇〇三年我到訪這裡時，發現了1個幾乎要被掩埋的石獅子，躺在墳丘的東南邊上（圖129），似乎是誰最近才將它曝露出來。

　　石人都是立像。在突厥第二汗國時期，可汗等級的陵墓遺址中，

圖 128　希韋特・烏蘭遺址，空拍俯瞰圖（作者拍攝）

被祭祀的本人是以盤腿而坐的座像來表示，所以這些立像都可以看作是隨從人員。本人的石像是沒有被製作出來，抑或是在墳墓中有待挖掘，現在仍無法說明。

　　大多數的石人雙手合攏放在胸前，或以中國式的姿勢將雙手放入各自的袖子裡，或是拿著容器（圖 130）。也有一隻手拿容器，一隻手拿像手杖一樣東西的石人，或是一隻手拿手杖，一隻手拿劍的石人（圖 131、132）。衣服的領子是粟特風格，摺成三角形，而被認為裝有火鐮的小袋、磨刀石、裝飾性帶（佩飾），垂掛在腰帶上。

　　其中一尊立像的左側似乎沒有繫上腰帶（圖 133）。蒙古至今還把女性稱為「布斯古伊（busgui，沒有帶子），男性稱之為「布斯泰（bustei，有帶子）」。庫巴列夫等人認為，在突厥時代也是如此，這個沒有腰帶的人像是女性雕像。[9]然而，一九一二年拉姆斯特到訪調查時，石人的頭部還是完好的，是一個留著鬍鬚的男性。[10][18] 如今沒有一具石人有頭，丟失的頭也不知去向。關於這個頭部，森安孝夫透露了自己的想法：認為和唐三彩的胡人俑很像，所以應該是粟特人吧。[11]的確，戴著帽子、大大的鼻子、濃密的鬍

---

(18) 因為1958年發表的論文所刊登的照片是反面的，本書已恢復正確的狀態。

圖 129　希韋特・烏蘭
遺址，2003 年發現露出
一半狀態的石獅子（作
者拍攝）

圖 130　希韋特・烏蘭遺址，雙手拿著
容器的石人（作者拍攝），現在放在額
爾登特市博物館前

圖 132　希韋特・烏蘭遺址，左手持杖，
右手握劍的石人（作者拍攝）

圖 131　希韋特・烏蘭遺址，左手拿容
器，右手持杖的石人（作者拍攝）。現
在與圖 135 放在海爾罕・索姆郡中心的
文化館內

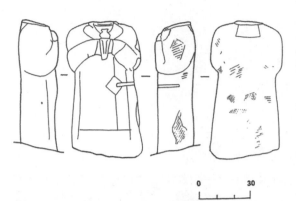

圖 133 希韋特·烏蘭遺址，沒繫腰帶的石人〔森安、奧其爾，1999〕

圖 134 希韋特·烏蘭遺址，1912 年拉姆斯特調查時，石人是有頭部的〔Ramstedt et al. 1958〕

鬚、大大的眼睛等，這些都很像胡人俑。

石羊都採坐姿，有的伴隨羔羊，這很罕見（圖 125），只有羔羊不是坐姿，看起來像是在奔跑。石獅子都是表現蹲坐的姿勢。其中在左臀上刻有被認為屬阿史那氏族徽章的野生山羊塔姆加（圖 124）。正如已經指出的那樣，部分巴爾巴爾和石羊上有刻著塔姆加的例子。

此外，拉姆斯特還發現了一個看起來皮袋的石像，[12] 它現在被放置在海爾罕·索姆郡中心的文化館裡（圖 135）。在中央省的伊夫·霍馬特（Ikh-Khoshoot）遺址[19]發現 2 個類似的圓錐形石片（圖 136）。另外，在伊夫·霍馬特遺址和前杭愛省的翁金（Ongi）遺

(19) 伊夫·霍馬特遺址中有6個石人、2個石羊、3個石獅子、刻有獅子和鳳凰的石槨、刻有魯尼文的石碑（闕利啜碑文），約1公里長的巴爾巴爾石列（森安孝夫、奧其爾 編，《蒙古國現存遺跡、碑文調查研究報告》，頁148—150）。闕利啜（Küli-čor）似乎是地位很高的貴族，但是關於他的名字以及是否有2人還是3人的問題，目前仍有爭議（內藤みどり，《西突厥史研究》，東京：早稻田大學出版部，1988年）。

圖 135 希韋特·烏蘭遺址，被認為是
皮囊的石像（作者拍攝）

圖 136 蒙古國，托夫省，伊夫·霍馬
特遺址，被認為是皮囊的石像（作者拍
攝）

圖 137 伊夫·霍馬特遺址，抱著皮囊的石像（作者拍攝）

圖 138　蒙古國，前杭愛省，翁金遺址，抱著皮囊的石像（左端）高 63 公分〔松田孝一拍攝〕。

址，[20] 發現了捧著這種皮袋的石人（圖 137、138）。這是一個裝馬奶酒的皮袋，正如沃伊托夫所認為的，這個石人是給主人斟馬奶酒的隨從。[13]

從這個遺址出土的文物中，有一座特殊的石碑（圖 127）。上面只有刻著許多各式各樣的塔姆加，其他的什麼也沒有，解讀的過程非常艱難。我們注意到石碑的背面保持著原始粗糙的狀態，沒有文字或其他記號。克利亞什托爾內指出，塔姆加的數量是「70」，這個「70」的數字與突厥第二汗國第一代頡跌利施（Ilteriš，骨咄祿〔Qutlugh〕可汗）以獨立為目標發起旗號時聚集的「70 人」一

(20) 翁金遺址中有6～7個石人、2個石羊、刻有圓花紋的石槨、龜趺和刻有魯尼文的石碑（即翁金碑），980公尺長的巴爾巴爾石列、幾塊巴爾巴爾上面刻有塔姆加。該遺址被認為是突厥第二汗國時期，屬阿史那家族王侯等級的人物所建造的設施（森安孝夫、奧其爾編，《蒙古國現存遺跡、碑文調查研究報告》，頁132）。

致（闕特勤碑文東面 11 ～ 12 行），認為這個遺址是為了祭祀頡跌利施（六九二年去世）。[14]

沃伊托夫也沿襲了這個說法，因為在其他的遺址中，巴爾巴爾上刻有塔姆加，所以這座刻有許多塔姆加的石碑，是將不同的巴爾巴爾匯集在一起，也就是共通的巴爾巴爾。[15]

但是，雖然石碑表面打磨得很光滑，然而塔姆加的刻法和配置卻是過於雜亂無章，很難相信這個石碑原本是專門為了刻塔姆加而建造的。它本來可能是為了記載這個設施的建造緣由而準備的東西，但因為某種原因而放棄了，塔姆加可能是次要的雕刻。[16]

另一方面，庫巴列夫認為，因為有很多立像的石人，所以是繼承了恩格圖遺址的傳統。關於遺址的年代，庫巴列夫持謹慎的態度，認為是在突厥第二汗國時期的西元八世紀前半葉。[17]

但是與恩格圖石人不同的是，希韋特・烏蘭的石人具體表現了腰帶、衣服、劍等各式各樣的東西，表現的方式接近中國的石人。我個人認為，這個遺址有可能是祭祀頡跌利施（骨咄祿）。石人的中國式風格，以及該遺址位於山頂，石像則排列在較低的位置等特點，在突厥的遺址中是非常罕見的。我將在第貳部最後一章進行討論。

最早的石人？（三）——
新疆伊犁地區昭蘇縣的石人

如果說恩格圖中的石人是巴爾巴爾，希韋特・烏蘭的石人都是隨從的話，那麼被祭祀的死者本人的石人什麼時候開始出現呢？事實上，有證據表明，死者本人的石人，早在恩格圖與希韋特・烏蘭之前就已經存在了。

那是在比蒙古高原更遠的西邊，新疆維吾爾自治區西北部的伊犁地區昭蘇縣（蒙古・弗勒〔Mongol hülee〕）縣城附近的石人

（也稱為小洪那海石人）。在草場上被既寬且深（寬6～7公尺，深超過1公尺）的溝壑環繞著，在其中心偏東南方，有一個東西方向略長的圓角矩形基壇（26×24公尺），東方站立著一個石人（圖139、140以及圖18）。九州大學的調查團發表過這個遺址的草圖。[18]我也曾在一九九二年到訪過，當時的觀察表明，雖然基壇被地面上的土及高高的草叢所覆蓋，當看到盜掘坑時，就發現了四處散落的石頭，這裡原來應該是有一個石堆。巴爾巴爾石列是不是從溝槽外側向東方延伸呢？我撥開草尋找了半天，卻連一塊像樣的石頭也找不到。

關於石人的問題，石材是用紅色的花崗岩，在地上高183公分，正面稍有磨損，右手拿著容器，左手壓著劍柄（圖18左）。頭上戴著帽子或是冠冕一類的東西，背上垂著幾根髮辮（圖18右）。這些要素和一般古突厥的石人並沒有太大的區別，只是尺寸稍大，圓雕表現寫實，這點在一定程度上有特色。不過，這個石人的獨特之處在於下半身刻有約二十行的粟特語碑文（圖18左）。

在石人上刻有碑文的例子極為罕見，突厥魯尼文字的短小碑文僅有數例，而鐫刻著粟特文字粟特語碑文的石人，目前已知僅此一例。遺憾的是，部分碑文磨損的很嚴重，據解讀該碑文的吉田豐說，此碑文中有一部分可以翻譯成穆罕可汗，即突厥第一汗國統治了二十一年的木杆可汗（五五三～五七二年在位）。此碑文與七到八世紀之間的突厥字體相比更為古樸，因此，很明顯是在六世紀後半葉、木杆可汗死後刻下的。[19]此外，正如第二章之「手指表現」中所指出的，石人手指的表現明顯受到粟特的影響，不過，突厥從建國初期開始，就與粟特人有著密切的關係，石人也是在粟特人的影響下，出現於六世紀後半葉。[(21)]

---

(21) 與沃伊托夫的觀點不同，也有說法認為石人是分階段出現的。根據在阿爾泰地區進行調查的弗德雅科夫（Khudyakov）和普羅特尼科夫（Plotnikov）的說法，俄羅斯所屬阿爾泰最早的石圍圈屬西元四～五世紀，但是並沒有伴隨出現石人，

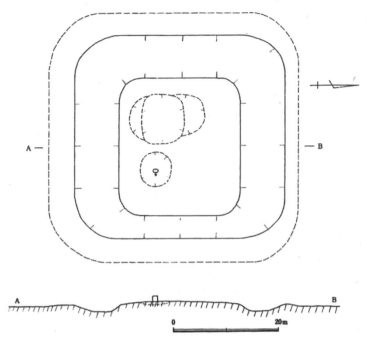

圖 139 中國新疆伊犁地區昭蘇縣，縣城西邊 9 公里有石人的遺址，平面圖〔大塚 1995〕

圖 140 昭蘇縣，縣城西邊的石人，站在基壇東邊（作者拍攝）

114

是否能解決布古特和昭蘇兩座遺址的矛盾呢？有一種可能性是，石人最早是在突厥的西部地區創造出來，該地更容易受到粟特影響，但是在木杆可汗死後不久，突厥在西元五八三年左右就分裂為東、西兩部，向東部蒙古高原的傳播可能因此而推遲了。

在大膽推理的同時，現在將以上的論點進行整理如下：象徵死者本人的石人出現於六世紀後半葉的突厥西部地區，而東部地區只有巴爾巴爾。到了七世紀中葉，巴爾巴爾以石人的形式出現，從七世紀末開始，首先是隨從的石人，接著是製作死者本人的石人。當然，這些論點都還只是依據薄弱的假說而已。

到了突厥第一汗國時期，首先出現了只有頭部和臉部的石人；據說表現出衣服和武器、腰帶的石人，是從突厥第二汗國時期開始，一直存在到十世紀末。即使如此，也無法解決布古特遺址中沒有石人，以及昭蘇石人粟特語碑文的年代等問題。

第八章

石人何時消失？

回鶻汗國沒有製作石人嗎？

最後也要談談石人消失的年代。繼突厥之後，回鶻汗國第二代的葛勒可汗磨延啜（Moyun čor，七四七～七五九年在位）建造的摩根西奈烏斯（Mogoin Shine-us）遺址，雖然有方形的土牆、溝槽、龜趺和石碑，但沒有石人、巴爾巴爾、建築遺存（圖 141、142）。與突厥時代不同，土牆的南北方向長，南面有積石塚，入口在南面（圖 143）。

與西奈烏斯遺址相類似的是霍森・塔爾（Hoshon-tal, Hoshotyn-tal）遺址，也有龜趺，但是沒有石人、巴爾巴爾等。土牆也是南北方向長，但入口在北方（圖 144、145）。遺憾的是，這個遺址沒有石碑，所以無法確定墓主。沃伊托夫認為，這是為回鶻汗國第一代懷仁可汗（七四四～七四七年在位）修建的。除此之外，就再也沒有發現屬於回鶻汗國時代的這類遺址了。那麼，第三代以後的回鶻可汗，就沒有建造這樣的埋葬或紀念設施了嗎？

對於這樣的變化，沃伊托夫認為，回鶻汗國第三代的牟羽可汗開始改信摩尼教，並拋棄了過去的埋葬習慣。因此，此後就再也沒

圖 141　蒙古國，布爾干省，薩漢郡，從南邊看西奈烏斯遺址（作者拍攝）

圖 142　西奈烏斯遺址，龜趺，長101 公分（作者拍攝）

有像西奈烏斯遺址這種埋葬設施了。[1]

　　但是，對於這種說法，不能不產生兩個疑問。首先，在第二代可汗的時期（如果霍森‧塔爾是第一代的話），也就是在引進摩尼教之前，就已經發生了埋葬設施的變化，這一點可以從西奈烏斯缺乏石人和巴爾巴爾看出。另一點是，除了西奈烏斯之外，磨延啜在生前還建立了好幾塊石碑，[22] 而這些石碑與埋葬儀式毫無關係，甚

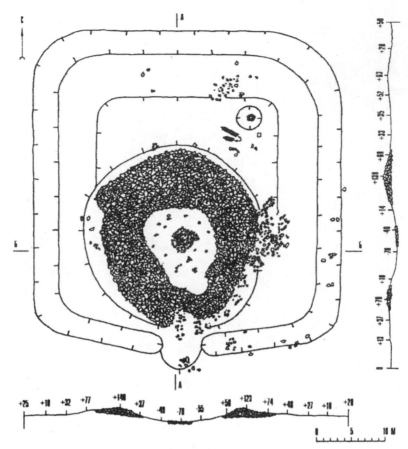

圖143　西奈烏斯遺址，平面圖〔Vojtov 1996〕

至連石碑和埋葬設施的組合也已經崩壞了。

　　將這樣的變化原因歸結於引進摩尼教是有問題的，但是無論如何，確實在回鶻時代埋葬儀式發生了很大的變化。除了引進摩尼教

<hr />

(22) 其中塔拉斯碑（Tariat Inscription）是和龜趺一起被發現的，但是發現的地點只有高1公尺多的土台，其他什麼都沒有（森安孝夫、奧其爾編，《蒙古國現存遺跡、碑文調查研究報告》〔大阪：中央歐亞學研究會，1999年〕，頁27）。還有一個是台斯碑（Tes Inscription）（只剩下碎片，沒有龜趺），據說是在山丘上發現的，但似乎沒有任何的其他遺存（森安孝夫、奧其爾編，《蒙古國現存遺跡、碑文調查研究報告》，頁158）。

圖 144　蒙古國，後杭愛省，霍森・塔爾遺址，龜趺，長 165 公分（作者拍攝）。圓形的石碑洞穴十分罕見，石碑也是圓柱形的嗎？

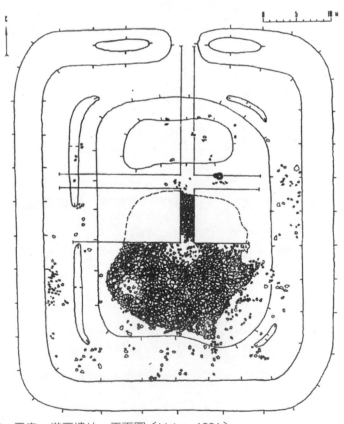

圖 145　霍森・塔爾遺址，平面圖〔Vojtov 1996〕

之外，還可以看到回鶻汗國具有與此前的遊牧國家所沒有的幾個特徵。例如：建設了大規模的城市、對中國停止了入侵掠奪、選擇重視貿易的政策，以及超越部族框架的中央政府統治機構的誕生等。也許這一系列的變化和埋葬儀式的變化有關係。

西方倖存的石人

那麼，作為這些變化之一的立石人習俗也完全廢除了嗎？蒙古高原，特別是在中部地區，可能是，也可能不是。那麼，在西方又是什麼情況呢？

如本書第十四章所述，在遙遠西方的黑海北部和西部沿海草原地帶，西元十一～十三世紀，波洛韋茨（奇普查克[*]）豎立了雙手持容器置於腹前的石人類型。在黑海北部和蒙古高原之間的哈薩克斯坦，有石人以右手持容器的類型（如第一章之「各式各樣的石人及其分布」中雪爾所說的第一類型）和雙手持容器的類型（第二類型）並存。這樣的話，哈薩克斯坦從突厥時代到奇普查克時代，雖然有類型上的不同，但是自然會認為立石人的習俗還存續著吧。

如此，問題就進一步的發展。第一類型只存在於突厥時代；第二類型是從突厥時代到奇普查克時代一直存在；抑或是突厥的時代沒有，只存在更晚的時代呢？

另外，第一類型和第二類型的意義也可能不同。根據庫茲拉索夫的說法，在圖瓦第二類型沒有方形的石圍圈和其他的附屬設施，而是單獨（朝向東方）站立著（圖5）。[2]其實在蒙古國，第二類型已在圖瓦和哈薩克斯坦附近的巴彥·烏勒蓋省和烏布蘇省被發現，我在調查的過程中也確認了它們是沒有伴隨石圍圈和巴爾巴爾，而

---

[*] 譯者注：奇普查克（Kipchak），屬突厥系遊牧民族，存在於西元十一世紀到十三世紀，分布在烏克蘭至哈薩克斯坦的草原上。

圖146 蒙古國,巴顏·烏勒蓋省,薩
格賽郡,薩迦·波恩(Tsagaan-dovon),
雙手置於腹前拿著容器的石人,高150
公分(作者拍攝)站在河岸的土堆上,
除此之外,沒有巴爾巴爾和遺存

圖147 哈薩克斯坦,哈薩克斯坦考古
學研究所藏,雙手合攏置於腹前,乳房
下垂的女性石人(作者拍攝)

是單獨站立著(圖146)。[3]

　　另外,在哈薩克斯坦,第二類型出現了表現乳房的女性石人。
部分乳房以大圓圈表示(圖6),另一些則以三角形下垂的形式表
示(圖147)。前者少,後者則是壓倒性的多數。在蒙古高原,也
有如毗伽可汗的妻子這樣例外,並未明確表現出性徵的女性石人
像。

　　對於這樣女性石人的意義,雪爾發表了獨特的說法。圓形、有
時帶有淺浮雕的乳房表示少女,這與回鶻的始祖傳說中所見少女和
狼的異類婚姻有關。[23]另一方面,在南俄羅斯波洛韋茨的女性石

(23) 這個始祖傳說是在《魏書·高車傳》中所見,高車始祖是由美麗姐妹中的妹妹和
　　狼的婚姻而誕生的傳說。雪爾的這篇文章是引用自比奇尤林(Bichurin)(十九
　　世紀上半葉在北京進行俄羅斯東正教傳教的宗教家,把許多中國的著作翻譯成俄
　　語)的翻譯(N.Ya. Bichurin, *Sobranie svedenij o narodakh, obitavshikh v Srednej Azii
　　v drevnie vremena*, II, Izdatel'stvo Akademii nauk SSSR: Moskva-Leningrad, 1950, pp.217-

人，所看到下垂的乳房不是少女，而是表示母親，所以和祖先崇拜有關。[4] 正如第一章之「各式各樣的石人及其分布」所提到的，庫茲拉索夫認為圖瓦地區雙手拿著容器的石人屬於回鶻時代，因此雪爾也把河中地區雙手拿著容器的石人歸屬於回鶻。然而，正如前一節所述，回鶻汗國的遺址中並未發現石人。圖瓦的石人，說到底只是有可能是「回鶻時代」，無法確定是否是「回鶻」留下的。另外，關於垂下的乳房，因為有一種說法將波洛韋茨女性石人類似的乳房表現與祖先崇拜聯繫起來，本書將在第參部第十四章再做詳述。

正如第一章所提到的，在雪爾之後，對哈薩克斯坦石人積極進行調查的艾爾倫科，將雪爾的第一類型稱為古突厥型，第二類型稱為奇普查克型。只有臉部的石人，也根據其面部特徵，分為古突厥型和奇普查克型。但是，正如她自己所承認，有些東西很難區分，也有兩種類型混合在一起的石人。

例如哈薩克斯坦北部的科克舍套市（Kokshetau）博物館收藏（出土地不明）的石人，右手拿著圓底的容器（雖然磨損很嚴重），左手伸向腰帶的姿勢，是古突厥的特點，但是雙重的項鏈、隆起的胸部和右手下面的凹痕（艾爾倫科將其視為女性的性器官），此一性特徵的表現屬於奇普查克的類型（圖148）。同樣是哈薩克斯坦北部的阿斯塔納市（Astana）博物館收藏（騰格斯區賈克斯卡恩河右岸出土）的石人，右耳的耳飾和左腰微微的隆起（艾爾倫科認為這是一個掛在腰帶上的皮袋），都是古突厥的特徵，但是圓形隆起

218）。因為比奇尤林翻譯時的解說，將高車作為回鶻的祖先，所以雪爾把這種傳說看作是回鶻的東西吧。比奇尤林之所以認為高車是回紇的祖先，是因為在《魏書》中高車諸族中有一種名為「袁紇氏」，被認為是維吾爾族。此外，《新唐書・回鶻傳上》提到回鶻在北魏時代被稱為高車，而袁紇就是高車的一種。也有將袁紇與烏古斯而非回鶻聯繫起來的說法，然而無論如何，將袁紇與後世的回鶻和烏古斯聯繫在一起的這種說法，受到了護雅夫強烈的質疑（護雅夫，〈關於高車傳所見諸氏族名——高車諸氏族的分布〉，《古代突厥民族史研究III》〔東京：山川出版社，1997年〕，頁294〔初次發表於1948年〕）。

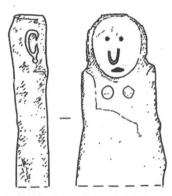

圖148 北哈薩克斯坦,科克舍套市 博物館所藏,高86公分〔Ermolenko 2004〕

圖149 北哈薩克斯坦,騰格斯區賈克 斯卡恩河右岸出土,阿斯塔那市博物館 所藏,高88公分〔Ermolenko 2004〕

的胸部(乳房的表現),則是奇普查克的特徵(圖149)。[5]

　　由於在一個石人中混合有兩種類型,所以艾爾倫科主張,兩種類型之間沒有時間上的中斷。但是,這倒不如表示兩種類型在時間上是重疊會更好吧。

　　從十九世紀到二十世紀上半葉的開墾,以及遊牧民族定居化政策的結果,哈薩克斯坦和中亞的石人已被破壞或作為石材使用,不清楚留下了什麼遺存,直到近幾年終於在尚未開墾的天山山脈和哈薩克斯坦的荒地中發現了例子,主要是由艾爾倫科等女性考古學家報導的。

　　諾夫哥羅多娃和哈薩克斯坦的德森巴耶娃(Dosymbaeva)分別在一九八〇年代和九〇年代的哈薩克斯坦西南部,從梅爾克市進入天山的支脈庫爾格斯・阿拉塔爾山中的桑杜克(Sandyk)高原進行

---

*　譯者注:安娜希塔(Anahita),是古波斯文明的水之女神,也被稱為生育女神、女主人。阿娜希塔在古波斯神話中,掌管著淡水,進而引申為負責農作豐收、牲畜繁殖的女神。她描繪女性的創造性原則,帶有翅膀,並由威猛的獅子伴隨著。安娜希塔也與湖泊、河流和水域的起源相關。她是婦女的保護人和戰爭女神。

圖150　南哈薩克斯坦，梅爾克市南方，蘇拉賽河（Sulusai）和卡拉賽河（Karasai）之間〔Novgorodova 1989a〕

圖151　南哈薩克斯坦，梅爾克市南方、卡拉賽1號遺址（直徑9公尺）上的石人、高 1.2 公尺〔Dosymbaeva 2002〕

圖153 中部哈薩克斯坦，杰茲卡茲根州，阿克特蓋（Aktogaj）地區，基比亞克的「祠堂」〔Ermolenko2004〕

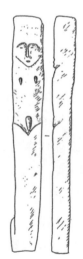

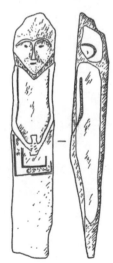

圖152 南哈薩克斯坦，梅爾克市南方，在穆拉里（Mulaly）山谷的石堆附近旁的兩個石人其中的一個，高1.11公尺〔Novgorodova 1989a〕

圖154 從阿克特蓋地區的「祠堂」出土的一個石人，高146公分〔Ermolenko2004〕，將胸部和下半身的水滴狀膨脹視為乳房和女性性器官

圖155 從阿克特蓋地區的「祠堂」出土的一個石人，高143公分〔Ermolenko2004〕，拿著容器的雙手下面畫著黑、黃、紅色的顏料，成渦卷狀的圍裙。可能是後世的描繪

調查，發現了很多一個或多個雙手拿著容器的類型站在積石塚（直徑 2 ～ 12 公尺，高不到 1 公尺，很少有正方形）或是躺在其附近的例子（圖 150、151）。

根據諾夫哥羅多娃的觀察，在發現的 45 個石像中，能看出性別特徵的女性石像有 9 個，男性石像有 6 個，其特點是女性石像多於男性石像。諾夫哥羅多娃暗示，這有可能與突厥神話中經常出現的女神烏邁連繫在一起；德森巴耶娃則試著調合烏邁與伊朗神話中的安娜希塔（Anahita）[*],[6] 但這些都不超出臆測的範圍。而且，這對女性石像來說沒有問題，那男性石像又是如何呢？

諾夫哥羅多娃還對哈薩克斯坦東部的石人以及俄羅斯南部波洛韋茨的石人進行了比較，指出容器的形狀、胸部的表現、項鏈、女性用的高帽子（圖 152）等共同點。[7] 這是一個重要的研究結果，揭示了石人從哈薩克斯坦到南俄羅斯廣泛的發展。

艾爾倫科以哈薩克斯坦中部到東北部為範圍，發現了幾個遺址，其中有一個或多個欽察型石人被豎立在「祠堂」當中。艾爾倫科所說的「祠堂」，是指用一堆扁平的石頭，砌成幾乎呈正方形的厚牆，石人則豎立在內裡的空間中（圖 153）。遺存是正方形這一點與古突厥的石圍圈相同，但沒有巴爾巴爾石列。此外，還包括女性的石人像（圖 154）。艾爾倫科認為這個遺存和突厥的石圍圈一樣，與埋葬、追悼儀式有關，關於石人，則是將死者比作傳說中的祖先（烏古斯汗傳說和回鶻的孛罕傳說）表現出來（圖 155）。[8]

總結現階段哈薩克斯坦雙手拿著容器置於腹前的石人情形。首先，幾乎可以肯定的是，其年代介於單手持物的石人和俄羅斯南部波洛韋茨石人之間。但是關於其意義，與神話、傳說的比較，不得不說進入了些許想像的領域，很難驗證各研究者的說法。

第貳部

古代歐亞大陸的
各種石像

橫倒的鹿石，位於蒙古國中西部的後杭愛省，長 385 公分。鹿石左端的刻痕為掛著圓形耳環垂飾的項鍊。另外，右方也可見到弓矢及斧頭的刻痕。

奧蘭・奧西格遺跡，位於蒙古國中西部的庫蘇古爾省。此遺跡共有 15 座鹿石 (其中一座刻有人面) 與 15 座基石塚。(請參考第貳部第十一章「鹿石」)

自古以來世界各地就有建立真人大小或更大石像的風俗。在墨西哥（Mexico）南部的奧爾梅克文明（Olmec Civilization，西元前一二〇〇～西元前四〇〇年），*用玄武岩製作了巨石人頭像。說起巨石人頭像，便不得不提起時代要新近許多的、波里尼西亞（Polynesia）復活節島（Easter Island）上知名的摩艾石像（Moai）（西元十四世紀）。此外，波里尼西亞的許多島嶼上，也都有著石像。

說到歐亞，從舊石器時代後期到新石器時代，各地都製作出女性裸身的小像，這通常被視為是地母神像。此後，當新石器時代末期到青銅器時代，或者與之相當的文明階段，各地都出現了男性的巨大雕像。也有人認為這是神、英雄、王，表示從母系制度轉換到父系制度。蘇美（Sumer）和古埃及（Ancient Egypt）的石像就是這樣的例子。但是也有例外，印度河谷文明（Indus Valley Civilization）即是以沒有巨大的石像而聞名。

對美索不達米亞（Mesopotamia）、埃及、安納托利亞、希臘（Greece）等古代文明石像，已有很多的研究，資料也相當豐富，但對我而言實在過於龐大。因此，本書就以位於中央歐亞草原地帶（Eurasian Steppe）的附近區域，且在日本鮮為人知的石像為中心，從西向東眺望、進行探討吧。

---

* 譯者注：奧爾梅克文明（Olmec Civilization），是中美洲已知最早的文明，瑪雅文明（Maya Civilization）、阿茲特克文明（Aztec Civilization）等都明顯受到奧爾梅克藝術和宗教的影響，它被稱為美洲文明之母。

墨西哥，奧爾梅克文明的巨石人頭像，約西元前 1500-1000 年

智利，波里尼西亞復活節島的摩
艾石像，約西元 1250-1500 年

伊拉克，古蘇美文明城邦拉格什
(Lagash) 統治者古地亞（Gudea）
的石像，約西元前 2120 年

第九章

歐洲和西亞的石像

在歐洲，石人主要集中在法國（France）和義大利（Italy），所以這兩個國家的研究很盛行。根據石人表現人類的精細程度，大約可分為三種類型。[1] 首先，只是籠統地塑造出人類形像的石柱，在法國稱為 stèle anthropomorphe（擬人化的石碑）。這是在西元前五千～西元前四千年的新石器時代開始出現的，但還不能稱之為石人（石人像）。緊接著是從西元前四千～西元前三千年的新石器時代晚期到銅石器時代，開始製作稱之為 statue-menhir（門希爾石像、立石風格的石像）的石刻。這些石刻的高度主要是 1 ～ 2 公尺，但也有超過 4 公尺的。門希爾（menhir）是布列塔尼語（Brezhoneg）[*] 長石的意思，只是單純地將石頭立在地面上，但是因為線刻和浮雕某種程度上將人體的各個部分、衣服、配件、武器等表現出來，所以以此命名。再進入到西元前一千年的鐵器時代，雕刻得相當寫實的 statue sculptèe（石像）就出現了。

門希爾石像多出現在法國南部和義大利北部、薩丁尼亞島、東

---

[*] 譯者注：布列塔尼語（Brezhoneg）是法國西部布列塔尼（Brittany）的少數民族，屬印歐語系。

圖 156　法國，聖塞爾南出土，「聖塞貴婦」，高 120 公分〔Philippon2002〕

歐的保加利亞和烏克蘭的黑海沿岸。[2]

此外，從東方的安納托利亞到高加索地區，從青銅器時代到鐵器時代早期，也分布著與歐洲相似的石像。

法國南部和義大利北部的石像

在法國南部的盧埃格（Rouergue）地區，已知有大約 30 個門希爾石像。男女比例將近各半。石像的臉部沒有從身體上分離出來，而是緊緊地擠在一起，眼睛和鼻子都表現得很小，看起來像紋身一樣的橫線。戴著一層或是多層的項鏈，手臂從背上伸出，繞著狹窄的側面，直到胸部下方。胸部可見明顯是乳房的兩個圓或膨脹，可知這是女性石像。這些女性石像在阿維龍（Aveyron）的朗克河畔聖塞爾南（Saint-Sernin-sur-Rance）出土，當地俗稱「聖塞貴婦」，在它們的乳房之間，可以看到 Y 字形的浮雕（圖 156）。這似乎是

圖 158　法國，聖馬丁
杜拉扎克出土，銅製
短劍〔Philippon2002〕

圖 157　法國，拉杰斯迪
亞特拉爾 1 號石像，高
180 公分〔Philippon2002〕

圖 159　義大利與奧地利
邊境冰河中出土的木乃
伊，俗稱「冰人」的推測
復原圖〔Philippon2002〕

圖 160　法國，科羅
爾格出土，高 85 公分
〔Philippon2002〕

裝飾品，但不太確定。

　　與此相對，表現出弓箭和斧頭的應該是男性石像。另外，像拉
杰斯迪亞特拉爾（La Jasse du Terral）1 號石像一樣，從肩膀開始斜
斜地披上皮帶，在其前端浮雕短劍一類的東西（圖157）。這與在
同一地區的聖馬丁・杜・拉扎克（Saint-Martin-du-Larzac）等地發
現的銅製或石製短劍可能是相同的東西（圖158）。腰間繫著腰帶，
常能看到箭羽狀和斜格子狀的圖案，有時會表現出帶扣，並從腰帶
下方伸出赤裸的腳。

　　在背面，經常可以看到手臂的底部以及很像是長辮髮、帶有
皺褶的披風（圖156右）。有人認為這可以和1991年在阿爾卑斯

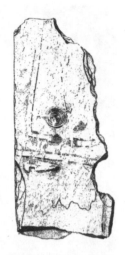

圖 161　義大利，奧斯塔，高 192 公分〔Museo Archeologico di Aosta 1998〕

圖 162　義大利，比薩、奇維塔韋基亞（Vecchiano）出土，雷米德羅型的短劍〔Honegger 1995〕

圖 163　瑞士，普蒂·蘇爾出土，高 161.5 公分〔Gallay1995〕

（Alps）冰川發現的著名「冰人」*所穿的蓑衣披風（圖 159）相比較，手臂、腳、胸部都露出來，只有背部覆蓋著披風，感覺有點奇怪。

　　現在大部分的門希爾石像都收藏在博物館中，在當地豎立的則是一些複製品，常常會偶然發現它們在高山或高原的山坡上，看起來像是單獨站著。目前這個地區的石像研究，主要集中在博物館藏品的圖像表現和石像分析上。遺憾的是，發現地點的發掘和調查似乎還不多。用大石頭做成的石棚墓（支石墓，dolmen）**也分布在這個地區，與門希爾石像在年代上幾乎重疊，因此建造門希爾石像的人，也有可能建造了石棚墓，兩者之間的關係可以從下面將要敘述的義大利與瑞士（Switzerland）發掘的例子來推測。

---

*　譯者注：「冰人」（Iceman），又稱為厄茨冰人（Otzi man）、錫米拉溫人（Similaun man），1991年在阿爾卑斯山義大利與奧地利（Austria）邊界的「厄茨塔爾山」（Otztal）的冰川中，發現一具距今約5300年前的木乃伊。他穿著皮革綁腿，披風穿在草編織的衣服上，披風是以不同顏色的皮革拼接成垂直條紋製成。

在盧埃格以南，面向地中海的蘭格多克（Languedoc）地區，有更簡單正面的門希爾像，高度在 50 ～ 180 公分左右。眉毛和鼻子呈 T 字形，有眼睛。臉部被圓或方形包圍住，雙臂在胳膊處彎曲。在科羅爾格（Collergues）出土的石像（圖 160），面部則被圓形浮雕輪廓所包圍，與新疆阿勒泰出土的一組石像相似。因此，一些研究人員對其進行比較（參照第貳部第十一章之「新疆阿勒泰獨特的石像」）。蘭格多克和科羅爾格的年代被認為是在西元前三二〇〇～西元前二四〇〇年左右。[3]

在盧埃格東方的法國、瑞士、義大利邊境附近的阿爾卑斯山中，也有一些類似的門希爾像。位於義大利西北部的奧斯塔（Aosta）市內的聖‧馬丁‧科爾林（Saint-Martin-de-Corlean）巨石遺址中，在西元前三〇〇〇年～西元前二七〇〇年之間，從東北向西南在一條直線上，豎立了 22 根木樁；西元前二七五〇～西元前二七〇〇年左右，在這條線上和更直的線上，豎立著石像。然後在西元前二三〇〇～西元前一八〇〇年之間的數個時期中，重新利用完整或是已成碎片的石像，建造了幾座石棚墓。[4] 這些年代都是通過碳 14 年代測定法（Carbon-14 Dating）得到的。根據調查報告的推測，雖說是再利用，但石棚墓的方向也與木樁和石像的線條一致，所以「侵略者」並不是破壞以前排列在線上的石像來利用的，而是有著同樣禮儀的人們，繼續將這個地方當作是祭祀場所使用。[5] 另外，也有人推測，這條線的方向可能與諸如太陽和月亮運行之類的天文因素有關。[6]

在石像中，從大致是長方形的身體輪廓開始，只有頭部呈現圓形隆起，僅表現出眉毛和鼻子。沿著臉部下方的線條看到的連續

** 譯者注：石棚墓（dolmen），日本、韓國稱為「支石墓」，為史前時代墓葬構築型態之一，外觀形狀是以數塊大巨石放置在地面上，一邊往外傾，地面上方以巨型石塊做墓壁並封頂，其架構留置的空間則用作墓室。

圖 164　義大利，阿爾科 I 石像，高　圖 165　義大利，石像，高 86 公分
215 公分（作者拍攝），里瓦德爾加爾　（作者拍攝），里瓦德爾加爾達博
達博物館藏　　　　　　　　　　　物館藏

圖 166　義大利，龐蒂凡奇石像群推測復原圖，高 50 ～ 150 公分
〔Gruppo Archeologico Pisano2004〕

圖 167　義大利，龐蒂凡奇　圖 168　義大利，米努奇亞諾 III 石像（右），
型 女 性 石 像，高 130 公 分　高 146 公分；巴尼奧內（Bagnone）女性石像
〔Philippon2002〕　（左），高 135 公分（作者拍攝），蓬特雷莫利
　　　　　　　　　　　　（Pontremoli）石像博物館藏

三角形圖案，是項鏈還是胸飾呢？雙臂從肩膀垂直放下，在肘部
處彎曲成直角，並在腹部前合攏在一起。下面可以看到腰帶（圖
161），有些攜帶著弓箭。

　　從奧斯塔越過國境，在瑞士一側的錫安（Sion）附近的普蒂·
蘇爾（Petit-Chaasseur）古墓群中，也發現了同樣利用石像的石棚墓。
造型和表現基本上都與奧斯塔的石像相同，有一把或數把銳角三角
形所謂雷米德羅（Remedello）型的短劍（圖 162），還有一些佩
戴雙渦旋圖案的飾物（圖 163）。時間上，有人將普蒂·蘇爾古墓
群提早到西元前三〇〇〇年，[7] 不過西元前二八〇〇～西元前二五
〇〇年，[8] 或是西元前二七〇〇～西元前二四五〇年 [9] 的說法似乎更
為適當。

　　在義大利東北特倫多（Trento）地區的阿爾科（Arco）所發現
的門希爾像，表現出多把短劍和斧頭，這些像戈一樣的斧刃非常獨
特（圖 164）。也是從短劍的形狀，推測時間是在西元前二九〇〇

年或是西元前二八○○～西元前二四○○年。[10]同樣是在阿爾科發現的石像中，也有表現出乳房的女性像，也被認為同屬一個時期的文物（圖165）。

沿著阿爾卑斯山向下，靠近義大利半島西端的魯尼賈納（Lunigiana）地區，有9個門希爾像幾乎是在當時製作的遺址位置被發現，這是極為罕見的。頭部呈半圓形，臉部是以U字形的陰刻方式表現（圖166）。U字形的內側應該是表示鼻子。眼睛有時出現在兩側的小凹痕處。手臂在胳膊肘處彎曲，雙手合攏置於腹前。根據發現的地點，稱其為龐蒂凡奇型（Ponte Vecchio），也簡稱為A型。

大的門希爾像約150公分左右，小的約50公分。2個拿著短劍的是男性，3個表現出乳房的是女性（圖167），另有4個性別不明，應該是小孩，共計9個排成一列而被發現。遺址沒有遭到破壞的原因，大概是因為滑坡形成2公尺厚的土層將其覆蓋。這裡被認為是祭祀場所。

順道一說，在魯尼賈納地區還有一組和這個有著相似特徵的門希爾石像廣為人知。就像米努奇亞諾3號（Minucciano III）石像一樣，它具有與身體分開的半圓形頭部，並通過長脖子連接，稱為菲萊特‧馬爾格拉特型（Filetto-Malgrate），或稱為B型（圖168）。由於都是具有U字形的臉、雙臂、短劍等特徵，所以和龐蒂凡奇型一樣，認為是在西元前二八○○～西元前二四○○年之間。[11]然而，近年來人們在原始的位置上發現了菲萊特‧馬爾格拉特型的門希爾像，位於包含了可追溯到青銅器時代中期至青銅時代晚期陶器的地層上，因此也有人認為它比龐蒂凡奇型還要新，並提出了一個按照類型畫分的詳細年表。[12]

義大利北部在西元前二千年後石像的製作就暫時中斷了，但從西元前一五○○年左右，又開始製作。和前代的石像不同，伊特拉斯坎（Etruscan）時代*已能創造出略顯逼真的雕像，其臉部明顯分

圖 169　義大利，利比奧羅出土，高 94
公分〔Camporeale 1985〕，蓬特雷莫利
石像博物館藏

離，這被稱為 C 型。其中一些，例如在比格里奧洛（Bigliolo）出土
的石像上，因為刻有伊特拉斯坎語的碑文（圖 169），而被認為是
在西元前六世紀。[13] 但是，眉毛和鼻子的表現方法和通過從雙肩放
下手臂彎曲於肘部的表現，與青銅器時代的石像有著共同的特徵。

東歐的石像

在法國、義大利石像被製作出來的同時，東歐的保加利亞、羅
馬尼亞（Romania）和烏克蘭也製作出外形稍相似的石像，其中尤
以烏克蘭南部和克里米亞（Crimea）為多。有兩種類型：一是，只
表現臉部的單純板石類型（約出土 300 件）；二是，表現人體各部

---

*　譯者注：伊特拉斯坎時代係指西元前十二世紀至西元前一世紀所發展出來的文
明，其活動範圍是在義大利半島中北部，其習俗、文化和建築等方面對古羅馬文
明產生了深遠的影響。

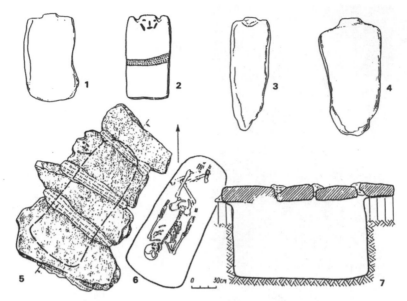

圖170　烏克蘭西南部，卡斯佩羅夫（Kasperovka）〔Telegin, Mallory1994〕，覆蓋顏那亞文化墓的一塊板石，表現突出的肩膀和眼、鼻、口，腰帶呈現黃褐色

分和武器、配飾的石像類型（出土超過 20 件）。

在烏克蘭南部的顏那亞文化（Yamnaya Culture）[*]的墳墓中，有時僅使用代表臉部的石板（有時也稱為腰帶），作為覆蓋垂直孔的蓋石（圖170）。據信這是從東方進入顏那亞文化的人們，將以前的凱米·奧巴文化（Kemi Oba Culture，又稱為米哈伊洛夫卡文化）[**]中建立的石像，作為墳墓的石材再利用的東西。[14] 許多研究者將凱米·奧巴文化歸類為石器時代，而將顏那亞文化歸類為從銅石器時代到青銅器時代早期。時間因研究者而異，但大致是在西元前三八〇〇年到西元前二二〇〇年之間。一種觀點認為兩種文化有

---

[*]　譯者注：顏那亞文化（Yamnaya Culture），又稱為豎穴墓文化（Pit Grave Culture; Ochre Grave Culture），是銅石並用時代晚期到青銅時代早期的考古學文化，分布在東歐大草原，時間可追溯到西元前3300～2600年。顏那亞意指「坑」，指其具有墓室庫爾干（kurgan）的特有埋葬方式。

圖 171　烏克蘭南部，康斯坦丁諾夫卡（Konstantinovka）〔Telegin, Mallory1994〕，覆蓋顏那亞文化墓的 3 塊板石中的一塊，表現了足形和腰帶的一部分

重疊的時期；[15] 也有觀點認為在黑海北岸地區，這兩種文化不太有重疊。[16]

在顏那亞文化被再利用的只有單純的板石類型，還沒有石像類型被再利用的例子。簡單的板石類型有時會表現出足形（圖171），但是在刻有人體各部分和武器的石像中，也常常會表現出足形，所以兩種類型被認為是屬同一時期。也有研究者認為，凱米．奧巴文化的人們，因為害怕遭到破壞，故只能精心地掩蓋住石像的類型。[17]

根據手臂的位置、頭部的形狀、臉部的表現、所穿的衣服，將石像類型分為三種：[18] 首先，三種類型的共通特徵是表現了人體的上部（頭、肩、臉、手和手腕、脊骨和肋骨），從腰帶以下看不到足。但是，石像的正面和背面大多帶有足形。大概是想用足形來表示整個腳吧。

克里米亞及其東方的亞速海（Sea of Azov）沿岸，常見有卡桑基（Kazanki）型式，雙臂在肘部處彎曲成直角，雙手置於腹前，拇

＊＊　譯者注：凱米．奧巴文化（Kemi Oba Culture），又稱為米哈伊洛夫卡文化（*Mikhaylovka Culture*），分布於亞述海（*Sea of Azov*）西北部、西布格河（*Bug River*）與聶伯河（*Dnieper River*）下游，以及克里米亞地區，時間約在西元前3700～2200年，與顏那亞文化同時代並部分重疊。凱米．奧巴文化的經濟進入到畜牧和農耕，有獨特的製陶器技術。葬喪採行土葬，將遺體側放，膝蓋彎曲，埋在坑裡、石襯墓（stone lined cists）或頂部有庫爾干的木結構墳墓內，石碑或豎碑也出現在顏那亞文化墓葬中的二次使用中。

圖 172　克里米亞、卡桑基出土，高 145 公分〔Telegin,
Mallory1994〕

圖 173　保加利亞東北部，內瓦夏（Nevsha）出土，高 98 公分，
瓦爾納（Varna）博物館藏（作者拍攝）

圖 174　烏克蘭中部，開爾諾索夫卡出土，高 120 公分〔Telegin, Mallory1994〕
第 127 頁

圖175 保加利亞東北部，埃澤沃出土，高185公分，瓦爾納博物館藏（作者拍攝）

圖176 克里米亞，蒂利塔卡出土，男性像，高140公分；女性像，高128公分〔Telegin, Mallory1994〕

指朝上。另外還表現了斧刃、弓、箭筒、舞蹈者等（圖172）。

納塔萊夫加（Natalevka）型的手臂在肘部處彎曲朝上，雙手置於胸前（圖173）。也有把這種狀態作為祈禱姿勢的看法。[19]聶伯河（Dnieper River）下游流域的開爾諾索夫卡（Kernosovka），挖出了一個飼料坑，偶然發現的石像，正面有八字鬍、胸部有乳頭、棍棒、三把斧頭、槍尖或刀子、狗等動物，腰帶下面有男性生殖器，背部有肩胛骨、脊骨和肋骨、腳形，側面有連續三角紋、二個性交的人物、長著大角的動物等（圖174）。

另一個埃澤沃・蒂利塔卡（Ezerovo-Tiritaka）型總體較大，在肘部處彎曲著雙臂向下垂著。保加利亞東北部的埃澤沃，在施工現場 2 公尺深的地方發現了 3 個石像，彼此之間距離 2 ～ 2.5 公尺，其中的 2 個是單純的板石類型，另 1 個是埃澤沃·蒂利塔卡型。可以看到垂在脖子下面的飾品，在手下面可以看到類似腰帶和帶扣一樣的東西（圖 175）。在克里米亞的蒂利塔卡，發現了一對男女的石像（圖 176），另外，也有表現脊骨和肋骨、腳形的東西。

關於這些東歐的石像和早期的南歐石像之間是否存在關聯？如果有，是哪一個受到影響？雖然有各種不同的說法，但至今尚未解決。[20]此外，瑪利亞·吉布塔斯（Marija Gimbutienė）將持有武器的石人稱之為「天空之神（Sky God）」，將其視為印歐語族（Indo-European language family）的天地創造神話中的象徵，雖然這種說法至今仍很受歡迎，但並沒有什麼根據。

中歐的石像

回到西方，以德國南部為中心的歐洲中部，從青銅器時代晚期到鐵器時代早期，哈爾施塔特文化（Hallstatt Culture）*蓬勃發展著，後世認為其傳承者便是凱爾特人（Celt, Kelt）。在哈爾施塔特文化後期，酋長的權力變得更強大，也產生了為酋長本人建造的大型墳墓。墳墓首先要建造一個墓室，方法是將原木以大樑的形式組裝在地面上，用石頭和土壤覆蓋它，然後在墓頂上搭建一個石像（圖177）。這種結構與早期斯基泰的大型墳墓非常相似，[21]但尚不清楚它是否受到斯基泰的影響。

另一方面，眾所周知，哈爾施塔特文化晚期與南方的義大利

---

* 譯者注：哈爾施塔特文化（Hallstatt Culture），西元前八世紀～西元前六世紀歐洲鐵器時代，分布於捷克與奧地利等中歐地區，已發展出農業與手工業分工，亦開始出現商業。此文明分成東西兩部，喪葬制度與陪葬品有明顯差異，西部採戰車葬，發現有銅鐵混合鍛煉的劍；東部則實行火葬高塚墓，發現有斧頭。

圖 177　德國、希爾什蘭頓、後期哈爾施塔特文化古墓推測復原圖〔Pauli 1980〕

圖 178　德國，立於希爾什蘭頓古墓的石像，高 150 公分〔Dannheimer 1993〕

圖 179　德國，霍爾茲格林根出土，高 230 公分〔Dannheimer 1993〕

半島興盛的伊特拉斯坎文化有關。因此，在巴登‧符騰堡（Baden-Württemberg）附近的赫希蘭登（Hirschlanden）的一個古代墓葬（西元前六世紀末）的邊緣發現了男性石像（最初被認為是站在墓葬的頂部）（圖 178）也戴著項鏈，在腰帶上夾著劍，表現了男性生殖器（雖然生殖器向上這點不同）等，與斯基泰的石像有很多共同點，但一般認為是受到了伊特拉斯坎文化的影響。[22]

圖 180 烏克蘭，茲布魯奇出土四面像（複製品），高約 3 公尺（作者拍攝），奧德薩博物館藏

繼哈爾施塔特之後，在拉坦諾文化（La Tène Culture）[*]初期（西元前五世紀後半葉～西元前四世紀前半葉），製作了被稱為「leaf crown」（葉冠）帶有獨特頭飾的石像。特別有名的是霍爾茲格林根（Holzgerlingen）出土的石像（圖179）。雖然也有兩面或四面像，但這些可能與後世所謂「斯拉夫的四面神像」[**]有關。

一八四八年，流經現在烏克蘭西部的茲布魯奇河（Zbruch River）由於乾旱而乾涸，河底露出了奇怪的石像，高約3公尺，四面都雕刻著人（圖180）。據里瓦科夫（Rybakov）的說法，角（也就是所謂的豐收角嗎？）和輪（結婚戒指？）是斯拉夫（Slavic）女神馬科什（Makosh）和拉德（Rad）持有，劍和馬表現的是雷光神佩恩（Pyerun），另一個是家畜神維雷斯（Veles）。[23]之後在聶伯河中游流域發現了三十多處斯拉夫的祭祀遺址，除了普通的一面像之外，還出土了兩面像、三面像。[24]時間被認定是在西元十～十三世紀，而茲布魯奇

---

[*] 譯者注：拉坦諾文化（La Tène Culture），西元前五世紀～西元前一世紀歐洲鐵器時代文化，以製作金屬飾物與珠寶聞名，飾品上裝飾有複雜的抽象圖案，並與人頭或鳥獸等神聖符號交織在一起。墓葬制度以雙輪戰車陪葬為其特點，代表的遺址是瑞士納沙泰爾（Neuchâtel）的拉登考古遺址（archaeological site of Laden）。

[**] 譯者注：斯拉夫四面神像係指斯拉夫神話中戰神斯文托維特（Svetovid）。斯文托維特在斯拉夫人心中是最高至尊神，其外型被描繪成四頭或四臉，騎白馬，手持劍與矛。古代斯拉夫作戰前都要祭祀斯文托維特以求庇護，同時也是保佑富足的神。

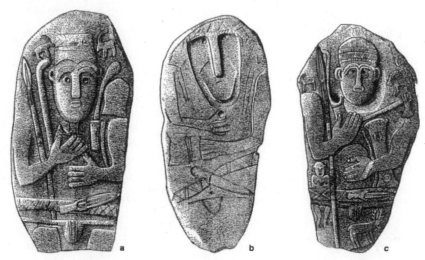

圖 181　土耳其東南部，比哈奇亞里出土，高 150～200 公分〔Schachner2001〕

的石像被認定是十三世紀。[25]

安納托利亞和高加索地區的石像

　　從歐洲經過博斯普魯斯海峽（Bosporus Strait）進入安納托利亞，會發現西臺（Hittite）、新西臺（New Hittite），甚至還有科馬基尼王國（Kemajini Kingdom）的巨形雕像，但更多的是幼稚樸拙但富有表現力的扁平石像。1998 年在安納托利亞東南部的哈奇亞里（Hakkâri）共發現了 13 個（圖 181）。[26] 發現的地點是在奧斯曼（Ottoman）時代堡壘所在的山丘懸崖下，埋在堆積的泥土中。沒有墓地和居住地之類的痕跡。高度從 70 公分到 3 公尺不等，其中很多都有以下共同的特徵：眉毛與鼻子是一個連貫的表現，手中有小容器和皮袋等東西，腰帶上有配劍，帶上矛、弓箭、斧頭，在腰帶下戴著類似陰莖的東西。除此之外，石像下方還表現了動物和倒臥的人類，後者應該是象徵著被擊敗的敵人吧。

　　調查報告者根據斧頭和拿著特殊形狀手柄的劍，將石像的年代

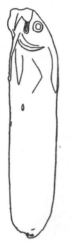

圖 182　亞美尼亞，伊密爾澤（Imirzek）出土，「維沙普（龍石）」，高 4 公尺〔Piotrovskij1939〕

圖 183　亞美尼亞，梅茲阿穆爾（Metsamor）出土，高 160 公分〔Esayan1980〕

圖 184　亞美尼亞，阿古巴什（Agbash）出土，高 135 公分〔Esayan1980〕

圖 185　亞美尼亞，阿基什提希里尼（Argishtikhinili）出土，高度不明〔Esayan1980〕

定在西元前九世紀，這應該可說是妥適的年代吧。但是，如果列舉西元前七世紀至西元十二世紀歐亞草原地帶中具有類似特徵的石像，就進而認定哈奇亞里的石像是在滲透到西亞的草原文化影響下製作的，那就有問題了。的確，上述的幾個特徵和草原石像是共通的，但是，辛梅里亞人（Cimmerians）和斯基泰入侵西亞，最早是在西元前八世紀末，不能追溯到西元前九世紀。另外，繫上腰帶、拿著斧頭和劍，與上述歐洲的很多石像是共通的（圖 163、164、173、174）。它們之間有沒有關係，還很難說。

圖 186　亞塞拜然，
博伊艾哈邁德里
（Boiakhmedly），
高 212 公分
〔Efendi1986〕

圖 187　亞塞拜然，
塞伊斯然
（Seisulan），高 164
公分〔Khalilov1984〕

圖 188　亞塞拜然，達科蘭爾
（Dagkolanly），高 133 公分
〔Efendi1986〕

　　從土耳其（Turkey）越過國境進入亞美尼亞（Armenia）時，
分布著被稱為維沙普・卡爾（龍石）的石像（圖 182）。它整體上
是一條魚的形狀，頭部有很多變成了公牛，很多研究者認為，這與
水神、灌溉神或豐收神的信仰有關。[27] 時間上，過去認為比西元前
一千年之後的烏拉爾圖（Urartu）時代要來的新，[28] 但是，近年來
更有利的說法，是認為此石像更加古老，屬於西元前十七～前十六
世紀的青銅器時代中期。[29]

　　亞美尼亞青銅器時代晚期（西元前二千年後半葉）的墳墓上，
放置了模仿男性生殖器的石像（圖 183）；在鐵器時代早期的西元
前一千年前半葉，製作了臉部模仿男性生殖器的大石像。雖然很難
確定年代，但也有男性生殖器本身的造形（圖 184）以及雙手合攏
置於腹前的石像（圖 185）。前者是西元前十六～前五世紀，後者
也是大致是同一個時期，有說法認為可能是烏拉圖爾的末期或者稍
晚一點。[30] 但是，正如後面將要描述的，也應該考慮與斯基泰的關

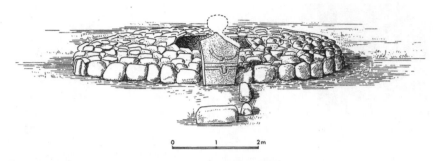

圖189　亞塞拜然，杜布倫迪，石像立於圓形石牆的推測復原圖，石像高140公分〔Schachner2001〕

係。男性生殖器雕像往往是在墳墓中發現，它被認為是有防止惡靈，對被葬者產生作用的意義。[31]

　　亞美尼亞東鄰的亞塞拜然（Azerbaijan）西部山中，分布著神秘的石像。半圓形的臉上只有U字形的凹陷，雙手彎曲在肘部向上（圖186）。但是最近也發現了表現眼睛、鼻子、眉毛的石像（圖187）。大的超過2公尺高。中世紀初期（西元七～十一世紀）的歷史學家著作中，有記載說這個地區的居民崇拜石像，所以也有說法認為這些石像與此相吻合，[32]然而由於沒有確定年代的資料，老實說很難進行編年。[33]臉部有U字形的凹陷，這與義大利北部青銅器時代的石器很相似（圖166）。在亞塞拜然東部，還有一個石像雖然更具體一些，但雙手仍然是放在胸前（圖188）。艾芬迪（Efendi）認為，這個也是中世紀早期的，但所據理由與之前相同，必須說十分薄弱。

　　從亞塞拜然首府巴庫（Baku）向東延伸面向裏海，半島上的杜布倫迪（Dübəndi）出土了與上述哈奇亞里相似的石像（圖189）。由於它是豎立在屬於邁科普文化晚期（Maykop Culture，西元前三千年末～西元前二千年初）*、伴隨著隨葬品的積石塚西邊，因此這個石像也被認為是同一時期，[34]比哈奇亞里石像推定的年代還要古老。

圖 190　亞塞拜然，阿斯哈納克（Askhanakeran），高 106 公分〔Schachner2001〕

圖 191　伊朗西北部，阿賈克·卡萊（Arjaq Qal'eh），高約 100 公分〔Ingraham, Summers1979〕

圖 192　古格斯坦，埃克巴拉克（Ekibulak）出土，高 160 公分〔Kushnareva, Markovin1994〕

在亞塞拜然南部與伊朗相接壤的國境附近發現的石像（圖190），推定是在西元前十八～前十五世紀左右。[35] 南部的伊朗一側也發現了在腰帶上斜挾著劍略顯稚拙的石像（圖191）。垂在臉兩側的應該不是頭髮而是雙手吧。報告者推定年代是在西元前二千年下半葉或是西元前一千年初，[36] 這似乎是合理的推測。

＊　譯者注：邁科普文化（Maykop Culture），西元前3000年東歐南部的青銅時代早期文化，分布於北高加索地帶。陶器多採手工製作，部分為輪製，器形有深腹或球腹小底罐和鉢，金屬器有金、銀、銅製的鍋、瓶、罐等。藝術上有裝飾花瓣紋的金冠、獅子和公牛紋的金飾牌、金銀與寶石的串珠、項鍊及耳飾等。

從亞塞拜然向北，越過高加索山脈的達吉斯坦（Dagestan）地區，有眾所周知雙手置於胸前，具有全背式（All Back）風格的髮型[*]和表現耳朵、眼睛、眉毛、嘴巴的石像（圖 192）。該石像後來被卡亞肯特・霍洛喬伊文化（Kayakent-Khorochoi Culture，西元前二千年末～西元前一千年初）[**]重新用作掩蓋墓葬的石頭，現在推測此石像可能製作於卡亞肯特・霍洛喬伊文化前的西元前二千年初。[37]

---

*　　譯者注：全背式（All Back）風格髮型，日文原文為「オールバック風の頭髮」，是一種表現男性紳士風格的髮型。

**　　譯者注：卡亞肯特・霍洛喬伊文化（Kayakent-Khorochoi Culture）是歐洲青銅時代晚期文化，分布在俄羅斯里海西岸達吉斯坦、車臣、印古什共和國（Ingushetia）境內，有村落和古墓遺址。死者葬於石棺墓或土墓中，採屈肢側身或坐式。

第十章

斯基泰和薩爾馬提亞的石像

接下來，讓我們仔細討論一下，歐亞草原西部首次出現的騎馬遊牧民族所留下的石像吧。

前斯基泰時代的石像

在北高加索和黑海北部海岸的草原地帶，斯基泰人出現的西元前七世紀不久前，也就是西元前九世紀～前七世紀上半葉，一些類似於斯基泰文化的騎馬遊牧民族的幾個文化正蓬勃發展著。希羅多德（Herodotus）認為這些是辛梅里亞人（Cimmerians; Kimmerians），因此也有研究者將此一時代稱為「辛梅里亞人時代」，但至今沒有任何積極的證據來斷定，所以一般會謹慎地將其命名為「前斯基泰時代」。[1]

這個前斯基泰時代，從北高加索到黑海西岸分布了少量（15 個）獨特的石像（或石柱）。在保加利亞東北部的貝羅格萊德（Belogradets）附近發現的石像，一條寬幅皮帶繫在中間，劍在皮帶扣下方平行出現，背面則是夾在皮帶之間的高利托斯

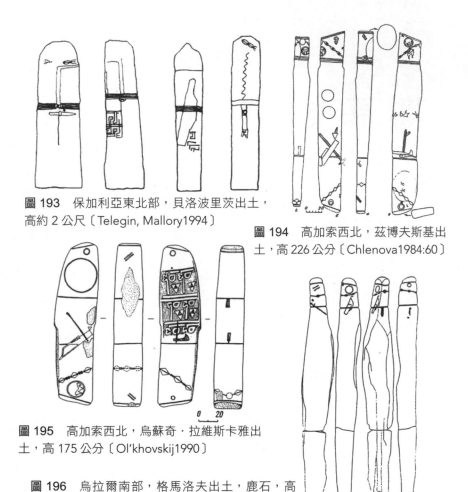

圖193　保加利亞東北部，貝洛波里茨出土，高約 2 公尺〔Telegin, Mallory1994〕

圖194　高加索西北，茲博夫斯基出土，高 226 公分〔Chlenova1984:60〕

圖195　高加索西北，烏蘇奇‧拉維斯卡雅出土，高 175 公分〔Ol'khovskij1990〕

圖196　烏拉爾南部，格馬洛夫出土，鹿石，高 260 公分〔Ismagilov 1987〕

（gorytos，*將弓和箭放在一起的容器）（圖 193）。上面刻有許多意義不明的線條，連接在上部表示的橫長橢圓形，可能是項鏈上的大珠子吧。儘管沒有將臉部表現出來，然而因為可以看到腰部和其他部位，所以無疑是代表人類。

---

*　譯者注：高利托斯（gorytos），也稱為goritos，是古代北亞遊牧民族以皮革製成用以存放短弓和短箭的盒子，可隨身攜帶。

西北高加索的茲波夫斯基村（Zubovskij）發現的東西也與此相似，腰帶有弓箭盒和劍，甚至還有戰斧和磨刀石之類的東西（圖194）。項鏈上像珠子一樣的東西連在一起也是相同的。此外，其他大大小小的圓圈和兩條對角線、豬和鹿的石像等，在保加利亞的石像裡都沒有。最大的區別是頭部在兩端，無法分辨哪個是頂部還是底部。有時是倒置重建的，或是橫放在古墳上的，雖然有各式各樣的說法，但都不是很有說服力。

像這樣不知道哪個是頂部的東西，還是有幾個被確認了。同樣在西北高加索的烏蘇奇・拉維斯卡雅（Ust'-Labinskaya）發現的石像上刻有線條和小圓圈，兩端刻有兩條對角線（圖195）。但是，項鍊和動物雕像只在一端。此外，還有其他意義不明的圖案，可能與貝羅格萊德雕像上意義不明的刻線相似。

稍往東走，在烏拉爾（Ural）南方的格馬羅伏（Gumarovo）發現的石像，雖然長有 2.6 公尺，但只能在一端的角落看到圖像（圖196），原本預定在另一端創造的部分，是否中斷了呢？

順道一說，這些石像有時被稱為「西方的鹿石」。「鹿石」（Deer stone）原本指的是以蒙古高原為中心，分布在歐亞草原東部的石柱。由於這些石像與之相似，所以多以這樣的名字來稱呼。[**]但是，關於其起源是在東方還是西方獨自產生，目前有爭議。朱麗諾娃（Chlenova）認為，上述烏克蘭的青銅器時代的石像（圖172～176）中，與辛梅里亞的石像、斯基泰的石像有著相同的表現，暗示這三者之間可能存在某種關係，但由於仍存在許多缺失的環節，

[**] 譯者注：鹿石（Deer stone）一般形狀為長方形石碑狀，最上端刻有一圓圈，稍下刻有一直線或點線紋，線以下一般有鳥喙狀鹿群頭朝上向圓圈作飛翔狀。鹿石只是一個概稱，有很多稱為鹿石的各類形狀石碑並沒有鹿紋。鹿石分布極廣，從內蒙古呼倫貝爾橫跨蒙古高原、俄羅斯圖瓦和南西伯利亞、新疆阿勒泰地區，經中亞直到歐洲的德國和保加利亞等地，幾乎遍及整個歐亞草原。有關鹿石的分類，詳見第三章「斯基泰的石像」。

因此謹慎期待今後的研究。[2]另一方面，最近東方起源的說法也受到關注。[3]關於東方的鹿石，在下一章「中亞、西伯利亞、蒙古的石像」中再詳細敘述。

斯基泰的石像

到了斯基泰時代，石像的數量急速增加。一九九四年出版的彙編集《西元前七～前三世紀斯基泰的石像》中，刊登了從羅馬尼亞（Romania）到高加索東北達吉斯坦的 137 個石像和 17 個中間有孔的基座，[4]之後出土的例子持續增加。

根據奧立霍夫斯基（Ol'khovskij）等人最近的研究，斯基泰的石像首先出現在西元前七～前六世紀的北高加索，然後傳播到黑海北岸、西岸。多是石柱或板石狀的東西，雙臂在肘部處彎曲，在腹前合攏，留著鬍子，陰莖朝下（圖 197）。在某些情況下，石柱本身的形狀似乎就是模仿陰莖（圖 198）。作為隨身攜帶的物品，可以看到包括頭盔、項鏈、腰帶、戰斧、鞭子、高利托斯（弓箭的容器）、劍和胸部的一對圓形盔甲等。關於斯基泰石像的起源，奧利霍夫斯基曾表示，在上述「辛梅里亞」的石柱上，仿製了男性生殖器，因此就變成了斯基泰的陰莖形石柱。[5]但在隨後的研究中，他謹慎的表示：「起源問題尚未完全闡明」，[6]因此認為「證據不足」仍然是比較妥當吧。[7]

到了西元前五世紀，石像的製作在北高加索衰退，而在黑海沿岸的草原地帶達到頂峰，並擴散到克里米亞。石柱狀消失，扁平的雕像成為主流（圖 199）。隨身攜帶的物品，一般有腰帶、項鏈、角杯、高利托斯、劍、鞭子、戰斧等。

西元前四～前三世紀，石像在北高加索地區幾乎完全消失，但是在克里米亞西部卻很發達。受到來自希臘世界的直接影響，克里米亞也被稱為斯基泰石像的「文藝復興」。[8]這時代的石像隨身物

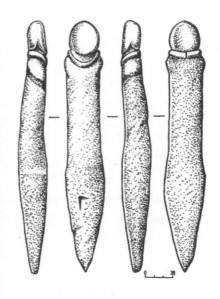

圖 197 烏克蘭南部，諾沃瓦西耶夫
（Novovasil'evka）出土，高 195 公分
（作者拍攝），烏克蘭考古學研究所藏

圖 198 北高加索，克洛沃德斯克
（Kislovodsk）出土，高 260 公分
〔Ol'khovskij, Evdokimov1994〕

品更少，腰帶、項鏈、角杯，劍也比以前減少。不過，上衣和磨刀石、頭盔經常表現出來（圖 200），不過完全沒有表現出這些特徵的石像，也在克里米亞西部廣為流傳（圖 201）。但是，也有將它們的年代斷限降到西元一～三世紀的說法。[9] 在這樣的石像中，頭部較大（圖 202）的人被認為是繼斯基泰之後的薩爾馬提亞時代，填補了與前面提到的斯拉夫石像之間的空白，[10] 但仍然應該將其看作是斯基泰的石像吧。[11]

關於斯基泰石像的布局，現在已相當清楚。在已知發現的石像中，有 39% 是在庫爾干（古墳）的墳頂或是墳頂挖出來的盜洞中；還有 34% 是在墳丘的墳土中，周圍圈著溝渠或石圍圈中發現的。除此之外，在沒有墳丘的墓地和祭祀遺址中，還發現了其他一些例子。不過，這些被認為是再利用或是受到斯基泰影響的其他民族遺留下來的東西。畢竟，斯基泰的石像最初是豎立在古墓的頂部，這一點

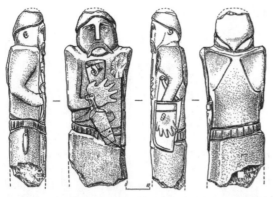

圖199　烏克蘭南部,尼科拉耶夫(Nikolaev)出土,
高93公分,州立博物館藏

圖201　克里米亞,克里
斯那索里(Krasnozor'e)
出土,高82公分
〔Voloshinov2001〕

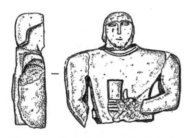

圖200　克里米亞,克里洛卡夫
(Krylovka)出土,高78公分〔Ol'khovskij,
Evdokimov1994〕

圖202　烏克蘭,諾沃安夫羅西埃
夫斯科耶(Novoamvrosievskoe)
古墓出土,高130公分
〔Ol'khovskij, Evdokimov1994〕

是毋庸置疑的。但是,也有跡象表明,有人故意將其破壞或掩埋,
因此也有可能,在一段時間後將其銷毀。這是為了在領導人死亡和
持續的動盪時期所採取的行動。[12]

受斯基泰影響的石像

　　即使在離開斯基泰的原始區域，也發現了斯基泰本身或受到其影響的石像。在烏拉爾地區南部、哈薩克斯坦西北部，發現了直徑不到 10 公尺的極小墓穴填土和墓穴中，發現了 10 個左右僅有臉部或雙手合攏置於腹前的石像（圖 203）。通過對墳墓的隨葬品和斯基泰的石像進行比較，這些石像可以追溯到西元前五～前四世紀，受到西方斯基泰文化的影響而產生。[13] 但是，哈薩克斯坦西北部也出土了西元十～十三世紀奇普查克的石人（圖 204），很難與之區別。

　　在高加索山脈北側，面向裏海的達吉斯坦，也發現了雙手合攏置於胸前，繫著寬幅腰帶，胸前鑲著類似裝飾板，造型單純的斯基泰石像（圖 205）。[14] 在達吉斯坦稍偏西的車臣（Chechnya）也發現了 2 個與此相似的石像。[15]

　　眾所周知，早期（西元前七世紀左右）的斯基泰人通過高加索遠征西亞，與烏拉爾圖（Urartu）*和亞述（Assyria）作戰並結盟。接下來，讓我們看看這些地區所殘留斯基泰的石像或是可能受到斯基泰影響下創造的東西。

　　在高加索地區的中部，位於喬治亞（Georgia）首府提比里斯（Tbilisi）以西、薩加雷焦（Sagarejo）地區的澤伊亞尼（Zejani），在當地的古墳（規模不明）的墳丘中央位置，發現了一個高 2.2 公尺的石像（圖 206）。眼睛、鼻子、嘴巴以小凹痕來表現，戴著粗大螺旋狀的項鍊，雙手合攏置於胸前，從腰帶下面可以看到交叉的

＊　譯者注：烏拉爾圖（Urartu），位於黑海東南部和裏海西南部的山區，該中心跨越了現在的亞美尼亞和土耳其東部之間的邊界，其歷史可以追溯至西元前860年，受到兩河流域文化的影響。阿爾吉什提一世（Arghishti I）時，將首都定在凡湖（Lake Van）；至薩爾杜里二世（Saruduri II）國勢達到鼎峰。西元前585年被波斯阿契美尼德王朝岡比西斯一世（Cambyses I）消滅，從歷史上消失。

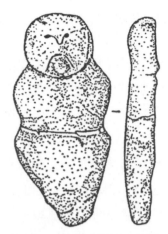

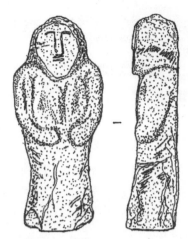

圖 204　哈薩克斯坦西北部，
烏伊爾（Uil）出土，高 98 公分
〔Bisembaev 2000〕

圖 203　哈薩克斯坦西北部，
納烏爾斯姆（Naurzum）出土，高 93
公分〔Gutsalov, Tairov2000〕

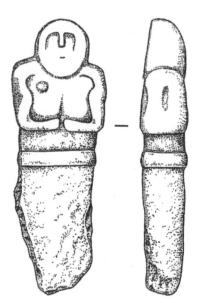

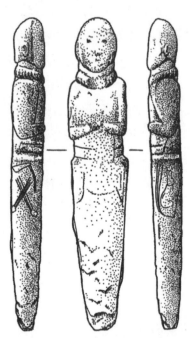

圖 205　達吉斯坦，
奧格尼（Ogun）出土，高 102 公分
〔Ol'khovskij, Evdokimov1994〕

圖 206　喬治亞東部，
澤伊亞尼出土，高 220 公分
〔Dashevskaya et al. 1995〕

圖 207　伊拉克東北部，穆　圖 208　穆杰西爾　圖 209　亞美尼亞，洛里
杰西爾出土，高 145 公分　出土，高 203 公分　貝爾德出土，高 175 公分
〔Boehmer1998〕　　　　〔Boehmer1998〕　〔Devedjian1996:160〕

兩把劍和戰斧，還有畫著兔子圖案的箭筒。這些特徵與西元前七～
前六世紀初期斯基泰的石像相同。推測是斯基泰人在某個地方越過
高加索地區並入侵了西亞，所以這個石像正是入侵的斯基泰人所留
下的紀念品。[16]

　　在伊拉克（Iraq）東北部山區的穆杰西爾（Mugesir）（相當於
烏拉爾圖和亞述爭奪的穆薩希爾〔Musasir〕），發現了 6 個雙手合
攏置於胸前（圖 207），手持戰斧的石像（圖 208）。報告者稱這
是西元前七世紀末～西元前六世紀初斯基泰停留在西亞時所立的墳
墓，[17]但是由於鬍鬚的表現方式不同，共同點不多，所以應該要慎
重的考慮。

　　另外，在亞美尼亞北部洛里貝爾德（Lori-Berd）遺址屬烏拉爾
圖晚期（西元前七～前六世紀）的墳墓中，發現了雙手合攏的男性
石像（圖 209）。亞美尼亞的研究者推測，這是從西元前二千年末

到西元前一千年初，作為當地農牧民多產豐收的象徵而建立幼稚樸拙的石像演變而成的。[18] 但是，儘管沒有諸如武器之類的表現，然而在北高加索地區經常可見雙手合攏置於腹前、繫著寬幅腰帶、胸前鑲著類似裝飾板的石像（圖 205）。因此，應該要考慮是受到斯基泰的影響吧。

薩爾馬提亞的石像

斯基泰的石像自古以來就為人所知。緊接著薩馬爾提亞的石像終於從一九九〇年代開始為人所知。但是其分布的範圍相當狹窄，目前只限於裏海和鹹海之間的烏斯秋爾特高原（Ustyurt Plateau）。那裡是極度乾燥人煙稀少的荒地，誰也沒想到在那裡會有大規模的遺址。

當地有著最大高度為 5～7 公尺，直徑為 50～70 公尺的積石塚，或具有多個直徑 19 公尺的同心圓狀石壁，層層包圍的石造遺址，伴隨著圓形或方形供犧牲用的石盤（邊長 1～1.2 公尺），一組一組的聚集在一起，至今已發現了 20 多處。似乎在這種石造祭祀遺址的東部或南部，豎立了臉朝北或西北的石像（圖 210）（這些石像的現在位置經過後世移動，但因為留下了凹痕，所以可以判斷原有的位置）。[19] 在各遺址群中發現了 1 個到 30 個石像，共計 100 個左右。雖然幾乎全部都是碎片，但是其中一些碎片經復原後，高度可達 3～4 公尺，如果將這些排列成一排的話，當初一定是很壯觀吧。

石像戴著頭盔，戴著多重螺旋的項鏈和手鐲，右手垂下，左手彎曲於肘部，置於腹前，腰帶上懸掛著一把長劍，右腳大腿部繫著短劍，左腰裝著高利托斯（圖 211）。石像所表現出的這些武器和配件，與西元前四世紀末～前二世紀的薩爾馬提亞埋葬遺址出土的東西一致。[20] 由於所有的石像都代表著男性戰士，所以奧里霍夫斯

圖 210　哈薩克斯坦西部，拜德（Bajte）I 遺址〔Olkhovski1994〕

基（Olkhovskiy）認為，其中包含了已故軍事領袖的靈魂。[21]

　　它類似於斯基泰晚期的石像，其胳膊和雙腳明顯分開，但是奧里霍夫斯基指出，在烏斯秋爾特開始製作石像時，斯基泰已進入了衰退期，所以斯基泰不太可能對其產生巨大影響。並且由於風格上幾乎沒有差別，因此可以判斷該石像是突然出現又突然消失，祭祀遺址本身的使用時間也不到 100 年。[22]

　　石像上刻有稱為「薩爾馬提亞的塔姆加」的各氏族獨有符號（圖212），這些符號通常被認為是在西元前一世紀～西元四世紀，與石像上表現的武器和配件年代不相符，因此奧里霍夫斯基推測這些塔姆加符號是後來才刻上去的。[23]

　　因此，僅僅因為石像上表現了薩爾馬提亞時代的武器和配件，也不能判定製作者就是薩爾馬提亞人。因為在薩爾馬提亞時代，這些武器和配件被廣泛用於歐亞草原地帶，遠遠超過了薩爾馬提亞分布的範圍。關於製作者和製作動機，奧里霍夫斯基提出大膽的假設，認為亞歷山大大帝於西元前四世紀末入侵中亞，在他進攻

歐亞大陸地圖

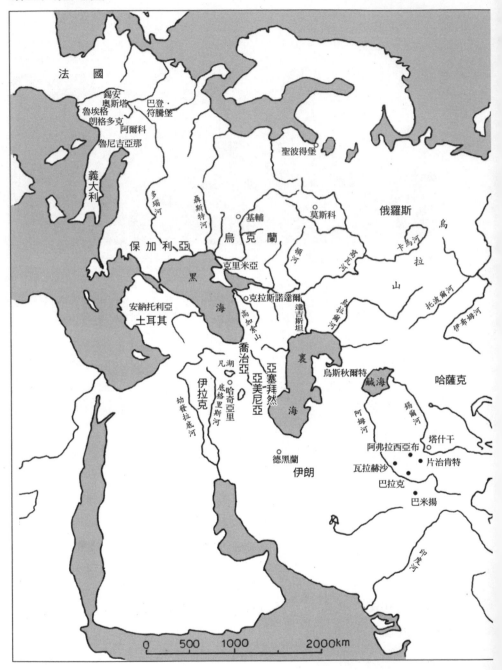

法國

錫安
奧斯塔
魯埃格
朗格多克　阿爾科
魯尼吉亞那

巴登·
符騰堡

義
大
利

多瑙河

聶斯特河

保加利亞

烏克蘭

基輔

聖彼得堡

莫斯科

俄羅斯

烏
拉
山

卡馬河

托流爾河

伊希姆河

黑

克里米亞

海

聶伯河

頓河

窩瓦河

克拉斯諾達爾

達吉斯坦

高加索山

裏

安納托利亞
土耳其

喬治亞

凡湖

亞塞拜然
亞美尼亞

海

烏斯秋爾特

鹹海

哈薩克

伊拉克

哈奇亞里
底格里斯河

錫爾河

塔什干

幼發拉底河

德黑蘭

伊朗

阿姆河

阿弗拉西亞布
瓦拉赫沙

片治肯特

巴拉克

巴米揚

印度河

0　　500　　1000　　　　　2000km

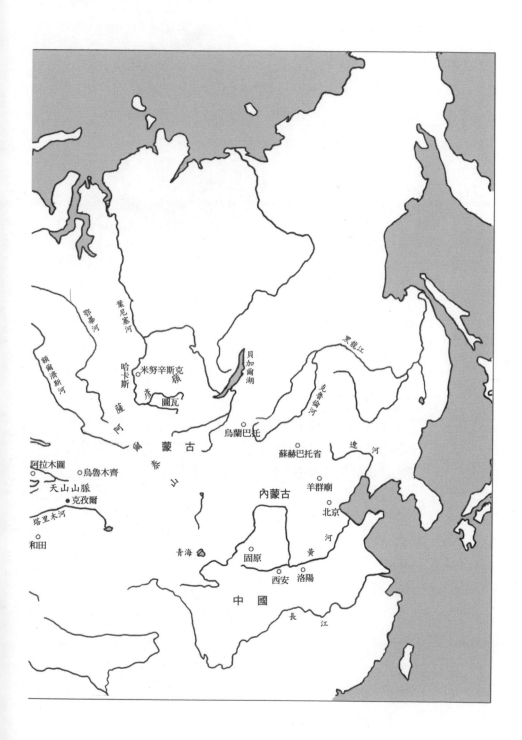

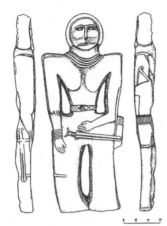 

圖 211　哈薩克斯坦西部，康
乃伊（Konai）出土，高約 165
公分〔Genito et al.2000〕

圖 212　哈薩克斯坦西部，拜德（Bajte）III 遺址
〔Ol'khovskii, Yatsenko2000〕，在胸前隱約地
看到幾個塔姆加

之前，在中亞南部被稱為達海（Dahai）、馬薩格泰（Massagetai;
Massagetae）的遊牧民族不得不逃往北方，逃到了希臘軍隊無法到
達的烏斯秋爾特地區避難。希臘勢力推進了與當地的文化融合，北
方遊牧民也逐漸接觸到希臘化（Hellenistic civilization）的石雕，並
開始以石像的形式表現其祖先的守護神。在烏斯秋爾特養精蓄銳的
遊牧民不久就恢復力量，回到了南方。於是，烏斯秋爾特的聖地逐
漸被人遺忘了。[24] 這個假設，不知道是否能被證實。

第十一章

中亞、西伯利亞、蒙古的石像（突厥石人除外）

奧庫涅夫文化的石像

　　突厥的石人分布地從歐亞草原中部到東部的地域，在此之前曾建造過怎樣的石像呢？最古老的應該是西伯利亞南部、葉尼塞河（Yenisei）上游的米努辛斯克盆地（Minusinsk Basin）青銅器時代早中期的奧庫涅夫文化（Okunev Culture）*石像。關於奧庫涅夫文化的年代和體系尚在討論中，不過約在西元前一五〇〇年前後出現，應是研究者的最大共識。[1] 奧庫涅夫文化被認為是繼銅石器時代的阿法納西耶沃文化（Afanasievo Culture）**之後，並早於安德羅諾沃文化（Andronovo Culture）*（但是大部分的石像是出現在新

---

*　　譯者注：奧庫涅夫文化，分布於俄羅斯葉尼塞河中游米努辛斯克盆地至中國新疆北部地區，以畜牧經濟為基礎，盛行在居址或祭祀處豎立大型立石或石雕，墓前亦立石，墳墓表面採石構方形圍垣。墓葬內隨葬圓雕或線刻的小型石人像或骨雕人像、鳥禽等。

**　譯者注：阿法納西耶沃文化，大約是在西元前3500年至西元前2500年，屬青銅器時代早期，分布在西伯利亞中部，葉尼塞河流域的米努辛斯克盆地，文化範圍涵蓋蒙古西部、新疆北部、哈薩克斯坦中部，甚至到達塔吉克斯坦和鹹海地區。生產方式已進入到狩獵畜牧階段，喪葬上將死者葬在圓錐形或長方形墳墓，出土金屬及輪式車輛等文物。

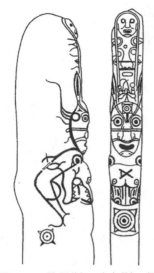

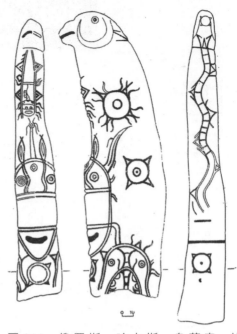

圖 213　俄羅斯，哈卡斯，錫拉
（Sila）湖附近出土，高 230 公
分〔Savinov, Podol'skii 1997〕

圖 214　俄羅斯，哈卡斯，烏蘇奇‧比
爾（Ust'-Byur'）村出土，高約 270 公分
〔Kyzlasov1986〕

圖 215　俄羅斯，哈卡斯，靠近阿斯
基斯（Askiz）「富爾圖亞夫‧塔什
（Khurtuyakh-tash）（求子石）」
〔Savinov, Podol'skii 1997〕（作者拍攝）

圖 216　俄羅斯，哈卡斯，喬爾諾耶
（Chernoe）湖畔墓地出土（作者拍
攝），它被重新用作塔加爾文化石圍
圈墓的牆角石〔Kyzlasov1986:159〕，
莫斯科國立歷史博物館展示

石器時代晚期到銅石器時代的過渡期，形成了另一種稱之為「塔茲明文化〔Tazmin Culture〕」，因此把奧庫涅夫定為阿法納西耶沃晚期，[2] 不過也有認為奧庫涅夫與安德羅諾沃並存的說法，但未被普遍接受）。

這個石像非常獨特，在寬大的扁平石頭中部或底部，用浮雕或線雕方式刻出很大的眼睛、鼻子、嘴巴、耳朵，如面具一般的臉（多了第三隻眼），人臉也可能出現在頂部，但是除了臉以外，沒有其他的人體表現（圖 213）。除此之外，還有著蛇、猛獸、羊（圖 214）和帶有四個突起的標記，這些突起類似於太陽的同心圓放射。一些細長石像的底部有第三張臉，上面也有像凹陷一樣的臉（圖 215）。這個石像有「生育石」的傳說，當地居民在兩張臉上抹油使其變黑。此外，還有一些石板，在其寬闊的表面上按照岩畫風格方式刻著人臉（圖 216）。

儘管分布地區僅限於米努辛斯克盆地，一九二〇年代已經發現的數量約有 100 個。[3] 庫茲拉索夫將上述大多數石像歸屬於「塔茲明文化」，他使用了 126 個石像作為其分類的材料。[4]

關於這種帶有奇異臉型石像的含義，有人提出將西伯利亞特有的薩滿教（Shamanism）結合起來、與梨俱吠陀（Rigveda）建立關係、與印歐語族的東進相結合，或者是與藏傳佛教蒙面舞（Tsam）[**] 中使用的面具有關。關於它有很多討論，當然還沒有獲得定論。

---

* 譯者注：安德羅諾沃文化，大約在西元前2100年到西元前1400年的西伯利亞西部及中亞草原地帶，東可抵米努辛斯克盆地，與阿法納西耶沃文化重疊。安德羅諾沃文化為牧業經濟，推測可能有農業，居住的村莊可以由多達十座地穴式的大型木屋組成，墓葬為石棺或者木槨。

** 譯者注：藏傳佛教蒙面舞（Tsam），戴著象徵佛教守護神的各種面具的僧侶隨著音樂翩翩起舞，進行了守護神與惡靈之間的戰鬥。早期的蒙面舞是一種只有密教的喇嘛才可以修行的儀式，而且是伴隨著密教修煉理念的集會。這包括修煉秘法，如為世人謀利的增利法、為家族安康長壽的息災法、為富足而來的雨契約法、為戰勝敵人的誘拐法等。

鹿石

　　相較於奧庫涅夫石像的分布地域極為有限，稍後登場的鹿石，從東邊布里亞奇（Briachki）（10 個）、蒙古高原（500 個以上），到圖瓦（30 個以上）、阿爾泰（50 個）、天山北部（10 個以上），還有從烏拉爾地區到北高加索、黑海沿岸的少數地區，都廣泛存在。有關烏拉爾以西的鹿石，請參看第十章之「前斯基泰的石像」，在此只對東方的鹿石進行詳述。

　　「鹿石」是十九世紀末到二十世紀初，考查西伯利亞南部和蒙古高原的俄羅斯學者命名用語「olennyj kamen」的日語翻譯。[5]因為立石上淺淺地雕刻鹿的圖像而被命名的，沃爾科夫（Volkov）將其分為以下三種類型：[6]

第一類型：全歐亞型——沒有動物的表現。

第二類型：薩彥・阿爾泰型——接近自然寫實鹿的表現。

第三類型：蒙古・外貝加爾型——不是寫實而是抽象化的鹿表達方式（外貝加爾在俄語中是以俄羅斯為中心來看貝加爾湖另一邊的意思。大致相當於今天的布里亞特共和國〔Buryatia〕。但是，在外貝加爾湖中鹿石非常少，可以視為蒙古的延續，因此本文以下稱之為蒙古型）。

　　那麼，就從數量最多、以及「鹿石」這個名稱由來的第三類型開始介紹吧。

　　在蒙古型中，鹿的鼻子表面呈現伸長的喙狀，大的鹿角，肩胛骨呈三角形突出，腿表現得極小，它們覆蓋了整個石頭的表面（圖217）。這些石頭比其他的類型要來的大，有些石頭的高度接近 4 公尺。立石大部分是四方形的柱子，儘管橫截面也有正方形，但多數呈長方形。有的將人臉用浮雕方式表現出來，雖然只有幾個例子。如果將其視為正面的話，正面和背面都很窄，而兩側則很寬（圖

圖217 蒙古國,庫蘇古爾省,奧蘭‧ 圖218 奧蘭‧奧西格Ⅰ,高318公分(作
奧西格(Ulaan Uushig)Ⅰ,高240公分 者拍攝)
(作者拍攝)

圖219 蒙古國,後
杭愛省,賈爾格蘭特
(Zhargalant)(作者
拍攝),刻著像豹一樣
的猛獸(顛倒)

218)。頭部的兩側都有大大小小的圓圈,分別代表耳朵和耳環,
大圓圈通常掛有垂飾品。下面可以看到表示項鏈的連續凹痕。在背
面(很少在側面),可以看到代表盾牌的五邊形(圖223)。在中

間略為下方處，有鋸齒紋或斜格子紋的腰帶，腰帶的上方和下方，可以看到刀，戰斧，弓，箭筒，磨刀石和用途不明的 π 字形符號等。也有在狹窄的縫隙裡表現猛獸（圖 219）。雖然也有單獨站立著，但多數是 10 個以上立在基爾吉蘇（Khirgisü）（主要是蒙古高原上一個帶有圓形或方形石圍圈的石堆）。*

　　第二類型的薩彥・阿爾泰型有棱柱形狀（圖 220），也有較小的橢圓形狀（圖 221），在與臉部相接處通常有兩條或三條斜紋。它的兩側都有圓圈和懸掛裝飾，下面還有一條帶小凹痕的項鍊、劍、戰斧、弓、腰帶、π 字形符號、盾牌等，這點與蒙古型相同。最大的不同在於動物的表現形式，除了鹿以外，在此類型中也可以經常看到豬和馬，但它們更為真實，以腿部垂直伸展、腳尖站立的狀態來表現（圖 222）。此外，猛獸的身體呈圓形，這種動物的表現是早期斯基泰藝術的特色。[7] 它通常是在基爾吉蘇石圍牆的側面和積石塚上被發現。

　　第一類型的全歐亞型則可以視為不包括動物表現的薩彥・阿爾泰型。西方的鹿石大多屬於這一類型。一定會有圓圈、項鍊、2 ～ 3 條斜線和腰帶；也經常表現弓、劍和戰斧（圖 193 ～ 196）。儘管發掘的例子很少，但是在烏拉爾南部的庫馬洛瓦（Gumarova）鹿石與西元前七世紀初、利用此前便已存在的青銅時代小墳丘建造而成的墳墓有關。[8]

　　這三種類型並不局限於命名的起源地區。確實，蒙古型在該地區占了 89%，但也有 9% 的全歐亞型和 2% 的薩彥・阿爾泰型。但是，在薩彥・阿爾泰地區，同類型的只有 17%，全歐亞型有 77%，蒙古型也有 6%。烏拉爾以西沒有蒙古型，全歐亞型占了 80%，其餘的是薩彥・阿爾泰型。[9] 換言之，只有蒙古型限定在歐亞草原東部，

---

*　　譯者注：基爾吉蘇（Khirgisü），蒙古遺址中用石頭以圓形或方形石圍圈方式堆起的石堆，有如埃及金字塔，是王權的象徵。

圖220　蒙古國，扎布汗省，阿卜德蘭通·洪迪（Avdrantyn höndij），立於積石塚前的鹿石（作者拍攝）

圖221　蒙古國，烏布蘇省，立在吉爾吉蘇上的鹿石，高80公分（作者拍攝）

圖222　蒙古國，後杭愛省、伊夫·塔米爾（Ikh Tamir），高200公分（作者拍攝）

圖 223　俄羅斯，圖瓦，科什・佩伊（Kosh-Pej）出土，高約 185 公分〔Kilunovskaya, Semenov1998:145〕

其他兩種類型則分布在整個草原地帶。

　　沃爾科夫認為，上述三種類型是同時存在的，一塊鹿石會同時表現多種類型的特徵，西方鹿石的時間為西元前八～前七世紀；東方則是從西元前八～前七世紀到西元前一千年中期。[10]

　　與此相對，曾經是沃爾科夫的妻子但後來離婚的諾夫哥羅多娃，相當重視在蒙古型上可以看到卡拉蘇克文化（Karasuk Culture，西元前十三～前八世紀）[*]所特有的短劍這一事實，因此認為鹿石本身也屬於卡拉蘇克文化時期，並將薩彥・阿爾泰型歸於西元前八～前七世紀中期，全歐亞型則歸於西元前七～前六世紀。[11]

―――――――

*　譯者注：卡拉蘇克文化（Karasuk Culture），是繼阿法納西耶沃文化之後的青銅器時代文化，分布範圍從鹹海、窩瓦河到葉尼塞河上游。卡拉蘇克文化採行豎穴居，已進入農業與畜牧混合的經濟形態，對金屬的製造已經相當熟練，發現過彎曲的青銅刀及韁繩，貿易地區涵蓋中國北部、貝加爾湖至黑海、烏拉山，造成了這區域文化的相似性。喪葬上將死者放入石棺，埋進庫爾干式的墳墓中，並用長方形的石板圍住墳墓。

日本學界中，高浜秀將鹿石所表現出的武器、配件等與中國北方的青銅器進行比較，基本上支持諾夫哥羅多娃的立場，[12] 而畠山禎和我也遵循此一說法。[13] 但是近年來，具有三種類型特徵的鹿石報導數量進一步增加（圖223），[14] 科瓦列夫（Kovalev）支持三種類型並存的說法，認為鹿石整體上的時間斷限是西元前九～前五世紀。[15] 關於鹿石的時間斷限，將來必須要再進行研究。

大約在以鹿石和基爾吉蘇為代表的文化同時或稍後不久，另一種稱為板石墓文化在蒙古高原的中部和東部開始廣泛傳播。因為將板石豎立在地面上，做成方形墓的特徵，故以此命名。兩種文化在蒙古中部相互重疊。板石墓大多會破壞基爾吉蘇和鹿石，但也有相反的例子。這個文化中沒有立石像的風俗。

鹿石和突厥石人之間的時代

在這兩種文化之後不久，蒙古高原迎來了匈奴統治的時代。至今，還沒有一尊屬於匈奴時代的石像為人所知。但是，儘管不是石像，似乎卻有著金屬像的存在。根據《史記·匈奴列傳》的記載，在西元前一二一年，漢武帝命霍去病征伐匈奴，打敗了匈奴休屠王的軍隊，獲得了休屠王的「祭天金人」。所謂休屠王，是指今天甘肅省東部北方的休屠部落的王。[16] 休屠部雖然和匈奴是不同的部落，但肯定和匈奴一樣是騎馬遊牧民族。關於這個祭天金人，江上波夫認為它並非「神像」本身，而是祭天過程中神所附身的偶像，這個說法很有吸引力。[17] 江上波夫還將這個金人和上述兩種文化的石像聯繫在一起，然而這在時間和地域上的跳躍幅度太大了。

另外，俄羅斯的學術界有一種說法是，從奧庫涅夫石像發展到鹿石，再經過塔西提克文化時期（Tashtyk Culture，西元前一世紀～西元五世紀，或是西元前一世紀～西元四世紀）[*] 的石像，發展到突厥的石人。[18] 但是，正如倡議這個說法的庫巴列夫自己也承認，這中間缺失了太多的鏈接，很難證明，這種情況至今也沒有改變。

　　無論如何，塔西提克時期的石像非常稀少是個問題。一九六〇年出版了庫茲拉索夫浩瀚的著作《哈卡斯・米努辛斯克盆地歷史上的塔西提克文化》（長達 200 頁）中共有 4 個；[19]三十二年後出版的考古學系列之一的《斯基泰・薩爾馬提亞時代蘇聯亞洲地區的草原地帶》的「塔西提克文化」一節（執筆者是瓦德茨卡亞〔Vadetskaya〕）中，就變成 3 個了。[20]

　　讓我們從兩者皆有的 3 個石像開始看起。其中之一是在尼雅河（Nenya）左岸的洞窟中發現的石板，除圖像以外的部分均經過雕刻，導致圖像如剪影一般凸顯出來（圖 224）。中間的人雙腿交叉，

圖 224　俄羅斯，哈卡斯，尼雅河左岸的洞窟出土，高 70 公分（作者拍攝），米努辛斯克博物館藏

---

*　譯者注：塔西提克文化（Tashtyk Culture），屬早期鐵器時代文化，分布在西伯利亞葉尼塞河中游米努辛斯克盆地，發現了許多岩石雕刻。一些墳墓裡藏著人體皮革模型，頭部被組織包裹並塗上了鮮豔的顏料。塔西提克的動物圖案屬於斯基泰—阿爾泰（Scytho-Altaic）風格，同時也受到中國的影響。

圖225　俄羅斯，哈卡斯，靠近阿斯基斯村，「基齊・塔什（Kizhi-tash）」（石人之意）〔Gryaznov 1950〕

圖226　俄羅斯，哈卡斯，靠近阿斯基斯村，「烏爾・庫斯・塔什（Ulu-Kys-tash）」（大女兒石之意）〔Gryaznov 1950〕

雙手拿著壺。在它的下面是一個像釜一樣的容器和向鹿射箭的人和狗。側面顯示著鳥、箭筒和弓等。庫茲拉索夫稱這個釜為「匈奴型式」。[21] 雖然表現得很小，很難理解，但也可以說是匈奴或者是緊接著匈奴時代的東西吧。但是，在突厥時代經常可以看到雙腿交叉的圖像（圖90），並且雙手拿著容器的表現也被認為是在突厥時代後期的東西，這個圖像整體是否可被確定為塔西提克時代的作品，仍存有疑問。

　　其餘二者僅能從十八～十九世紀探索西伯利亞的帕拉斯（P.S. Pallas）和斯賓斯基（G.I. Spasskij）所留下粗略模拙的圖中而為人所熟知（圖225、226），看起來和上述的尼雅河的石像相似。無論如何，庫茲拉索夫將這三個的時間定在西元四～五世紀，也就是在突厥時代之前，並將它們與突厥的石人聯繫在一起。而伊夫圖霍娃

圖 227　俄羅斯，哈卡斯，瑪拉亞‧埃西河（Malaya ECs'），庫茲拉索夫村，高 137 公分（作者拍攝），哈卡斯共和國博物館藏

圖 228　俄羅斯，哈卡斯，死亡者面具（作者拍攝），莫斯科國立歷史博物館藏

（Evtyukhova）則把另外兩個石人歸屬在突厥石人之中。[22]

　　接下來只有庫茲拉索夫提及，在細長的棱柱狀石頭底部，僅將臉部浮雕出來（圖 227），這塊石頭被倒立過來，作為突厥時代典型的方形石圍圈向東南方延伸的石列之一。因為這是突厥時代的再利用，其臉部與塔西提克文化中特殊的死亡者面具（戴在被木乃伊化的死者臉上）（圖 228）相似，因此庫茲拉索夫把這個石像歸於塔西提克時代的後期，也就是西元三世紀末或四世紀的東西。[23]然而，在細長石頭的底部浮雕臉部也是奧庫涅夫文化石像的特徵，因此，這個石像也不能排除屬於奧庫涅夫文化的可能性。

關於上述三個石像的時間，實際上瓦德茨卡亞並沒有斷定，而是相當慎重的說「它似乎屬於塔西提克文化」。之後在一九九九年，她發表了《西伯利亞古代史上的塔西提克時代》這部巨著（440頁），但其中沒有提到石像。[24] 這3具有著合適條件的石像也被移出塔西提克時代了嗎？

無論如何，必須說這些被稱為「塔西提克的石像」的時間斷限，是相當可疑的。

新疆阿勒泰獨特的石像

最後，在新疆維吾爾自治區的阿爾泰山脈的南麓有一批必須提及的石像。它具有圓型的臉，微彎成弓形的八字鬍，戴著粗項鏈，下面有鋸齒狀和半圓或倒三角形的裝飾（圖229）。雙手通常在胸或腹前抬起或放下（圖230）。也有表現出肚臍、肩胛骨、胸部的肌肉，因此可以認為它們代表了裸露的身體（圖231）。他們都被豎立在邊長3公尺左右的正方形石圍圈或邊長達數十公尺的巨大長方形石圍圈的東側。有些被認為是一對男女（圖232），也有豎立多個的情況。[(24)]（圖233）在大的石圍圈裡，有1～2個小石槨（圖233）。

關於這些石人，新疆學者認為從西元前十二世紀到西元六世紀左右，存在了很長的時間。[25] 其根據是在石人背後的遺跡中所發現的陶器和青銅器，類似於安德羅諾沃文化的陶器、中國本土春秋時期的陶器以及戰國時期的鏡子。[26] 我很難相信同一類型的石像，會

---

(24) 王博將阿爾泰切木爾切克多個站在一個遺址上的石人命名為「非獨立墓地石人」，並將其歸為特殊群體（王博，〈對切木爾切克早期非獨立墓地石人的認識〉，《新疆藝術》，1996年第5期，頁13—20）。但是，切木爾切克也有同樣是單獨站立圓臉的石人，似乎沒有特別對待多個石人的必要性。

圖 229　中國新疆，阿勒泰地方，海納爾（Hainer）1
號墓地，高 122 公分（作者拍攝）

圖 230　中國新疆，
阿勒泰地方，波什
奧博 (Boshovoo) 石
人，高 200 公分
〔Kovalev1998〕

圖 231　中國新疆，
阿勒泰地方，斯塔斯
（Syntas）石人，高 234
公分〔Kovalev1998〕

圖 232　中國新疆，阿勒泰地方，卡拉塔斯（Karatas）
1 號、2 號石人，高 88 公分、80 公分（作者拍攝），
立在 17 公尺四方石圍圈的東側

圖 233　中國新疆，阿勒泰地方，海納爾石人，高 100～170 公分，（作者拍攝）。
1991 年筆者到訪時，在長方形石圍圈（54.5×32.5 公尺）的東側，只立了 2 個，
之後挖出埋了一半的 3 個，現在共有 5 個

在將近兩千年的時間中持續被製造，但是最近對這組石像有了新的
解釋。

　　俄羅斯的科瓦列夫指出，臉部的表現和裸體等與歐洲青銅器時
代的石像相似（圖 156、160、165、167、174）；項鏈和弓形鬍子
等的表現，與斯基泰的石人相似，再加上陶器和石製品的比較，提
出這些石像在西元前三千年末受到來自歐洲方向的影響，因此出現
在新疆阿勒泰地區；然後從這裡反過來再影響歐洲的斯基泰人。[27]
他進一步認為，由於早期斯基泰藝術一些特有的動物表現可以在阿
爾泰南麓看到，所以歐洲斯基泰的故鄉就在那片土地。[28]

　　關於斯基泰的起源在歐亞草原地帶的東部這一點，我也承認。
但我不同意將其限制在阿爾泰南麓這個狹窄的區域。二〇〇三年八
月，科瓦列夫出現在我參加的蒙古發掘現場，終於把自己的依據說
了出來。當年的調查中，他很高興在蒙古西南部的霍頓縣南部，發

圖 234 蒙古國，科布多省，石人
（埃德內巴托提供）

圖 235 中國新疆，
阿勒泰地方，阿克坦
（或是烏圖布拉克）
石人，高 100 公分
（作者拍攝）

圖 236 中國新疆，
阿勒泰地方，阿克坦
（作者拍攝）。石人
站在三個並排的石圍
圈最南邊石圍圈的東
側。從背後，也就是
西側的角度來看

現了和新疆阿勒泰地區相同的圓臉石像（圖234），雖然該處目前被國境隔開了，但它仍然在阿爾泰南麓沒有變。

若說臉部的表現獨特，蒙古高原中部土拉河北岸恩格圖遺址的石人即是範例。雖然此石人只是雙手合攏置於胸前的單純石像（圖113、114），但很接近科瓦列夫所說青銅器時代的臉。[29] 然而，從同時出土的唐代瓦當來看，毫無疑問屬於突厥時代，[30] 當我見到它時，我確認恩格圖遺址的石像屬於突厥時代。

科瓦列夫的論點的確也有令人信服之處，但我認為阿爾泰南麓獨特的石像很可能是屬於突厥的石人。所持理由有二：一是，它們站在方形石圍圈的東側。如同第壹部第三章所述，這與突厥石人的位置相同。其中一個石像立在三個南北方向相連，邊長2～3公尺方形石圍圈之一的東側（圖235、236）。這種情況只能說是典型的突厥石人所在位置（圖71）。

第二個理由是，正如第壹部第八章之「西方倖存的石人」中所述，從天山到哈薩克斯坦一帶，廣泛分布著集中豎立了單個或多個石像（不過不是在石圍圈的東側而是在中央）、且石像性別很容易分辨的遺址。這些石像被認為屬於突厥晚期的奇普查克人。新疆阿勒泰南部的獨特石像，也很有可能和這些石像屬於同一系譜。

總之，希望今後也能對科瓦列夫的提議進行討論。

第十二章

中國的石像

　　在突厥石人的起源問題上有個思考盲點，便是其與唐朝以前的中國歷代王朝陵墓中，所豎立的石像之間的關係。即使不是俄羅斯的考古學者，如果是專攻草原地帶的考古學，都會將視線朝向中亞和黑海北岸。但是對於蒙古高原的遊牧民族來說，中國自古以來就是最近的鄰邦。因此，即使是石人，也不能忽視與中國的關係吧。

　　實際上，俄羅斯的考古學者雪爾在論述突厥石人的起源時，曾提及唐太宗昭陵的石人，但由於對史料的誤解，他認為石人是豎立在宮殿的房間內而非陵墓上，因此斷言和突厥的石人沒有關聯性。[1(25)] 另一方面，中國的研究者中，也有人認為豎立在唐太宗昭陵的石人，是受到突厥的影響。[2]

---

(25) 《資治通鑑》卷一九九記載：「葬文皇帝于昭陵，……阿史那社爾、契苾何力請殺身殉葬，上遣人諭以先旨不許。蠻夷君長為先帝所擒服者頡利等十四人，皆琢石為其像，刻名列於北司馬門內」（北京：中華書局，頁6269）。此段雪爾使用劉茂才的德語譯文，劉茂才譯為：北司馬門內「innerhalb des nördlichen Aussentors des Palastes在宮殿北邊的外門內側」（Liu Mau-tsai, *Die chinesischen Nachrichten zur Geschichte der Ost-Türken [T'u-küe]*, Otto Harrassowitz: Wiesbaden, 1958, p.675），所以誤解為石人是立在宮殿內。如後所述，北司馬門當然是昭陵祭壇北邊的門（陳安利，《唐十八陵》〔北京：中國青年出版社，2001年〕，頁26）。

在中國，石像經常被稱為「翁仲」，這是源於秦始皇統一中國時出現的傳說中巨人的名字，儘管《史記》、《漢書》、《淮南子》、《水經注》等各種文獻對名字的記載有若干差異。總之，秦始皇沒收了天下的兵器，然後將其熔解製成巨大的雕像，在漢代就稱之為「翁仲」了。此後，雖然還不能確認是在什麼時候，但是豎立在墓前（主要是武人的）的石像，也被稱為翁仲。另外，也經常使用「石人」這個名字。

若是對中國的石像進行全面性概述，僅僅這樣就可以成為一本優秀的著作。在此，僅就立於陵墓的石人，將秦漢到隋唐時期的石像做一簡單的介紹。

秦漢的石像

在秦始皇陵周邊的地底下發現了無數陶製的兵馬俑，但是在地面上好像沒有石像。雖然也有文獻記載有石麒麟（《三輔黃圖》），正如楊寬所指出的，這可能是東漢時期製作的。[3]西漢（西元前二〇二～西元八年）的皇陵也幾乎相同，景帝的陽陵雖然發現了很多陶製兵馬俑，但尚無石像。站在景帝之子魯恭王墓前的 2 個石人，如後所述，根據下半身的銘文，它們被認為是曾經豎立在東漢末年樂安太守的墓前。[4]

在西漢應該注意的是，作為武帝茂陵陪塚（陪葬墓）的霍去病墓，現存一系列的石刻群。霍去病奉武帝之命打敗了匈奴取得戰績，但在西元前一一七年，年僅二十四歲時病逝。《史記》卷一百一十一〈驃騎列傳〉中記載，武帝為了悼念其死，在茂陵附近建造了一座仿照祁連山的墳墓，試圖重現霍去病與匈奴的戰場。《史記索隱》（初唐司馬貞作）引用姚察（南朝陳、隋人）的注解記載「（塚）前有石馬相對，又有石人也」。現存的 16 具石像中，大部分是牛、虎、青蛙、魚等，人像只有馬踏匈奴像（圖237）、

圖237　中國陝西省，霍去病墓，馬踏匈奴（作者拍　圖238　霍去病墓，野
攝）。一個長著鬍子的男人，露出眼睛在馬下仰臥著　人〔Paludan1991〕

熊抱力士像、以及只表現出奇怪的大臉和手的石像（也稱為胡人和
野人）（圖238）。製作、陳列這些雕像的理由，一般認為是表彰
霍去病對匈奴的軍功，但青蛙和魚似乎與軍功無關。

　　如前一節所述，新疆北部的草原自青銅器時代以來一直有石人
的存在，這種說法在中國學術界很有影響力，但是由於該地區屬於
匈奴的勢力範圍，所以也有人認為征討匈奴的霍去病，其墓是以之
為藍本建立起來的。[5] 但是新疆的石像和霍去病的石像完全不同。
無論如何，這是中國現存最早的墓前石刻，也是特例。[6]

　　同樣是漢武帝的臣下，遠征西域有功的張騫墓中也置有石獸，
當時西亞墓前放置石獸很普遍，張騫墓前放置石獸有可能是受其影
響。[7] 我認為東漢以後的「天祿」*等受到了西亞的影響，這在將來
預定出版的著作中再詳述。

　　在東漢時代（西元二五～二二〇年），墓前石刻的風氣迅速普
及，不僅是皇帝，就連高官階層也在陵墓旁的石碑、祠廟、門闕（類

---

*　　譯者注：天祿，又名貔貅、辟邪，是中國古代神話傳說中的一種神獸。

圖 239 中國河南省，洛陽西郊出土，辟邪（作者拍攝），中國國家博物館藏

圖 240 中國河南省，樂安太守墓，石人，高 250 公分〔関野 1938〕

圖 241 樂安太守墓，石人〔諸橋《大漢和辭典》引《金石索》〕

似高台的門）前，與通往墓地的參道（稱為神道）兩側成對豎立石刻群。[8] 碑和祠堂的位置有在墳墓的北邊、西邊、東邊，各式各樣，因此石刻群的位置也不確定。但是石刻大部分是獅子和馬，或是天祿、辟邪（都是有角、有翼的獅子，包含著吉祥的祈禱和驅除惡鬼的意思）等動物像（圖 239），石人很少。前面提到的樂安太守的 2 個石人是罕見的例子，分別刻著「府門之卒」、「漢故樂安太守麃君亭長」的銘文（圖 240、241），可見是守護太守的府門士兵和亭長（守護郡的正門）。後者雙手沒有任何東西，但前者用雙手拿

著杖和劍之類的東西。因此,這些石刻群被認為是為了祈禱吉祥如意、驅除惡鬼、保護墳墓而成對豎立起來的。[9]

東漢末年,又出現了一個值得注意的石像,這是做為石碑底座的「龜趺」。現在已知最古老的例子是在西元二〇五年建立在今天四川省蘆山縣的樊敏闕。[10]此後,這個風俗在魏晉南北朝時代開始普及,不僅在中國,還傳播到北方的蒙古高原,以及朝鮮半島和日本。[(26)11]

魏晉南北朝時代的石像

接下來,陵寢制度(陵及其上或旁建寢殿)在魏晉時代(二二〇～三一六年)的遭到廢除後,石刻群也不再製作。直到東晉時代(三一七～四一〇年),陵寢的規模也沒有恢復。[12]

南朝時期(四二〇～五八九年)的帝陵,一對與天祿、辟邪造型相同的石麒麟被立在神道的兩側,但尚無石人,也沒有龜趺。梁朝的第一代國君武帝蕭衍(五〇二～五四九年在位)的父親蕭順之(四九四年過世)的建陵有一對龜趺碑。但是,這是梁朝建國的同時,由武帝追尊的陵,最初並不是帝陵。[13]

另一方面,五胡十六國時代夏國赫連勃勃(四二五年過世)陵墓上豎立的石馬,如今保留在陝西省博物館中,[14]但至今沒有發現石人。

北朝的北魏(三八六～五三四年)在後半葉恢復了陵寢制度。使其復活的是推行漢化政策的文明太后和孝文帝(四七一～四九九

---

(26) 在西方,流經吉爾吉斯共和國北部的楚河(碎葉川)中,伊塞克‧阿塔河(Yssyk-Ata)和凱蓋提河(Kegeti)匯流附近,發現了石人和龜趺。根據雪爾的說法,雖然比蒙古高原鄂爾渾遺址的龜趺要來得小,但是其意義和作用是相同的,推測有和鄂爾渾遺址一樣的祠堂類型遺跡,遺憾的是,龜趺的圖片尚未公布(Ya.A. Sher, *Kamennye izvayaniya Semirech'ya*, p.71)。

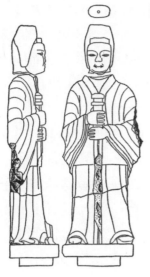

圖 242　中國河南省，靜陵，石人〔黃 1978〕

年在位）。[15] 兩人都在山西大同的北面營造了壽陵。文明太后的永固陵是上圓下方的墳墓，高 23 公尺，東西長 124 公尺，南北有 117公尺，東西稍長。孝文帝的萬年堂就在永固陵的北面，雖然形狀相同，但規模只有永固陵的一半。永固陵的南面，有一座被稱為永固堂的祠堂。現今永固堂的各種設施都已經沒有了，但根據《水經注》卷十三〈濕（㶟）水〉的注文，[16] 祠廟整體近似於石室，這是鮮卑固有的葬制，又採用東漢以來在陵前立廟、石闕、石碑、石獸的方式，還進一步吸收了儒教和佛教的要素。[17] 遺憾的是，並不清楚石獸的種類和石碑有沒有龜趺。總之，石人在此時是不存在的。

　　到了北魏末期，石人終於登場了。孝莊帝在西元五三〇年過世，第二年被葬在靜陵，其位置在很長的一段時間無法確定，一九七六年在洛陽北邊的古墳中出土了一個高達 3.14 公尺雄偉的石人（圖242）和另一個臉部相同的頭像，再出土一座石獅子，這個古墳被認定就是靜陵。[18] 石人雙手持劍站立。因為衣冠和龍門的「孝文帝禮佛圖」上所見衛士一樣，楊寬看作是「護衛性質的物品」，認為是「繼承後漢的形式」。[19] 這裡所說的「後漢」，就是上述所提的樂安太守石人。石獅子是採蹲踞的姿勢，這是此造型的最早案例。

北魏之後分裂為東魏與西魏，西元五五一年西魏文帝所葬的永陵原來有很多石刻，現在只剩下石獸（有翼獸）了，[20]其他的全部都遭到了破壞。[21]另外，陝西省博物館也運走了很多石人、石獸，[22]但細節尚未得到證實。

分別繼承東魏、西魏的北齊（五五〇～五七七年）和北周（五五六～五八一年），都在建國後立即與突厥產生密切的關係，在考慮突厥石人起源問題上，這一點也很重要。一九八七年發掘出葬於西元五四九年高澄（北齊文襄帝）的墳墓，[23]據說墓的南面殘留下一個石刻人像，原本應該是有一對的。可惜該照片尚未發表，通向地下墓室的墓道上，繪有儀仗隊等壁畫，墓室裡發現了1500多件陶俑。

在北周，最近正在調查武帝的孝陵，但是沒有發現石刻、墳丘、寢殿建築等遺存。[24]北周時代最受關注的是第壹部第二章介紹的粟特人安伽墓。在墓室中發現安放棺槨的屏風狀板石上，以彩色浮雕著粟特人的宴會、狩獵、商隊等場景（圖243），[25]這與第壹部第四章所提到《隋書》對突厥葬禮的描寫「立屋其中，圖畫死者形儀及其生時所經戰陣之狀」很相似。

隋朝（五八一～六一八年）的文帝陵（泰陵），目前還沒有發現石像。煬帝陵是初唐改葬的墓，當然也沒有石像。但是，從洛陽的含元殿遺址中出土了蹲踞姿勢的石獅子。[26]這可能是放置在建築物入口處而不是陵墓最早的例子。

唐代石像（一）——
獻陵、永康陵、興寧陵、李壽墓

在唐代的陵墓中，我們要先看看與突厥時期重疊的早期到唐玄宗泰陵的石像。特別是太宗李世民的昭陵和高宗、武后合葬的乾陵

圖 243　中國陝西省，安伽墓，粟特人酒宴圖〔陝西省考古研究所 2003〕

整體結構。這裡主要參考了楊寬、來村多加士、陳安利、劉向陽等人的著作。

唐朝的帝陵都位於西安的北方、渭水的北側，並排在比秦漢帝陵更北的山上。

高祖李淵的獻陵位於陝西省三原縣城東北，海拔 300 公尺左右的開闊平原。李淵逝於西元六三五年，以五個月的時間就營建完成了獻陵。這是仿照漢高祖長陵，中國傳統的土堆方錐梯型（頂部被剷平的方墳）。高 19 公尺，東西長 139 公尺，南北寬 110 公尺，東西方向稍長。[27] 圍繞著墳丘的陵園（土牆）也是長方形，四神門的每一個外面，都有相對而立的四對石虎（現存 5 隻）。南門外長 357 公尺的神道，兩側除了有石虎外，還有一對華表（也稱石望

---

(27) 來村多加士認為，東西138公尺，南北117公尺（來村多加士，《唐代皇帝陵的研究》〔東京：學生社，2001年〕，頁202）。

柱）、一對石犀、石人等間隔（41 公尺）排列著。[27] 石虎、石犀都是立像。

在石犀北部神道的東側，據當地村民說，曾經有 3 個石人並排在一起。它們都是面朝西，高 2 公尺多，穿著長袍雙手拿著笏，看起來像是文官，可惜今天已不存在。[28] 據推測，與之相對的神道西側也站著 3 個石人。[28] 這樣的話，南門（朱雀門）外面排列著一對石虎、石犀、華表和三對石人，共計至少有 12 個石刻像。

獻陵的陪葬墓中，現在雖然還沒有證實有石像，但是在李淵的祖父和父親等陵墓中所豎立的石像，對此我也簡要地介紹一下。首先，李淵的祖父李虎（於五七七年過世）的永康陵始建於唐朝建國後的西元六一八年。永康陵現為高 8 公尺的圓形墳墓，在向南延伸的神道中，排列著一對華表、獨角獸（天祿）、石鞍馬、石人、石獅子。石人是雙手豎起持劍的武官像，與前一節介紹的北魏靜陵石人「大體相同」。[29]

李淵的父親李昞，作為北周將軍於西元五七二年左右去世，建立了墳墓。之後和永康陵一樣，西元六一八年立了一批石刻，名為興寧陵。[30] 這些石刻由華表、天祿各一對、二對石鞍馬、三對石人、一對石獅子所組成，華表和石人早已倒在地上被掩埋了。石獅子前腳站，後腳彎曲，屁股向下呈蹲踞姿勢（圖 244）。

李淵的堂兄弟李壽於西元六三〇年去世，西元六三一年下葬。墳墓呈不規則的圓形（現高 8.4 公尺），一對石人，兩對石羊，一對石虎和一對華表立在朝南的神道上。南石門附近放置著龜形的墓誌（不是龜趺，而是墓誌）。[31]

李淵的曾祖父李天熙 *和四代祖李熙的陵墓也有一對石獅子、

---

(28) 劉向陽指出，據文獻記載這三具石人高2.2公尺（劉向陽，《唐代帝王陵墓》〔西安：三秦出版社，2003年〕，頁8）。

*　譯者注：李淵的曾祖父當為「李天賜（錫）」，而非「李天熙」，這裡作者書寫有誤。

圖 244　中國陝西省，興寧陵，石獅子〔程、李 1988〕

三對石人，儀仗馬和人二對、翼馬一對、華表一對，這些陵墓是在西元六四六年開始建立的。[32]

唐代石像（二）──昭陵及其陪葬墓

　　昭陵和乾陵都是在自然的山體上加工而成的，規模非常大。

　　昭陵聳立在醴泉縣東北海拔 1188 公尺的九嵕山上（圖 245）。始建於西元六三六年，在唐太宗過世的西元六四九年完成。就在山頂的南面挖洞，建造了墓室，並將其圍起築起土牆，每邊都建有一扇門。朱雀門在山頂以南 800 公尺處，玄武門（司馬門）在山頂以北 600 公尺的地方。

　　關於以山為陵，在山內修建墓室一事，唐太宗的理由是這樣比較簡單，且過往也有這樣的葬制（《唐會要》卷二十〈陵議〉），但是來村多加士指出，比起在地上堆起墳丘，以山為陵需要投入更多的經費。[33] 楊寬解釋道，在山腰建造墓室是魏晉南朝時期流行的方法。[34] 葛承雍則認為利用山體建造墓室是受到突厥的影響，來自於突厥的於都斤山信仰，以及祖先從山洞裡出來的傳說。[35] 但是，突厥的信仰、傳說和墓葬完全無關，葛承雍的說法缺乏根據。正如

圖 245　中國陝西省，九嵕山（作者拍攝）

下一章所述，我認為與其說昭陵受到突厥的影響，倒不如說突厥的
希韋特·烏蘭（Shiveet-ulaan）遺址是模仿昭陵的結構。

　　山頂北玄武門內側，有南北長 86.5 公尺、東西寬 53.5 公尺的
長方形祭壇，祭壇由南到北低了五級（圖 246、247）。原本有六駿
（唐太宗生前騎乘的 6 匹馬的浮雕）和臣屬於唐朝，締結和平的國
家（突厥、薛延陀、高昌、吐蕃等）的 14 個「酋長」石像，也就
是蕃酋像，放在那裡。另外，在昭陵以南的後寨村，有兩隻石獅子，
原本是一對立在昭陵正西邊的下宮前。[36]

　　昭陵六駿中有 2 個被美國拿走，另外 4 個目前則是在西安碑林
博物館展出。*蕃酋像是在唐高宗永徽年間（六五〇～六五五年）

*　　譯者注：昭陵六駿中，颯露紫、拳毛騧被盜賣至美國，目前收藏在賓州大學
　　（University of Pennsylvania）博物館；什伐赤、白蹄烏、特勒驃、青騅四座浮雕則
　　收藏於陝西西安碑林博物館。

圖 246　中國陝西省，昭陵的祭壇（作者拍攝），上台階兩側的六駿浮雕是最近仿造

圖 247　中國陝西省，昭陵的祭壇（作者拍攝），從最頂部往下看

圖 248　中國陝西省，昭陵，石人台座（作者拍攝），刻寫薛延陀真珠毗伽可汗

建造的。[37]直到清朝前半葉為止都是站立在那裡，據說到了乾隆以後，許多石像遭到了破壞。[38]之後在一九六五年、一九八二年的兩次調查中，發現了很多石像的底座（圖 248），並且在近年的發掘中，發現了石像本身。正如在第壹部第二章「髮型」中所提，我在二〇〇三年十月到訪了祭壇發掘現場，看到了表現出辮髮等突厥風格的幾個石像。清朝時記載石像的高度為「九尺」（林侗《唐昭陵石迹考略》），也就是 3 公尺。我看了上半身和下半身碎片的印象，一般是等身大小，或稍大一些，但是如果包括底座的話，可能會接近 3 公尺。由於其中一些是面朝下放置的，所以無法確認全部，但是仰面或直立的 2 個石人像，雙手合攏於胸或腹前，手裡沒有拿劍。在今後不久，應該會將照片公布吧。

正如第壹部所討論的，突厥的石人中，有表現被祭祀的墓主、隨從、被殺敵人的巴爾巴爾（balbal）風格的石人。那麼，蕃酋像又是怎麼回事呢？現在就簡單地看一下這 14 人的長相吧。

首先，突厥的頡利可汗在唐朝初年經常入侵、掠奪，結果在西元六三〇年被唐太宗派遣的軍隊打敗被擄，之後被太宗赦免，並授予了將軍一職。不過，正如在第壹部第五章之「火葬墓說法的根據和弱點」中所述，頡利可汗於西元六三四年過世並被火化。也就是說，原本是敵人，但在死前已歸順唐朝，所以並不是作為敵人被殺的。同樣是可汗家族的阿史那什鉢苾和阿史那思摩，也一起歸順唐朝，早於太宗過世之時。阿史那社爾也歸順唐朝，侍奉太宗，隨軍對外遠征，但在太宗去世後還活著。薛延陀的真珠毗伽可汗（夷男），在突厥滅亡後，與唐朝有著比較好的關係，西元六四五年去世時，太宗為其舉哀。吐蕃的贊普（松贊干布）於西元六四一年從太宗那裡迎娶了文成公主為妻，與唐朝建立友好關係，太宗死後的第二年去世。此外，新羅王（女王）、吐谷渾的可汗、龜茲王、于闐王等，都是在太宗死後仍在世，與唐朝關係良好。

另外，在祭壇上，宋朝以後的歷代王朝也會舉行祭祀儀式，並建造設施，因此各種時代的遺存重疊在一起，發掘工作似乎要更為謹慎。

昭陵的陪葬墓中，茲按時間順序，列舉有石像的陪葬墓：

長樂公主是唐太宗的第五個女兒，西元六四三年去世，同年陪葬在昭陵。原來墓前有神道碑（殘留螭首和龜趺的碎片）和石人、石羊、石虎、華表各一對，現在還剩下 2 個石人（一個是完整的，另一個是碎片）、石羊、石虎各 2 個，華表尚存一座。[39]

平定突厥第一汗國有軍功的李靖於西元六四九年去世，同年陪葬在昭陵。墓的東南側有石人、石羊各一，墓的南邊有神道碑（雖然有螭首，但底座是單純的方形）。石人是雙手豎起長劍的武官像。[40]

唐太宗的第二十一女新城公主於西元六六三年去世，陪葬在昭陵。墓前有神道碑（殘留螭首和龜趺的碎片）和石人、石虎、石羊、華表各 2 個。石人是雙手豎起長劍的武官像。[41]

在玄武門之變中功績卓著的鄭仁泰於西元六六三年去世，次年陪葬於昭陵。墓的南邊有石羊、石虎各 3 隻。

唐太宗的韋貴妃於西元六六五年去世，次年陪葬於昭陵。墓前有石人、石羊、華表等，有神道碑（龜趺的碑座），[42]也有石羊、石虎、華表和神道碑。[43]

與李靖並稱為唐朝創業功臣的李勣於西元六六九年去世，陪葬於昭陵。墓前有一對石人和石羊、石虎各 3 個，還有神道碑（有螭首和龜趺）。[44]雖然陳安利和劉向陽等人在書中的正文中沒有記載，但從刊登的照片來看，3 隻羊都是呈四腿彎折的坐姿，因此推測其它陪葬墓的羊也都是採坐姿的吧。

唐代石像（三）——恭陵、乾陵及其陪葬墓

在敘述乾陵之前，先看一下高宗和武后的第一個兒子李弘的恭

圖 249　中國陝西省，南邊的神道上所見梁山（乾陵）（作者拍攝）

陵。李弘被立為皇太子，於西元六七五年去世，似乎是被武后毒死
的。高宗以天子的規格下葬李弘，命名為恭陵。恭陵的頂部是平坦
的方錐梯形，現存高度達到 22 公尺。陵園的四神門外側分別設有
一對石獅子，只有南邊的石獅子是站立，其餘的兩對是蹲踞的姿勢。
在向南延伸的神道區，南起有華表和翼馬各一對、石人三對並排；
東列的石人南起第一和第二之間立著石碑，上面不是螭首，碑座也
不是龜趺，而是方座。[45]

　　乾陵位於乾縣以北 6 公里處、海拔 1047.5 公尺的梁山（圖
249）。在西元六八三年，也就是高宗去世後第二年埋葬時已大體
完成，但是直到西元七〇五年則天武后死後第二年下葬時，才最終
完工。圍繞乾陵的山頂，有大致呈正方形（邊長約 1500 公尺）的
城牆（圖 250），各邊的門外，放置著一對石獅子（圖 251）。獅
子的前腳站著，後腿彎曲坐著。

　　北面外有三對儀仗馬（現存 2 個），另外殘留 1 個石座，因此

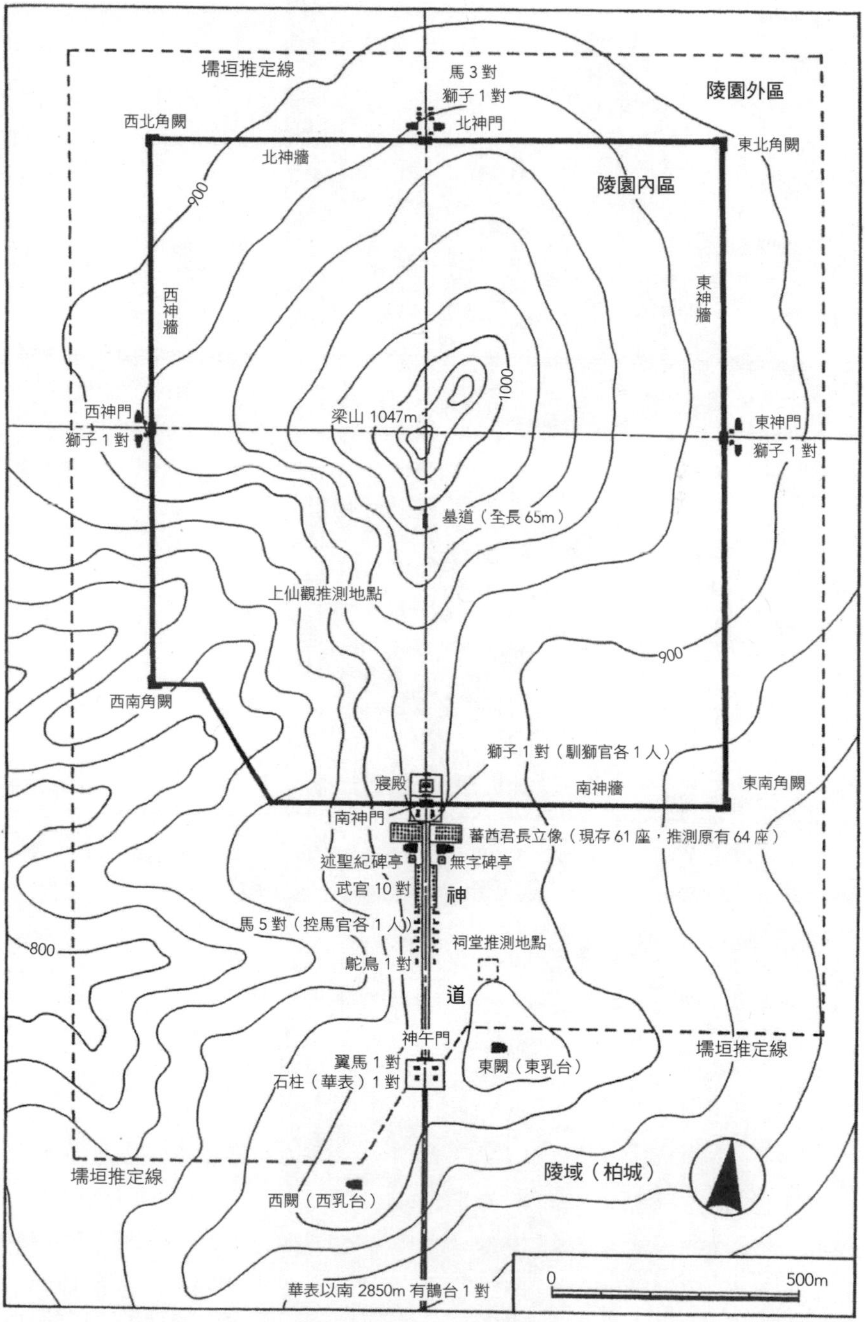
壖垣推定線
馬 3 對
獅子 1 對
陵園外區
西北角闕
北神門
東北角闕
北神牆
陵園內區
900
西神牆
東神牆
1000
西神門
獅子 1 對
梁山 1047m
東神門
獅子 1 對
墓道（全長 65m）
上仙觀推測地點
900
西南角闕
獅子 1 對（馴獅官各 1 人）
寢殿
南神牆
東南角闕
南神門
蕃酋君長立像（現存 61 座，推測原有 64 座）
述聖紀碑亭
無字碑亭
武官 10 對
神
馬 5 對（控馬官各 1 人）
祠堂推測地點
800
鴕鳥 1 對
道
神午門
壖垣推定線
翼馬 1 對
石柱（華表）1 對
東闕（東乳台）
壖垣推定線
陵域（柏城）
西闕（西乳台）
0
500m
華表以南 2850m 有鵲台 1 對

圖 250　中國陝西省，乾陵陵園平面圖〔來村 2001〕

圖 251　中國陝西省，
乾陵，南神門的石獅子
（作者拍攝）

圖 252　中國陝西省，
乾陵，蕃臣像 1（作者拍
攝）

圖 253　中國陝西省，
乾陵，蕃臣像 2（作者拍
攝）

圖 254　中國陝西省，乾陵，翁仲（作者拍攝）

圖 255　中國陝西省，乾陵，儀杖馬和控馬官（作者拍攝）

也有人認為這是控馬官像的底座，還有三對控馬官像。[46] 如果馬是儀仗馬的話，那麼自然會伴有控馬官。

　　南邊的朱雀門延伸出來的神道兩側，有各式各樣相對而立的石像。首先是 60 個蕃臣像（或稱為王賓像、蕃酋君長像）分在神道的左右排成一排（圖 252、253）。關於其數量，宋代以後通說是有 61 個，但是最近 64 個的說法正變得有力。[47] 原先似乎是放在東、西兩棟建築物裡。它們幾乎都沒有頭部，高度在 1.50 ～ 1.77 公尺，和昭陵的蕃酋像一樣，它們雙手合攏置於胸前，沒有持劍。腰帶上還附有在突厥石人身上常見的裝飾金屬配件（圖 64）。另外，腰帶上還懸掛著袋子，這也是突厥等遊牧民族的習俗。

至今可以確認 36 個石人的背上刻有名字，其中也有唐高宗在世時死去的，但多數是唐高宗死後，則天武后和唐中宗掌權時，與唐朝有關係的外國國王、王子、歸順者。因此，蕃臣像被認為是建立在則天武后、中宗的時代。[48] 在外國國王和歸順者這一點上，與昭陵的蕃酋像是一樣的。

在其南邊有兩對門闕和巨大的石碑，還有十對翁仲（武官石人）（圖 254）、五對裝著馬具的儀仗馬和控馬官像（圖 255）、一對駝鳥（也稱為朱雀）浮雕。武官石人雙手持劍豎起，高 3.1 ～ 4.64 公尺，[49] 或是 3.75 ～ 4.16 公尺，[50] 都相當的大。牽引馬匹的石人，都的缺少頭部，最大的高度為 1.3 公尺或 1.54 公尺，若是加上頭部，則是等身大小。神道的最南部分別置有一對翼馬和華表。

在高宗、武后時期，又修建一座陵墓。武后的母親楊氏（西元六七○年去世）的墳墓，在武后登基皇帝時（西元六九○年）改稱為「順陵」，陵園大幅度的擴大，設置了很多石刻。陵墓的東、西、北三面各置一對石獅子（蹲踞），北邊還有一對鞍馬。從陵墓向南排列著持劍武官石人 13 個、石羊 3 個（羊是坐姿）、蹲踞和站立的石獅子各一對、獨角獸（天祿）一對。[51]

最後，讓我們來看看乾陵代表性的陪葬墓。章懷太子於西元六八四年去世，西元七○六年陪葬乾陵，沒有石人，墓的南邊只放著一對石羊。懿德太子於西元七○一年去世，同樣是在西元七○六年陪葬乾陵，從墳墓向南延伸的神道區，有一對石獅子（蹲踞）、二對雙手持劍豎起的武官石人（其中一對只剩下底部）、一對華表（已倒在地下被掩埋）。[52] 永泰公主也是在西元七○一年去世，西元七○六年陪葬乾陵，從墳墓向南延伸的神道上，有一對石獅子（蹲踞）、一對雙手持劍豎起的武官石人，一對華表。[53] 並且，懿德太子墓和永泰公主墓在改葬時，都被升格為「陵」。[54]

唐代石像（四）──定陵以降

據說乾陵石刻的布局和構成，成為後來唐朝帝陵的定制。[55] 的確，西元七一〇年唐中宗葬於定陵，六年之後唐睿宗葬於橋陵，基本上都是沿襲乾陵的規制。但是，若是要特別在意我所關注的細節（石人的隨身物品）的話，定陵和橋陵也加入了此前陵墓中所看不到的新元素。

那就是翁仲所戴的冠冕上，猛禽以頭朝下的這種方式表現出來（圖 256）。劉向陽說，定陵的石人冠頂上有「一鶡鳥飾」，冠的兩側有「鳥翅形紋飾」；陳安利也說「均戴鶡冠」。[56] 之後，唐朝帝陵的翁仲幾乎全部都戴上了鶡冠了。

另一個新元素是玄宗的泰陵之後，雙手所拿的不再是佩劍，而

圖 256　中國陝西省，泰陵，武官石人的頭部〔程、李 1988〕

圖 257　中國陝西省，泰陵（右）和建陵（左）持笏的文官石人〔程、李 1988〕

是拿著笏的文官翁仲加入其中（圖257）。也就是說，神道的東側是文官，西側是武官。[57]遺憾的是，泰陵的石人製作的時間還不清楚。泰陵是西元七二九年玄宗選定地點後開始建造，最終玄宗葬於西元七六三年。但是，考量到同樣是在西元七六三年葬於建陵的肅宗，其文官石人與泰陵的石人極為相似，推測泰陵的石人製作時間也是在西元七六三年或是在此之前。

唐代石像（五）——從唐初到玄宗時期的總結

概觀玄宗朝的唐代帝陵和石刻，可能與突厥的石人，甚至是突厥的整個墓葬制度有關。讓我們在此總結一下吧。請看附表「唐代陵墓的石刻」（書末附錄三）。歸順唐朝之外國王侯的蕃酋和蕃臣像，只在太宗的昭陵和高宗、武后合葬的乾陵中發現。鞍馬像（及手握繮繩的人）也只見於皇帝的陵墓和高祖李淵的祖父、父親和武后母親的順陵。翼馬也見於乾陵和準帝陵的恭陵。獨角獸和犀（也是只有獨角）只見於高祖及其祖父、父親的陵墓和順陵。獅子置於帝陵和恭陵、順陵，以及與帝陵同等級的懿德太子墓和永泰公主墓。因此，蕃酋和蕃臣、鞍馬、獨角獸、獅子等石像，只放置在帝陵和與之相當的陵墓中。此外，值得注意的是，採蹲踞姿勢的石獅子最早出現在興寧陵。

另一方面，雙手持劍的翁仲，除了昭陵以外，都存在於所有的帝陵、太子和公主的陵墓、以及臣下的墳墓，但是在數量上有著差異。乾陵和順陵最多，分別有20個和13個；其次是興寧陵、獻陵、恭陵，有6個；死後升格為陵的懿德太子墓和永泰公主墓是4個；臣下的墳墓則是2～1個。另外，從中宗的定陵開始，加入了戴鶡冠的武官石人；玄宗泰陵開始，加入了雙手持笏的文官石人。

與之相對的是，帝陵、準帝陵中沒有石羊，而在太子、公主以下的墓中卻有石羊，順陵儘管在其他石刻的種類和數量上都超過了其它帝陵，卻只有 3 個石羊。石虎也表現出與石羊相同的傾向，高祖的獻陵是個例外。但是，數量並不一定如實的反映等級。雖然獻陵的石虎有 8 個確實很多，但是公主和太子有 2 個，而作為臣子的李靖和李勣墓卻有 3 個。龜趺碑與石羊、石虎一樣，帝陵中沒有，太子和公主以下則有。

如上所述，很多研究者已指出，由於等級不同，石刻也有差異。不過，大多數所引用的是《唐會要》卷三十八〈葬〉和《唐令拾遺》的喪葬令。[29] 兩者的規定可以說幾乎相同。《永樂大典》的規定也參照《唐令拾遺》的喪葬令。茲引用平勢隆郎翻譯成口語的文章如下：

> 樹立的所有碑碣（石碑）（中略），五品以上可立螭首和龜趺的石碑（中略）（置於墓前的）石人和石獸，三品以上可以有六個；五品以上可以有四個。[58]

關於數量，楊寬認為 6 個指的是「石人、石虎、石羊各二」；4 個指的是「石人、石羊各二」。[59] 然而，從附表中可以看到，雖然長樂公主墓和新城公主墓有石人、石虎、石羊各 2 個，共計 6 個，符合規定；但鄭仁泰墓同樣有石羊 3 個和石虎 3 個，合計 6 個；李勣墓則有 8 個，分別是石人 2 個、石羊 3 個、石虎 3 個。

像這樣，唐代到高宗和武后時期為止，帝陵與其他的墳墓，在放置石刻的種類方面，也存在著一定程度的差異，但在數量上似乎已沒有被嚴格遵守了。

讓我們再一次總結整體趨勢，條列如下：

---

(29) 應當指出的是，在唐朝以前的隋朝開皇喪葬令中，有關於碑碣的規定，但沒有任何關於石人和石獸的記載（仁井田陞，《唐令拾遺》〔東京：東京大學出版會，1964年〕，頁834〔初版於1933年〕）。

帝陵方面：

　①昭陵以下，一般是採取以山為陵。

　②在山陵的北邊或南邊，設置台階排列石刻。

　③蕃酋雙手合攏置於胸或腹前，手上沒有拿武器。

　④蕃酋是歸順唐朝的外國王侯，在建造時幾乎都還在世。

　⑤動物通常是馬、獨角獸和獅子。

　⑥沒有羊、虎和龜趺碑。

　⑦翁仲（石人）雙手拿著豎起的長劍。泰陵之後，雙手執笏
　　的文官也加入其中。

　⑧定陵以後，武官石人戴著鶡冠。

太子、公主和功臣的陵墓方面：

　①沒有蕃酋、馬、獨角獸和獅子。

　②動物通常是羊和虎。有龜趺碑。

第十三章

中國、突厥和粟特的三角關係

昭陵和乾陵蕃酋像、石人是受到突厥石人的影響嗎？

　　正如上一章開頭所說的，雪爾否定突厥石人和昭陵石人之間的關係；[1] 另一方面，岑仲勉和葛承雍認為昭陵和乾陵的石人是受到來自突厥的影響。[2] 雖然已經指出雪爾判斷的根據是基於誤譯的，但本章就後者的說法進行探討。

　　岑仲勉和葛承雍說法的根據，是建立在突厥的石人創建於突厥第一汗國時代，也就是從西元六世紀中葉開始就存在的傳統。但是，正如第壹部第六、七章所指出的，在西元六世紀後半葉的突厥西部領域，例如新疆伊犁地區，可能開始製造石人，但是在接近中國本土蒙古高原的東方地區，突厥第一汗國時代並沒有建造石人的證據。因此，不能簡單的說，昭陵和乾陵的石人是受到突厥的影響而產生的。

　　相比之下，正如前章所指出的，北魏末期的靜陵有一個雙手持劍的石人，所以同樣風格的乾陵武官石人，就如同來村多加士所說，有理由認為是「繼承北朝的傳統」，[3] 其作用是「儀仗兵」，[4] 或者更具體的說，是皇陵中列隊的將軍。[5]

　　然而，昭陵和乾陵的蕃酋、蕃臣像和突厥的巴爾巴爾（balbal）有關係嗎？突厥第一汗國的巴爾巴爾只不過是一個沒有表現出人類特徵的立石。此外，巴爾巴爾是表示殺敵的人數，這與在世時歸順，也就是已經不再是敵人的蕃酋，兩者的意義完全不同。因此，認為唐代的蕃酋像是受到突厥第一汗國時期巴爾巴爾立石的影響，很難成立。

　　但是，可能是屬於突厥第一和第二汗國期間的恩格圖遺址，以及屬於突厥第二汗國時期的和碩柴達木遺址，可以看到雙手合攏置於胸前巴爾巴爾風格的石人。這個雙手合攏置於胸前的特點與蕃酋像有相通之處，可能存在某種關係。和碩柴達木遺址群屬西元八世紀上半葉，所以比昭陵晚很多。[*]

　　問題是恩格圖遺址。若恩格圖如沃伊托夫所說是薛延陀夷男的陵墓的話，其營建年是在西元六四五年或之後，就是昭陵蕃酋像製作的年代，也就是唐高宗永徽年間（六五〇～六五五年）的不久前。如果是這樣的話，也不是不能考慮從薛延陀到唐朝的影響關係，但這是基於恩格圖祭祀的對象是夷男這個相當不確定的說法，所以不能積極的推薦。

　　此外，恩格圖的石人只是雙手重疊而已，而昭陵的蕃酋像則是雙手放入相對的袖子裡，顯示出所謂拱手的狀態。這個在中國自古以來就是表示敬意的姿勢，並不是從唐代才開始的。這還是將其解釋為突厥歸順、唐朝與新羅、吐蕃建立友好關係，以「彰顯太宗在政治上的成就」，[6]更為妥當吧。

---

[*]　譯者注：昭陵是從西元636年開始營建，西元649年唐太宗崩逝時完成。蕃酋像則是在此之後，從西元650年開始到655年製作完成。

中國喪葬制度帶給突厥的影響

接下來，考慮一下中國對突厥的影響。突厥第一汗國時期可汗的遺址布古特和特圖夫出土了龜趺和屋瓦，這些明顯是來自於中國的影響。但是，中國的龜趺是不會放在帝陵裡，而是放在皇帝親屬和臣子的墳墓。那麼，突厥的可汗是否是中國皇帝的臣下呢？布古特所祭祀的佗鉢可汗並不是臣屬於中國王朝，而是對分裂的北周和北齊採取高壓的態度。也就是說，突厥的可汗是在不知道龜趺的用意情況下製造的，或者說即使知道也無視它的意義，並非完全接受。

恩格圖遺址也出現蓮花紋的瓦當，這明顯是受到中國的影響。前面提過，恩格圖的石人是源起於昭陵石人的說法很難成立，那麼反過來說，難道不能認為唐朝的石人是恩格圖石人的起源嗎？恩格圖中出土了石羊（很可能是坐姿）和蹲踞的石獅子，這些也和瓦當一樣起源於中國。如果是這樣的話，認為石人也是來自於中國的影響，也就不足為奇了。

蹲踞的石獅子從北魏末年以來已為人所知曉，石羊是在西元六三一年營建的李壽墓。而蕃酋像是在昭陵。如果石人是受到唐朝的影響的話，恩格圖遺址建造的年代，將是在西元六五〇年以後，它是薛延陀夷男陵墓的說法就不能成立了。由於沒有其他的資料可以確定恩格圖的年代，現階段還不能斷定恩格圖的石人究竟是從巴爾巴爾獨自發展出來的，抑或是來自唐朝的影響。

希韋特‧烏蘭遺址據說是突厥第二汗國第一代可汗的陵墓，出土了雙手置於胸前、持劍和杖之類東西的石人，以及雙手插在袖裡的拱手石人。這些都是受中國從北朝延續下來武官石人和昭陵蕃酋像的影響。毫無疑問，石獅子和坐姿的石羊，肯定也是從唐朝的陵墓中接受而來的。東方入口的方形石碑所用的基石，中國稱其為「方趺」。

希韋特‧烏蘭還有一個值得注意的特徵，那就是陵墓的選址和構造。陵墓建在高丘上，用長方形的石圈將陵墓全部圍起來，最西側築起積石塚，向東設置臺階，在那裡排列著石人、石羊、石獅子、方趺。可以說這和昭陵或者乾陵的結構幾乎是相同的。不同的是，它不是南北方向，而是東西方向。東方有入口，這一點是突厥的傳統。希韋特‧烏蘭的建造者，無疑是突厥可汗的層級，他一定是熟知唐朝帝陵的人物（儘管將羊和獅子混在一起很是可愛）。應該是有著長期在唐朝統治下生活經驗的突厥第二汗國第一代頡跌利施可汗，這個可能性很高吧。

最後，和碩柴達木的闕特勤與毗伽可汗陵墓中，石羊、石獅子、瓦製屋頂的陵廟、臣子的石人，這些都是受到唐朝的影響。另一方面，被供奉的本人和其妻子的人像，是中國絕對沒有的要素。另外，長達 3 公里的巴爾巴爾石列，是突厥傳統的要素。

如上所述，突厥受到中國的影響很大，但是從突厥傳到中國的，似乎僅限於腰帶裝飾的金屬製品和懸掛在腰帶上的皮袋等與服飾有關的東西。

粟特對中國和突厥的影響

關於粟特美術對中國和突厥的影響，我已經在前面的章節涉及到了，但是我還想釐清一下它是從什麼時候開始的。

考慮這個問題方面的重要資料，是一九八一年寧夏回族自治區固原縣清水河東岸，發掘出北魏時代男女合葬墓中所出土的木棺漆畫。[7]

這幅漆畫中有東王父、西王母（？）和孝子等傳統主題圖案，但可以看到金銀花、源自於阿拉伯的蔓藤花紋的西方圖案，特別有意思的是酒宴圖（圖 258），坐在室內寢鋪上的男性（西方所謂的椅子）*，左手拿著「拂塵」（展覽會圖錄解說為「拂塵」，但看起

---

* 譯者注：胡床。

圖258　中國寧夏自治區，
固原縣，清水河東岸，漆
畫〔《大黃河‧鄂爾多斯
秘寶展》〕，同上，細部

來像是花），右手張開大拇指和食指拿著圓底的碗。另外，在左側
站在家外面的女性，用大拇指和食指夾著一個容器的底部（圖258
—下），這種握法正是與本書第壹部第二章之「容器及其拿法」中
討論的 IIb 握法相同。

　　在該墓中還發現波斯薩珊王朝卑路斯一世（Peroz I，459 ～ 484
在位）的貨幣，這座墓的年代推估是在北魏孝文帝太和年間（477

～499）。因此，這座墳墓是否表明，在西元五世紀末，粟特人已來到了距離中原不遠的固原地區了呢？

從文獻史料中也可以證實，在這一個時期，粟特人以經商目的來到寧夏的西邊、河西地區。例如：西元四三九年北魏滅北涼時，到姑臧（甘肅省武威縣）通商的許多粟特人成了俘虜。夏德（Friedrich Hirth）將這個粟特國認定是在黑海北岸的 Soghduk，但是白鳥庫吉很早就指出，這個粟特國就是中亞的索格底亞那（Sogdian）。[8]

另外，根據《北史》卷九二〈和士開傳〉所附的安吐根傳，安吐根是從安息來的胡人，曾祖父來到北魏酒泉定居，精通北方蠕蠕（柔然）的形勢，充當北魏使節經常前往蠕蠕：

> 安吐根，安息胡人，曾祖入魏，家於酒泉。吐根魏末充使蠕蠕，因留塞北。天平（五三四～五三七年）初，蠕蠕主使至晉陽，吐根密啟本蕃情狀，神武得為之備。蠕蠕果遣兵入掠，無獲而反。武神以其忠欵，厚加賞賚。其後與蠕蠕和親，結成婚媾，皆吐根為行人也。……齊亡年（五七七年）、卒。[9]

「安息」原本是指阿爾薩息王朝帕提亞帝國（Parthian，西元前二四七～西元二二四年），南北朝後期則與安國（布哈拉）混同。因此，「安息胡人」並不是指當時已經滅亡的帕提亞帝國的遺民，而是應該理解為來自布哈拉的粟特人。[10]

安吐根活躍於西元五三〇年代，西元五七七年去世，他的出生是在西元五〇〇年左右，如果是這樣的話，他的曾祖父來到北魏是在西元四五〇年以前，大約是在北魏滅北涼的時候（西元四三九年），或者是北魏派遣董琬等人出使西域（四三五～四三六年）促其向北魏朝貢之後的時候吧。無論如何，可以看出，在西元五世紀末期，粟特人已進入河西走廊及北魏宮廷。

突厥首次登上歷史舞台，正是柔然持續與東魏交涉的時候。但對手不是東魏而是西魏。西魏大統十一年（五四五年），突厥第一代可汗土門期盼著絹馬交易出現在長城線上。西魏實際掌權者宇文泰（建立北周後，被追諡為太祖）派遣到突厥是一個名為安諾槃陁的酒泉胡人：

土門，部落稍盛，始至塞上市繒絮，願通中國。大統十一年，太祖遣酒泉胡安諾槃陁使焉。其國皆相慶曰：「今大國使至，我國將興也。」十二年，土門遂遣使獻方物。[11]

從使者的姓氏來看，無疑是安國（布哈拉）出身的粟特人。換言之，突厥最初接觸到的粟特人，是來自甘肅方面進入中國宮廷的粟特人。

如上所述，粟特人早在西元五世紀就進入中國的北朝政權之中，六世紀上半葉與柔然、六世紀下半葉與突厥，都進行了交流。雖然很多先進已指出，粟特人與突厥在政治、經濟、宗教、語言等領域有著很深的關係，[12]因此應該考量在葬制、美術領域方面的風俗，突厥也受到粟特人影響的可能性。

第參部

突厥時代以後的石人

伊夫・霍馬特遺址，位於蒙古國托夫省。此遺址建立於 731 年，豎立著第二突厥時代的貴族闕利啜的紀念石碑，以及多具的石人、石獸。

石人，高 84 公分，位於蒙古國西部的科布多省、標高近 3000 公尺的高原。豎立於石圍圈的東側。前方有著 12 個並列的巴爾巴爾石，其中第二座巴爾巴爾石具備人類的外型。

第十四章

波洛韋茨的石人

文獻史料中所見波洛韋茨石人

正如第壹部第八章中所指出的，蒙古高原在西元八世紀下半葉以後，就沒有豎立石人的風俗了。但在西方，阿爾泰和圖瓦以西仍一直有製作雙手置於腹前、手持容器類型的石人。並且越往西，這個風俗實施的時間就越晚。

從北高加索到黑海北岸、西岸地區（這裡又稱為南俄羅斯）的石人特別多，據說在西元十七世紀數千個石人立在遠處也能看到的古墓、山丘、分水嶺、河流匯合處、道路交叉口等處。多半是一對男女石人站在一起，也有 5～7 個石人的。男女比例幾乎相同，當地的俄羅斯人把這些稱為「卡門娜亞・巴巴（石農婦）」。之後隨著俄羅斯向東方發展，草原地帶東部的石人也用這個名字來稱呼。但是這個術語是不正確的，因為東部的女性石人像極少，西部最多也只有一半，所以最近的學術論文已不再使用了。

自從一九一五年巴基羅夫斯基（N.I. Veselovskij）揭露南俄羅斯的石人是由波洛韋茨（奇普查克，或是庫曼、庫姆恩）留下來的，此說就成了定論。[1] 其根據是西元十二世紀後半葉伊朗（亞塞拜然）占賈（Ganja）出身的詩人尼札米（Nizami）的詩，以及西元一二五三年通過南俄羅斯，前往喀喇昆侖山（Karakoram Range）的方濟各會（Order of Friars Minor）修道士魯布魯克（Guillaume de Rubruquis，英文讀作魯布魯克的威廉〔William of Rubruck〕）的旅行記。*

尼札米的詩中寫道：「經過這裡的奇普查克族，無論是誰，都會在這個獨特的偶像面前彎腰蹲著。那些行走的人會繞道而行，然後騎馬，像對待神一樣，向它敬拜。當馬靠近雕像時，騎乘者從箭筒裡取出了箭，以表敬意；把畜牧群帶到那裡的牧民，將羊放在它的面前。」。[2]

另一方面，在魯布魯克的旅行記中有這樣的記載：「庫曼人除了在埋葬的死者上面製作一個大饅頭外，**為了紀念死者，還會製作用一隻手在肚臍處拿著碗面向東方的雕像。」，[3]描述石人的位置和姿勢。從這兩個記述中可以看出，波洛韋茨石人是被豎立和崇拜的。

那麼，西元十七世紀以後，草原地帶的西部隨著農業化的發展，使得妨礙農業的石人遭到了破壞，或是運氣好的話，也注定要成為公園擺設或是博物館陳列品的命運。據說現在石人的數量已不到1500個，[4]並且已經看不到石人站在原始位置的狀況了。因此，南俄羅斯的石人只作為從遺址中分離出來的遺物進行研究。但也有報

---

* 　譯者注：魯布魯克（Guillaume de Rubruquis），法國方濟各會教士。1248年仲夏，魯布魯克與率領十字軍東征的法王路易九世同行，期間，路易九世風聞蒙古帝國成吉思汗的一位後裔撒里答（Sartaq），剛剛歸化基督教，故而派遣魯布魯克前往蒙古傳教。1253年，魯布魯克從君士坦丁堡啟程前往蒙古，經欽察汗國拜會了拔都，並跟隨其一道前往哈剌和林，並於1254年觀見蒙哥汗。魯布魯克在蒙古滯留了八個多月，歸國後，將其沿途各族風土人情、山川地理詳細地寫成《魯布魯克東行紀》（*Itinerarium fratris Willelmi de Rubruquis de ordine fratrum Minorum, Galli, anno grat. 1253 ad partes orientales*）。

** 　譯者注：這裡指的是墳丘。

告指出，在挖掘庫爾干期間逐漸發現了石人。考慮到有這樣的例子，普雷托諾娃（Pletneva）綜合研究了波洛韋茨的石人。[5]

在上述的兩種史料中，尼札米將石人作為崇拜的對象，而魯布魯克則視為是死者的形像。關於這個差異，普雷托諾娃解釋道：魯布魯克看見了許多被庫曼人埋葬的庫爾干，而且看到石人站在庫爾干上的情況，所以他把這兩個事實總結在一起，魯布魯克並沒有直接目擊庫曼人的葬禮。[6]實際上，在青銅器時代和斯基泰時代的庫爾干，也曾有波洛韋茨石人站在那裡的例子（著名的斯基泰切爾托里克・庫爾干〔Certomlik Kurgan〕上面，立著波洛韋茨的石人）。

在魯布魯克的記錄中，還有一個必須要解決的問題，那就是碗的拿法。魯布魯克記為「單手拿」，而波洛韋茨的石人都是雙手拿著容器。這個部分的拉丁語（Latin）的原文是「in manu」，[7]確實手是單數的，但這並不是強調「單手」，只是強調「手上」有的意思。

波洛韋茨石人的分類

普雷托諾娃按時間順序，將石人分成幾種類型。早期受到西元十～十一世紀哈薩克斯坦（圖147～155）石人的影響，在四方形的石柱上刻著臉和手臂、容器的簡單石人（圖259），之後表現出衣服和配飾、頭盔（男性）和高頂帽（女性）等（圖260、261），臉和身體都成為寫實的雕像，坐在沒有靠背凳子的座像也登場了。然而，到了晚期，腳部不再表現出來，回到石柱狀單純的石人（圖262）。特別是晚期女性形像的去個性化，可能是受到伊斯蘭教視女性形象為「淫蕩之物」的影響。[8]

普雷托諾娃的分類型式和編年，雖然最近稍有修改，但基本上還是沿襲下來。[9]但是，乍看之下，早期的石像和晚期的石像幾乎沒有差別，並且區分兩者的標準也不太清楚。另外，雖然簡單和複

圖 259　南俄羅斯，女性石人，高
90 公分（作者拍攝），克拉斯諾格
博物館藏。垂下的乳房和雙手拿容
器的浮雕

圖 260　南俄羅斯，女性石人（作者拍攝），
艾米塔吉博物館藏。帽子欠損，二帽子缺
損，從兩個項鍊到胸前垂著正方形的大垂
飾。腹前的雙手拿著容器

圖 261　南俄羅斯，男性座像石人，
高 180 公分〔Pletneva1974〕，俄羅
斯國立歷史博物館藏。戴著頭盔，向
後垂下三條辮髮至中間　成一根。從
帶子上懸掛繩子固定小腿

圖 262　南俄羅斯，石柱狀男性石人，
高 97 公分〔Pletneva1974〕，薩拉托
夫博物館藏。戴著頭盔，留有鬍子，
但是胸部可以看到女性的乳房

圖263 南俄羅斯，男性石人
〔Pletneva1974〕，克拉斯諾格
博物館藏

圖264 南俄羅斯，克拉斯諾格出土，女
性石人，高185公分〔Pletneva1974〕，
艾米塔吉博物館藏

圖265 南俄羅斯、烏克蘭東部，切爾努希諾（Chernukhino）出土，
女性座像石人，高130公分〔Pletneva1974〕

雜作品之間的差異可以歸因於時間上的差異，但也可以將其視為委託製作石人的人物身分、富有的程度差異來看待。

接下來我們來詳細看看典型的石人表現。男性石人頭上戴著頭盔，頭髮編成三股長辮垂在背上。鼻子下面留著鬍子，肩上繫著皮帶，對角交叉在背部，胸前戴著圓形裝飾板（恐怕是辻金具[*]），皮帶在其內側交叉（圖263），垂下來的兩條皮帶下面應該掛著胸甲，但不知為何却沒有一個表現出胸甲的石人。手臂上可以看到臂章。兩手在腹前拿著容器。腰帶上掛著劍、弓、箭筒、鞭子、小刀、小袋子、火鐮、梳子等。部分衣服的下擺，一直延伸到膝蓋下方，而大部分的大腿則保持原樣。腰帶上懸掛著長筒靴或護腿板。

女性石人頭上戴著高頂裝飾帽子，戴著項鏈和項圈，耳朵上戴著耳環（圖264）。胸前雖然表現出下垂的乳房，但是衣領和肩膀上都可以看到衣服的裝飾，因此普雷托諾娃想像她不是裸著上身，

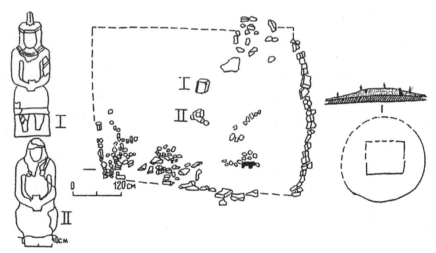

圖266　南俄羅斯，頓涅茨克市「德克斯德里希奇克（Tekstil'shchik）」地區。庫爾干上方的石圍圈和男女石人〔Pletneva1981:219〕

---

*　譯者注：「辻金具」為日文，指一種馬具，在馬匹底部連接的交叉點處安裝金屬配件，大多數由鐵、金和青銅製成。

而是其穿著衣飾讓胸部露在外面。[10]此外，雖然只有一個案例，但也有表現女性的性器官，胸部下橫躺著嬰兒的石像（圖265）。女性的手臂上也能看到臂章，雙手在腹前拿著容器，腰帶上掛著刀、火鐮、小袋子、梳子、鏡子等，偶爾也能看到劍和箭筒。下半身可以看到長及膝蓋的披風，但在某些情況中，大腿被表現為裸露的。用吊環懸掛長靴的情況也很多。

圖267　北高加索，斯塔夫羅波爾、貝什帕吉爾村古墓石人出土情形〔江上、加藤1991〕

　　男性石像的立像和座像幾乎各占一半，而女性石像以立像較多。除此之外，也有一些兼具兩性特徵的石像，雖然衣服、髮型、穿著上是男性，但卻有著女性的胸部（圖262）。

　　自一九七〇年代以來，已有幾起在原始位置發掘調查石人的案例報導出來，其中的一個案例是在極低的庫爾干上，用石板製成的方形石製圍欄，中間站著男女石人（圖266），在它們的腳下發現了很多馬、牛、羊、狗的骨頭，普雷托諾娃認為，這些是殉葬動物的骨頭。[11]

　　也有一些案例是被發現埋在土堆中，而不是在庫爾干上。在北高加索地區和斯達夫波爾（Stavropol）附近的土丘中，發現了一個男性石人，他的腳邊彎曲躺著兩具人骨（圖267），這應該是殉人。有時從墳丘中出土的，不是石人而是木製雕像，木雕大部分保存的不好，但還有一個是雙手捧著容器置於腹前的座像（圖268）。

　　普雷托諾娃將大乳房視為生命和力量的象徵，因此她認為女性石人是家族和氏族的保護者；而對於男性石人，特別是立像中多表

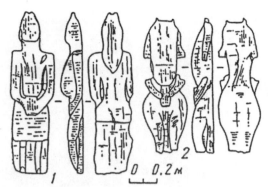

圖 268 南俄羅斯，木人
〔Pletneva1974〕

現出武器者，她認為是通過武力積蓄財富的戰士形像。座像因為沒有表現出武器，因此可以將其視為通過諸如畜牧業和貿易之類的和平手段發家致富的象徵。[12] 對於這種解釋，今後還需要進一步的研究。

波洛韋茨在西元十三世紀初被蒙古軍隊擊敗，進入了蒙古的統治之下。此後不久，立石人的風俗也被廢除了。普雷托諾娃認為，是因為豎立石人、富有的波洛韋茨貴族階層被毀滅的緣故。[13]

第十五章

蒙古東南部的石人

集中在蒙古東南部的座像石人

在古突厥的石人廢止後的數百年間，蒙古高原再也沒有石人被豎立起來。西元十三世紀，立石人的風俗再次復活。雖然是在蒙古高原，然而分布地區卻完全不同。古突厥的石人分布地區，主要是從蒙古高原西北部到中部；蒙古時代的石人則是集中在東南部的蘇赫巴托爾省（Sükhbaatar Province）。最近在與蘇赫巴托爾省和鄰近的省分，以及越過國境南側的中國內蒙古自治區東部，也發現了蒙古時代的石人。

最開始關注這些石人的，是一九二七年調查蒙古東南部達里甘加（Dariganga）地區的俄羅斯人卡札凱維奇（Kazakevich）。他在非常小的積石塚東南部，發現了 17 個面朝東南方向的座像石人，認為是西元七～八世紀鄂爾渾突厥所創造出來的。[1]

此後在很長一段時間內，都沒有懷疑這個說法，但是在一九八〇年代，蒙古的巴亞爾（Bayar）等人將石人表現的帽子、髮型和配飾，與元朝的繪畫資料進行了比較，結果表明應屬於西元十三～十四世紀的蒙古時代。[2] 據巴亞爾說，目前在蒙古國境內已知有 66 個，最近在中國境內也陸續發現。具體來看看幾個石像吧。

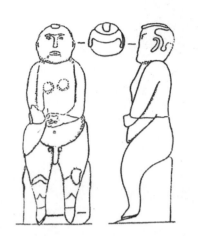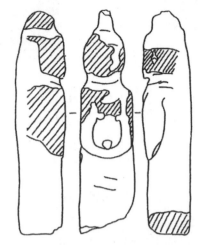

圖 269　蒙古國東南部，蘇赫巴托爾省，　圖 270　蒙古國南部，前杭愛省，霍肖
納蘭‧索姆部（郡）、富特‧奧哈等地，　恩、丹吉，高 173 公分〔Bayar1995〕
高 140 公分〔Bayar1995〕

　　圖 269 中的石人是在蘇赫巴托爾省南部的納蘭‧索姆部（郡）、
富特‧奧哈（Hünt Uhaa）等地，直徑 2 公尺的小積石塚東南東方
發現，整體高度有 140 公分。頭髮是從中央和側面留到後腦，像雪
橇一樣的髮型，沒有鬍子。胸部呈圓形隆起狀，大概是乳房或衣服
的裝飾吧。雙手合攏置於腹前，雖然在圖片和照片上看不太清楚，
但是據卡札凱維奇的說法，它有一只淺碗。[3] 下半身可以看到陰莖
和睪丸，腳上穿著長筒靴，長筒靴的主體，前部呈一定角度升高，
坐在沒有靠背的椅子上。

　　獨特的髮型有點類似波洛韋茨的頭盔。雙手在腹前拿著容器，
坐著的風格也和波洛韋茨石人相似，雖然長靴沒有綁帶，但是形狀
是一樣的。在波洛韋茨，未見表現男性生殖器的石人，但有一些兼
具兩性的案例。蒙古已發現了近 10 個表現男性生殖器的石人。

　　一九八七年在前杭愛省夏洛林郡的霍肖恩‧丹奇（Hoshoon
Denj），發現的石人已遭到嚴重的破壞，但是頭上戴著女性特有的
高頂帽子，雙手在腹前拿著容器（圖 270），這也非常接近波洛韋

圖 271　蒙古國中部，中戈壁省、薩利格・海爾汗（Sarig hairhan），高 143 公分，曼達勒戈壁博物館藏。右邊照片同左邊，石人的左側面和背面（作者拍攝）

圖 272　蒙古國東南部，蘇赫巴托省、翁貢・索姆、塔班・托爾戈伊（Tavan tolgoi），高 98 公分〔Bayar1995〕

茨的女性石人。

　　但是這個地區最典型的石人，是坐在帶有扶手的凳子，腳放在底座上，右手拿著容器，腰帶上掛著四角形袋子的類型（圖 271），該地區近半數的石人都是如此。這類型中有不少左手拿著念珠（圖 272），表示這是佛教在蒙古傳播之後的產物。蒙古引入

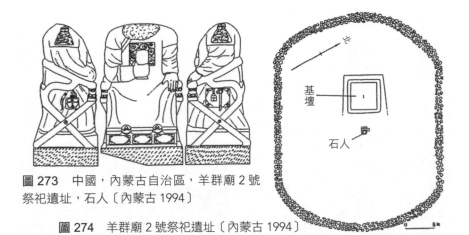

圖 273　中國，內蒙古自治區，羊群廟 2 號
祭祀遺址，石人〔內蒙古 1994〕

圖 274　羊群廟 2 號祭祀遺址〔內蒙古 1994〕

佛教（藏傳佛教），是在忽必烈創建元朝的一二六〇年，但是真正
普及到蒙古高原，是在西元十六世紀下半葉。因此，這些石人的年
代屬於十六世紀下半葉以後也並非不可能。不過，如後面所述，與
元代的繪畫資料進行比較，可先將它定在西元十三～十四世紀。

　　跨越蒙古國境，在中國的內蒙古自治區錫林郭勒盟也有很多同
樣的石人，比如在正藍旗羊群廟鄉發現 4 個（圖 273）。[4] 它們都是
在略帶圓形的石圍圈內，設置的正方形基壇（估計上面原有建築物）
的東側（圖 274）。從一座石圍欄中，發現了白色的彌勒佛瓷像和
壺、盤子等，但是由於沒有發現到任何埋葬遺存，報導者稱這是祭
祀遺址。然而因為在這附近發現了 4 座埋葬遺存，所以可能和這些
有關。坐在扶手椅上的石人，與元朝繪畫中所看到的貴人畫像很接
近，可以強烈感受到來自中國的影響。

奇普查克後裔建立的石人

　　巴亞爾認為這些石人是蒙古人遺留下來的，但我認為這與波洛
韋茨（奇普查克）有很深的關係。

據《元史》卷一二八〈土土哈傳〉的記載，太宗（成吉思汗）時投降的欽察（奇普查克）國主的孫子班都察，率領欽察百人服從世祖（忽必烈）遠征大理和南宋，以強勇著稱。班都察曾侍奉世祖左右，被任命飼養馬匹，定期進獻「挏馬乳」。[5]「挏」是搖動的意思。中國從漢代開始就有「挏馬酒」這個詞彙，眾所周知，可以搖晃馬奶製成馬奶酒。換言之，「挏馬乳」就是馬奶酒。班都察之子土土哈在西元一二七八年率領欽察驍騎千人，隨蒙古軍隊北征建立戰功，忽必烈使元帝國境內的欽察人都隸屬土土哈之下。就這樣，在元帝國境內，居住著相當多的奇普查克人。

這些奇普查克人大多居住在蒙古高原的東南部。元末文人許有壬，在其所著的詩集《至正集》卷十六的一首詩中，描寫了在元朝上都（內蒙古自治區察哈爾盟）西北 70 里，一位奇普查克出身的武將祭祀祖先石像的情景。許有壬的前言和原詩，刊登在藤枝晃於一九四七年發表的短篇隨筆上。[6]現在已很難搜尋到這篇隨筆了，故引用其原文如下：

許有壬《至正集》卷十六，詩題為：「陪右大夫太平王祭先太師石像，像琢白石，在灤都（即上都，今內蒙古多倫諾爾鎮）西北七十里，地曰旭泥白。負重台、架小室貯之。祭以酒漼注口徹，則以肥䐑周身塗之，從祖俗也。因裁鄙語用紀異觀。」詩云：石琢元臣貴至堅，元臣何在石依然。巨杯注口衣從濕，肥䐑塗身色愈鮮。[30]范蠡鑄金功豈並，[31]平原為繡世誰傳。台前斬馬踏歌起，未信英姿

---

(30) 藤枝認為，肥䐑（肥臠）原意是指取自羊臀部脂肪層的「肉塊」，但肉塊無法塗抹石人，因此可能是指一種奶油。今天的蒙古人也會在路旁的石人（尤其是臉部）塗抹油或奶油，以表敬意，因此石人的臉常常泛著閃亮的油光。

(31) 范蠡是春秋時代，一位帶有傳說色彩的人物。相傳他原是越王勾踐的忠臣，他再離開越國後，遊走各國經商，累積了巨大的財富。《國語》〈越語下〉記載，越王在范蠡離開後，命工匠以黃金打造了范蠡的塑像，並且每日朝拜以懷念其功績。

在九泉。

　　根據藤枝晃的考證，在前文中看到的上一代太師，就是土土哈的孫子燕帖木兒；右太夫太平王是曾孫坦基。

　　考慮到上述的考古資料和文獻史料，可以認為波洛韋茨將製作石人祭祀祖先崇拜的禮儀，帶入蒙古，然後慢慢地變成了中國風格。石人出生於突厥時代的蒙古高原，擴展到遙遠的南俄羅斯，經歷了數百年之後，又重新回到了蒙古高原。

第十六章

伊斯蘭時期以後的「石人」

沒有臉部的「石人」

在伊斯蘭滲透的地區，立石人的風俗漸漸廢除了。在禁止偶像崇拜的情形下，不允許將人作為石像來表現。但是，即便如此，還是有突厥系的人無法控制豎立石人的願望。

在哈薩克斯坦和中亞南部，以及在高加索山裡和安納托利亞東部等墓地，沒有人類的雕像，但是放置著頭部較大、等身大小的平板立石，表示人乘坐的鞍馬，放置著腹部刻著劍的羊石像。我們介紹一下伊斯蘭時期的「石人」和石獸。

隨著塞爾柱王朝（Seljuq Empire）的擴大，突厥人向西方、伊朗、高加索、安納托利亞等地進軍，這些地區也開始建造起獨特的墓石刻。安納托利亞東部的凡湖（Lake Van）北岸埃斯基（Eski Ahlat），有西元十二～十四世紀時期塞爾柱王朝建造的古墓群。在石棺的頭部，豎立起高超過 2 公尺的長方形平板狀墓碑（圖 275）。正面雕刻著細致的幾何圖形和圖案化的阿拉伯文字，頂部略微突出且正面較大，這似乎也可以看作是人的頭部。其中也有一些，是將身體旋轉一圈後扭轉的雙頭龍表現（圖 276），也有將其

圖 275　土耳其東部，比特利斯省（Bitlis），
埃斯基‧阿弗拉特，墓石（作者拍攝）

圖 276　埃斯基‧阿弗拉特，雙頭
龍的頭部浮雕墓石，高 234 公分
〔Karamagarali1972〕

圖 277　土耳其東北部，卡
爾斯省（Kars），石馬（作
者拍攝）

與中國的龜趺螭首進行比較的想法。[1]

　　在土耳其東北部，與亞美尼亞接壤的卡洛斯（Kars）地區，有
很多被認為是屬於塞爾柱王朝時代的石馬和石羊。石馬上有馬鞍等
馬具（圖 277），石羊上也雕刻著劍和斧頭等武器。很明顯表現出
騎馬戰士的特徵。

　　同樣的石馬和石羊，在亞美尼亞、納西契凡（Nakhchivan）、
亞塞拜然也能看到很多。這些石像的時間，定在西元十五～十九
世紀，大多數是在西元十六世紀。[2]十六世紀左右還製作了以浮雕

圖 278　亞塞拜然、明蓋恰烏爾（Mingechaur）地區，石棺浮雕〔Efendi1986〕

圖 279　哈薩克斯坦西部，曼吉斯套、塞姆‧阿塔（Sejsem Ata），出現騎士浮雕的卡爾皮塔（墓石）〔Tasmagambetov2002〕

圖 280　哈薩克斯坦西部，刻著各種武器的卡爾皮塔（墓石）〔Tasmagambetov2002〕

圖281　哈薩克斯坦西部，曼吉斯套，拜特，薩爾馬提亞時代的石像〔Tasmagambetov2002〕

圖282　哈薩克斯坦西部，伍斯圖爾特，外形相似薩爾馬提亞的石像卡爾皮塔〔Tasmagambetov2002〕

表現人物和動物的石棺。在刻有回曆九八四年（西元一五七六～一五七七年）銘文的石棺上，一個騎士的右手停著鳥（鷹？）。描繪了手持弓的騎士，正準備與龍戰鬥的場面（圖278）。也許還有可以再往前追溯一點的東西。

　　在裏海的東北岸、烏斯秋爾特高原和曼格斯套（Mankystau）的台地，集中了很多表現騎士、斧頭、短劍等武器的墓碑和卡爾皮塔（kulpytas）*（圖279、280），還有很多石羊。在烏斯秋爾特高原，如在第貳部第十章之「薩爾馬提亞的石像」中所述，有很多薩爾馬提亞的石像，其中一些石像的形式很相似（圖281、282），因此也可以認為是受到了它們的影響。但是一般認為這是在突厥的石人建立的傳統中，受到伊斯蘭教義的壓迫下形成的。[3]但是卡爾皮塔的年代相當新，從十八世紀到二十世紀初，最興盛的時期，是十八世紀末至十九世紀初。[4]

---

*　譯者注：卡爾皮塔（kulpytas），即墓石（tomb stone）。

現代的石人

　　正如「序言」中所述，直到現在，除遊牧民占優勢的蒙古高原等一部分地區外，石人若是運氣好的話，要麼被推入倉庫裡，或是被運到博物館展示；如果運氣不好的話，就會淪為被打碎、成為石材的命運。

　　一九九二年，當我到訪中國新疆維吾爾自治區西北部伊犁河上游流域時，看到令人衝擊的景象。原本是遊牧民的吉爾吉斯人，在政府的指導下開始定居化，建造土牆房屋，經營著村落，他們選擇村落的地點，就是在一個大型古墓群附近。他們從古墓的墳丘中，挖取建造牆壁的泥土，所以墳丘靠近村莊的一側，被挖走很大一塊，變得面目全非。西元十七世紀時的遊牧民，有著和前來挖掘古墓的俄羅斯盜掘團戰鬥的氣概，但他們的子孫現在卻成為了古墓遺跡的

圖283　中國新疆伊犁地區，石造家畜小屋（作者拍攝）。在照片右端站立的人前方，有一個橫倒的石人。

圖 284　中國新疆伊犁地區，嵌在家畜小屋牆壁上的石人（作者拍攝）

破壞者。

在附近的高原上，他們用石頭和水泥建造了豪華的牲畜小屋（圖283）。走近觀察那堵牆時，著實令人感到驚訝。沒有頭的石人竟被橫置，成為石材鑲嵌在牆上（圖284）。

不過，過去的牧民們也是經常進行這樣的再利用。在板石墓文化中，鹿石作為墳墓的外圍石被再利用；突厥把長的鹿石切割成兩半，變成了石人。例如，在烏魯木齊博物館展示的石人（圖285左），可以從它的背面看出原來是一塊鹿石（圖285右）。儘管現代實施了關於保護遺址和遺物的法律，但是這樣的改變卻仍然橫行不絕。

當然，現代的遊牧民中也有許多人很重視石人。雖然好好愛護石人是沒有問題的，但是至今許多石人仍被當作崇拜的對象，因此它們身上被塗抹油、用哈達（主要是藍色的絲綢）裹住、缺失的部分使用水泥加以修補，固定在水泥的底座上。這對於將石人作為考古資料，想要進行調查的我們來說，都是很令人困擾的行為。圖286的石人，是在二〇〇四年發掘調查的歸途中偶然發現。它被裹上了那麼多哈達，裝上水泥耳朵，被固定在基座上，以致面目全非。同行的蒙古考古學者艾爾德內巴特看不下去，就把哈達等拿了下來，並把寫有「這是文化遺產，請不要改變」的紙條放在石人的腳下。不過，這樣做真的有效果嗎？

此外，當地也出現了重新製作石人的行為。一九九三年我到訪蒙古西北部的烏蘭·戈姆市（Ulaan Gom）時，在郊外的古墓群中，發現了一個奇怪的石人。古墓群中摻雜著現代的墳墓，在那裡立著水泥製的棱柱，一面刻著人的臉（圖 287），這是一個令人會心一笑的例子，但有些是笑也無濟於事的情形。

吉爾吉斯斯坦東部的布拉納塔（Burana）遺址，據說是古代喀喇汗國（Kara-Khanid Khanate）和西遼的首府八剌沙袞（Balasanghun），它以西元十一世紀左右建立的塔樓聞名於世。在塔樓旁有一個被城牆包圍的廣闊空間，在中央有高高的土堆，似乎是建築物的遺跡，其餘部分現在是一片草地，其中一側是由 100 多個石人構成的展示場（圖 288）。

圖 285　中國新疆，石人（作者拍攝）。烏魯木齊博物館藏。中國新疆，同上石人內側（作者拍攝），烏魯木齊博物館藏，鹿鼻朝下。

圖286 蒙古國中西部，庫蘇古爾省、拉夏特·索姆（Rashaant sum），塔里亞特（Tariat）山口的北方、拍打著大量卷起的石人（作者拍攝）

圖287 蒙古國中西部，奧蘭·庫姆、虔德曼（Chandman）山南麓，現代的「石人」（作者拍攝）

圖288 吉爾吉斯斯坦東北部，在布拉納塔遺址上排列的石人群（作者拍攝）

對一無所知的遊客來說，會以為石人從一開始就站在這裡，像這樣群立著。如果是在野外的遺址中這樣排列的話，很有可能會產生意想不到的誤解。但是，這裡還有潛藏著更危險的陷阱。其中有一個製作草率的石人，看起來很新，似乎是最近被修改過（圖 289）。這個石人只有帽子、眼睛、鼻子和嘴巴的線條是原始的，但是臉部下面的衣領和雙手則是新雕上去的，右手的手指沒有握住容器的底座，表現得很奇怪。不過，這個改作的「石人」，在今後長年遭受風

圖 289　同圖 288 遺址上改作的「石人」（作者拍攝）

吹雨打，也會變得陳舊，成為真正的石人了。但是，現在到訪布拉納塔遺址的人，請不要被愚弄了！

結尾語

　　我已廣泛地看過歐亞各地的石人和石像，在此對其進行總結。在歐亞西部，特別是從南歐到東歐和南俄羅斯地區，自新石器時代末期或是銅石器時代，絕對年代為西元前三千年左右到基督教普及之前，斷斷續續地豎立石像的風俗一直是持續著。以男性像居多，但很難判定它們究竟是代表酋長或國王這個特定的人物，抑或是表示神格化的祖先。

　　石像的整體形狀多為平板石。早期頭部只是隆起，不與軀幹分離；但隨著時間的推移，頭部變得與軀幹分離開來。臉部的表現很簡單，眼睛和鼻子以小點或是雕刻成 U 字形，剩下的部分作為鼻子來表現。大多數的情況是雙臂從肩膀垂直放下，肘部彎曲，雙手置於腹前。腰帶上繫著很多東西。乳房呈現圓而凸起的是女性；男性則是帶有短劍和斧頭之類的武器。

　　這些特點也經常出現在隨後的各個地區。然而，僅由於它們相似，就直接把年代和地域上相距很遠的石像連繫起來是很危險的。這與為什麼古人豎起石像，但臉部的結構和個性無關緊要的問題有關係。總之，女性作為多產豐收的象徵，乳房是很重要的。同樣，男性作為力量的象徵，一定會攜帶武器。這種情形在古代社會中普遍出現並不奇怪。歐亞西部的石像並不代表特定的個人，而是可能出於對宗族和部落祖先的崇拜或對繁榮的渴望而創建的。

另一方面，在歐亞大陸的東部，石像的出現時間稍晚，大約是在西元前一千五百年前後，僅在葉尼塞河的中游出現了一個獨特的石像。早在西元前一千年出現的鹿石分布範圍很廣，似乎已經傳到了黑海沿岸。之後又中斷了一段時間。石人出現在突厥時代，這是首次表現特定的個人造型。

在蒙古高原，只有死者本人的一個石像被埋葬或供奉在小規模的遺址中，但是在可汗和次一階層的遺址中，除了本人之外，還放置了他的妻子，甚是臣下的石像。關於這個起源和發展，首先是立石的巴爾巴爾雖然粗糙，但卻變成了人像（恩格圖遺址，但有可能是受到中國的影響），其後在中國的影響下，把臣下作為石人像豎立起來（希韋特‧烏蘭遺址），最後供奉的是本人（及其妻子）的雕像（霍馬特遺址等）。

那麼，豎立死者人像的起源又是如何呢？中國沒有將死者立人像的風俗。關於這個起源，是自古以來從中央歐亞草原西部斷斷續續傳入的石像、再一次復活的緣故，抑或是來自於粟特人的影響？說到粟特人的影響，是來自中亞索格底亞那的本土，抑或是來自天山北麓的粟特人居住地，又或是居住在中國的粟特人？現階段考慮到突厥以前的草原地帶沒有石像，而石人帶有伊朗和粟特風格的容器；蒙古高原沒有突厥第一汗國時期的石人，西邊的天山有突厥第一汗國時期的石人，我想這是受到中亞粟特人的影響，固原的漆畫和西安的安伽墓壁畫，也有可能受到影響。無論如何，突厥人都是有意地或由於對不同解釋的誤解而接受了東西方文化，並將其融入自己的文化當中。

雖然豎立石人的風俗在突厥滅亡後的蒙古高原已經消失了，但在西方卻稍稍改變了形式繼續存在。腹前用雙手拿著容器的石人在西方登場，男女一對或複數的情形也不同，與其說是表現特定的個人，不如說是站在了氏族的祭祀場所。他們似乎在西移之前屬於奇普查克人，這是因為類似的石人已經擴散到俄羅斯南部和巴爾幹的東北部，後來成為奇普查克人的領土。

但是當伊斯蘭教滲透到該地區後，石人的風俗就被廢除了。蒙古帝國登場後，一部分的奇普查克就移居到蒙古東南部，在那裡又受到中國乃至於佛教的影響，建立了新類型的石人。儘管它代表一個特定的個人，但似乎已被尊為氏族的祖先。

即使是在伊斯蘭教滲透的地區，通過在墓碑上刻畫騎馬的人物，或是表現戰士所持有的武器等，穿透禁止偶像崇拜的網，馬、羊也具體的雕刻而倖存下來。

直到現代，在開發熱潮的影響下，失去了很多石人，剩下來的也正等著受難。從當前的位置移走的石人，只能收集到博物館中，但是應該如何加以保存和展示呢？此外，站在原地的石人，也需要努力讓當地居民瞭解作為文化遺產的意義。石人還有很多謎團，為了解決這個問題，並使之成為一種文化遺產和旅遊資源，我們正面臨著巨大的挑戰。

後記

　　接觸石人已近四十年了。進入大學後想要學習中亞史的我，
一九六七年考入東京教育大學後，就加入了前一年才剛開始活動的
學生社團「東西關係史研究會」。社長是三年級學生堀直氏（現任
甲南大學文學院教授），會計是二年級學生梅村坦氏（現任中央大
學綜合政策學院教授）。儘管這是一個只有不到十名正式的會員的
小家庭，但卻是一個活躍的俱樂部，每月以油印方式發行《絲路》
和《月報》等刊物，並與其他大學進行交流。

　　加入社團後不久，前輩就給我們介紹了神田神保町的古書店街，
其中一誠堂書店的宏偉令人吃驚不已。我們在東洋史和考古學專業書
籍林立的書店裡站著閱讀，最後來到俄語專業的納爾卡書店。在散發
著俄語書籍特有的霉味書店內，有一個擺滿中亞史和考古學的書架，
我在無意間得到了本書中大量引用的雪爾《河中地區的石人》*。

---

* 　譯者注：《河中地區的石人》，即Я.А. Шер, Каменные изваяния Семиречья, М.-
　　Л.: 1966.

這是一本僅僅只有一百四十頁的軟皮小書，封底沒有印刷任何標題，但在封面上，一個右手握著酒杯底座的石人照片，令人印象深刻。打開一看，映入眼簾的是許多長著鬍鬚的圓臉男子。這個臉是在哪裡見過呢？它類似施里曼（Schliemann）在邁錫尼（Mycenae）出土的黃金面具，也非常類似在高中時期從江上波夫老師那裡得到的《亞洲文化史研究指南》[*]所刊登阿爾泰（Altai Republic）巴澤雷克（Pazyryk）出土木製面具的臉。當然，這些都與《河中地區的石人》一書完全沒有關係，只是因為對它有一種親切感，所以就以二百六十元買下了這本書。

　　一年之後，由於俄語中級課程教材只收錄文學作品，於是不顧一切地從頭開始閱讀雪爾的書，並企圖將其翻譯，刊登在研究會的會報上連載。遺憾的是，進行一半左右就受挫了。然而，這本書是我第一次讀的俄語專業書，是一本讓我印象深刻的書，因此我的畢業論文也選擇以突厥的石人作為主題。

　　在東京大學的研究所裡，進入了東洋史專業，又致力於不同的主題，在古代東方博物館工作後，開始對西亞和巴爾幹（Balkan）方面的考古學產生了興趣，曾經有一段時間遠離了石人的研究。但是在創價大學擔任東洋史和考古學的課程時，經常受到國立民族學博物館松原正毅教授和大阪大學文學院的森安孝夫教授、金澤大學文學院的高浜秀教授的邀請，利用文部省科研經費以及三菱財團的補助金，在新疆和哈薩克斯坦、蒙古等地，可以到訪石人的發源地。這本書也感謝那些為我們提供了進行此類研究機會的人們。

　　此外，對於在進行官方調查和私人調查時，獲得拍照許可的眾多博物館、研究所，我也要向他們表示深深的感謝。如果沒有這些照片的話，本書就會變得乏味可陳了吧。

---

[*]　譯者注：《亞洲文化史研究指南》，即《アジア文化史研究：要說篇》，江上波夫 著，東京：山川出版社，1965年出版。

石人的研究很深奧，正如本書中再三指出的，石人研究還有許多未解之處。此外，也有本書中沒有提及的問題。朝鮮半島和日本也有石人，但本書完全沒有涉及，期待韓國和日本在這個領域的研究能有所進展。

　　本書的發行使用了紀念創價大學成立三十五周年的出版補助經費，我想在此寫下以表謝意！

二〇〇五年一月

林俊雄

譯者後記

（文／朱振宏）

　　林俊雄，一九四九年出生於東京，一九七九年任職於日本古代東方博物館研究員，一九九一年轉任至創價大學文學部執教並於二〇一九年退休，現為創價大學文學部名譽教授、東洋文庫研究員、內亞史學會會員、日本西亞考古學會會員。

　　林俊雄教授專攻中央歐亞的歷史與考古學，特長是透過考古出土資料，結合傳統文獻史料，比較研究歐亞草原遊牧民族歷史，同時從事於絲路文化交流與貿易方面研究，代表著作除了本書，還有《獅鷲（格里芬）的飛翔──以聖獸觀察文化交流》（二〇〇六年）、《草原王權的誕生：斯基泰和匈奴──早期遊牧國家的文明》（二〇〇七年）、《遊牧國家的誕生》（二〇〇九年）等，其中《草原王權的誕生：斯基泰和匈奴──早期遊牧國家的文明》的中文譯本已於二〇一九年由八旗文化出版。

　　《石人考古學》是林俊雄教授的第一部學術專書，在本書的「後記」中，林俊雄教授曾言，自一九六七年考入東京教育大學（今筑波大學）文學部以來，即對分布在中央歐亞草原帶（Inner Eurasian steppes）的石人像產生濃厚興趣，使之成為長期關懷的課題，大學的畢業論文即是以突厥的石人作為主題，與石人的接觸研究近四十年。本書可說是林俊雄教授對歐亞大陸石人像研究的總結。除「序言」與「結尾語」外，全書共計分為三部、十六章，約十萬餘字。茲將全書各部章節內容做一簡要的概述，以明旨趣：

第壹部──突厥的石人：該部分篇幅最大，共計有八章，約占全書的一半內容，探討西元六～八世紀時期活躍於中央歐亞草原的突厥民族遺留下來的石人像。

第一章作者對突厥汗國境內石人像的分布地域、數量及各類形態進行說明。

第二章就不同時期、不同地域石人像的特徵與表現手法（髮型、衣領、手握容器、手指）及配飾（帽子、帶飾、袋子、火鐮）等加以探討。

第三章對石人周邊地區的石圍圈及石列性質進行分析，包括遺址的組成部分（石圍圈、石槨、土牆、溝漕、石人、石列）及遺址等級高低、石人的高度與站立位置、石列的方位、長度、數量等問題。

第四章是探討石人代表的具體對象，以往學界解釋認為石人像及石列係表現死者生前殺敵的數量，石人與石列中的立石意義相同。然而，林俊雄透過中國史料的記載，以及實地考察各地石人像遺址，認為石人像表現的是死者本人的形象（等級高、規模大的遺址，甚至還有死者的妻子及臣下的石人像）；石列（balbal）則被認為是死者生前殺敵數量，石人與石列代表的意義不同。

第五章討論石圍圈的性質以及突厥喪葬習俗與石圍圈的關係，認為石圍圈屬悼念死者的紀念地，而非火葬墓，突厥雖實行火葬，但在圖瓦、阿爾泰、天山等地，發現許多屬突厥汗國時代的土葬墓，伴隨著突厥系遊牧民族勢力的擴大，土葬墓亦擴展到歐亞草原西部。

第六章及第七章探討突厥石人像出現的時間，作者比定突厥第一汗國時期遺址（布古特遺址、特圖夫遺址、金定·布拉克遺址、Sewsüül 遺址、小洪那海遺址）、突厥第二汗國時期遺址（恩格圖遺址、希韋特·烏蘭遺址），得出石人像最早出現在突厥的西部地區，時間約在西元六世紀後半葉，突厥東部地區只有石列而無石人像，及至七世紀末期，突厥東部地區才有製作死者本人的石人像。換言之，突厥第一汗國時期可汗等級的遺址中，雖出現石列，但尚不見有石人像，直到突厥第二汗國時期，可汗等級的陵墓遺址中，才可看到立像石人。

　　第八章討論蒙古高原石人消失的時間，作者認為西元八世紀回鶻汗國時代，即廢除了豎立石人的習俗，不再製作石人像，但中亞、黑海北部仍保有豎立石人的文化。

　　第貳部——古代歐亞大陸的各種石像：這部分計有五章，探討從舊石器時代至西元十世紀歐洲、西伯利亞、蒙古、中國等地區石人像的分布、類型及其關連性。

　　第九章介紹歐洲及西亞各地的石人像，歐洲出現具備石人像各要件的時間約是在西元前一千年的鐵器時代，作者按時間順序，分別介紹法國、義大利、東歐（保加利亞、羅馬尼亞、烏克蘭）、中歐、安納托利亞、土耳其、亞美尼亞、亞塞拜然、高加索地區等地的石人像，本章涉及到多個史前時代文化時期，諸如顏那亞文化、凱米·奧巴文化（又稱為米哈伊洛夫卡文化）、哈爾施塔特文化、拉坦諾文化、邁科普文化、卡亞肯特·霍洛喬伊文化等。

　　第十章介紹歐亞草原西部騎馬遊牧民族遺留的石人像，包括前斯基泰時代、斯基泰時代、薩爾馬提亞時代的石人像，作者在本章中提出不少假設，解釋石人像傳播原因及途徑。

　　第十一章介紹除突厥石人像以外，中亞、西伯利亞、新疆阿勒泰、蒙古地區的石人像，包括西伯利亞南部、葉尼塞河上游的奧庫涅夫文化，並探討分布地域廣泛的鹿石，以及鹿石與石人像之間的關係。

第十二章討論中國從秦漢時代到唐代的石像，尤其著重分析唐高祖至唐玄宗時期各帝陵的石像特點，概觀唐代中葉以前帝陵的石像，只有太宗的「昭陵」，以及高宗、武后合葬的「乾陵」有蕃酋（蕃臣）像，此外，石像的數量、種類，隨著等級的不同雖存在一定程度的差異，但在數量上似乎沒有嚴格遵守。

第十三章探討中國、突厥與粟特石人像的關係，以往學界多認為唐代豎立蕃酋（蕃臣）像，是受到突厥文化的影響。但作者認為，突厥第一汗國時代的蒙古高原東部，並沒有製造石人像的證據，因此昭陵與乾陵的蕃酋（蕃臣）像並非是受到突厥文化的影響；反觀，中國的喪葬制度帶給突厥的可汗陵墓形制重大影響。作者進一步指出，突厥與中國立石人像的文化，很可能是受到粟特的影響。粟特人早在西元五世紀就進入中國的北朝政權之中，六世紀先後與柔然、突厥，都進行了交流。粟特人與突厥在政治、經濟、宗教、語言等領域有著很深的關係，因此，葬制與美術領域方面，也應考量受到粟特人影響的可能性。

第參部——突厥時代以後的石人：這部分計有三章，探討八世紀以降歐亞大陸石人像的發展。

第十四章介紹北高加索到南俄羅斯的波洛韋茨石人，透過十二世紀伊朗詩人尼札米的詩歌以及十三世紀方濟各會修道士魯布魯克的旅行記，討論欽察草原地帶的石人像特點及意義。到了十三世紀，隨著蒙古遊牧民統治該地區，立石人像的風俗廢除。

第十五章對十三、十四世紀蒙古高原東南部的石人像出現的原因進行探討，作者從考古資料以及元朝文獻，提出蒙古東南部的石人像是波洛韋茨將祭祀祖先的崇拜禮儀以製作石人方式帶入蒙古，然後逐漸變成了中國風格。

第十六章討論伊斯蘭文化進入歐亞大陸後，立石人的風俗隨著伊斯蘭教禁止偶像崇拜而廢除，然而十五到十九世紀的哈薩克、中亞南部、高加索地區，以及安那托利亞高原等地墓地，雖已沒有人類的雕像，但仍可見如等身大小的平板立石及石獸，這可視為是突厥立石人傳統的餘續。進入二十世紀，隨著農業化的發展，以及「現代化」的浪潮衝擊下，歐亞大陸的草原石人遭到了嚴重的破壞。如何能有效並妥適地保護和展示遺留下來的石人像，是當下面臨的巨大挑戰，極待思考解決的問題。

經由上述的介紹，本書系統地闡述了史前時代到十九世紀歐亞大陸各地豎立石人像的源流發展，以及不同地域間石人遺存的組成、石人表現特點與相互關係，承如日文本的書介指出，本書是「以豐富的實地調查和研究成果為基礎，闡明遊牧民石像文化和文化交流的實際情況。」透過本書，讀者可對歐亞大陸的石人文化脈絡有清楚的認識。[*]本書的另一大特色是除了附有相關地圖外，在相對應的文字中，配有近三百幀的圖（照）片，其中大部分是作者歷次親赴歐亞各地調研考察時的攝影，透過這些圖（照）片，使讀者更能直觀地瞭解作者的論述及比較其中異同。

本書出版於二○○五年三月（二○一九年八月第二版），之後林俊雄又發表一篇論文〈六～八世紀のモンゴリア、中央アジア、北中国―突厥王侯の墓廟から見た文化複合―〉，《史境》第 64 號（2012 年 3 月），頁 1—18，該篇論文是對本書「第貳部——古代歐亞大陸的各種石像」的進一步詮釋和補充，譯者亦已將該文翻譯成中文，[**]有興趣的讀者可查找參看。此外，由於本書涉及眾多歐亞地區不同時代的文化，文中出現不少專有名詞，為了方便讀者閱讀，以「譯者注」的方式，適時做一些必要的補充說

---

[*] 讀者可進一步參看穴沢咊光對於本書的書評〈林俊雄著《ユーラシアの石人》ユーラシア考古学選書〉，《季刊考古學》，93 號（2005 年 11 月），頁 112。

[**] 林俊雄著，朱振宏譯，〈六至八世紀的蒙古、中亞和北中國——從突厥王侯陵墓所見文化複合一〉，《早期中國史研究》，第十三卷（2021 年 12 月），頁 169—199。

明。

　　本書自二〇〇五年出版後，中國大陸亦開始對蒙古、新疆、陝西等地石人像進行整理與研究，[***]同時也有探討突厥汗國喪葬風俗與歐亞文化交流的專書與學位論文，[****]但無論是就研究的地域，抑或是參考學術界研究成果，本書仍是至今討論歐亞草原石人像最全面、也是最具廣度與深度的學術論著。

　　最後我想略敘一下本書的翻譯源起。翻譯外文著作，原不在我的學術規畫之中。二〇二〇年二月初，受到新冠肺炎（COVID-19）在台驟起的影響，學校臨時決定延後兩周開學，面對這突如其來多出的兩個星期，可以做些什麼事呢？當時我在大學本科預備開「北亞草原民族歷史與文化」一課，在備課的參考書籍中，正好有一本林俊雄教授的《遊牧國家的誕生》，全書約三萬五千字，於是就萌發看看能否利用這兩周的時間，將這本篇幅不算太大的書譯出，可提供上課同學的參考，很順利地在二月底開學之際，就將該書翻譯出來。有了這次練手的經驗，我就希望日後能利用教研之餘，將一些與自己研究領域有關的論文或書籍翻譯出來。

　　台灣學界對於歐亞草原石人文化十分陌生，也沒有相關的研究成果，當時八旗出版社正將日本講談社二十一卷本的套書「興亡的

*** 專書有：王博、祁小山，《絲綢之路草原石人研究》（烏魯木齊：新疆人民出版社，2009年）、新疆維吾爾自治區文物局 編，《新疆草原石人與鹿石》（北京：科學出版社，2011年）；學位論文有：周飛，〈乾陵持劍石人像雕塑形式的研究──幾個關於雕塑問題的思考〉（北京：中央美術學院碩士論文，2012年）、任寶磊，〈新疆地區的突厥遺存與突厥史地研究〉（西安：西北大學博士論文，2013年）、德力格爾其其格，〈蒙古國的突厥石人研究〉（呼和浩特：內蒙古大學碩士論文，2015年）、伊特歌樂，〈突厥服飾初探──以6～8世紀突厥石人像為主〉（呼和浩特：內蒙古大學碩士論文，2019年）等。

**** 專書有：劉永連，《突厥喪葬風俗研究》（桂林：廣西師範大學出版社，2012年）、陳凌，《突厥汗國與歐亞文化交流的考古學研究》（上海：上海古籍出版社，2013年）；學位論文有韓文彬，〈蒙古國境內突厥墓葬初步研究〉（呼和浩特：內蒙古大學碩士論文，2018年）等。

世界史」陸續出版，承蒙總編輯富察延賀先生的厚愛，邀請我為其中幾本有關遊牧民族歷史的書籍做導讀介紹，我也藉機推薦林俊雄的《石人考古學》，希望八旗能將這本內容豐富，涉及範圍廣泛，非常適合做為探索歐亞石人文化的入門著作翻譯出版，使中文世界的讀者也能對這個議題有所瞭解。富察兄當下即非常爽快的應允，並旋即請編輯部著手向日方交涉授權中文出版事宜。現今的出版界多以「市場」導向、利益掛帥，對於非主流、注定難以獲利的學術著作，多半是望而生畏，興趣缺缺，八旗能一秉創始初衷，不計成本，出版質優高水平的書籍，嘉惠學界，著實令人感動，在此誠摯地感謝富察兄及八旗出版社。同時我還要感謝助理林宏哲同學，宏哲擔任我科技部專題研究計畫助理多年，做事態度負責盡職，交辦的事，從不誤失。本書各章節譯文，宏哲在文字上進行了認真校對以及注釋的補訂。如今宏哲從中正大學歷史所碩士班畢業，並順利考上台灣大學歷史所博士班，祝福宏哲學業精進、鵬程萬里！

　　翻譯過程中的箇中滋味，想必有翻譯經驗的人一定深能體會，嚴復在翻譯赫胥黎（Thomas Henry Huxley）的名著《天演論》（*Evolution and Ethics*）提到過翻譯的三難原則：「信、達、雅」。期望本書的譯文，至少能做到忠於（faithfulness）原著，不偏悖作者要旨。譯文的不足與缺失之處，敬盼讀者不吝批評指正。

　　是為譯後記。

朱振宏　記於墨耕小屋
二〇二二年七月三十一日

附錄

一、中央歐亞編年表

地域／年代	歐洲	安納托利亞	美索不達米亞·伊朗	中央歐亞西部 黑海·高加索北部	裏海北部	中央歐亞中部 哈薩克斯坦
1300	神聖羅馬帝國	東羅馬帝國	蒙古	蒙		古
1200						西遼
1100			塞爾柱帝國	波洛韋茨		
1000			阿拔斯帝國（黑衣大食）			喀喇汗王朝
900	法蘭克王國			佩切涅格		奇普查克
800					烏古斯	葛邏祿
700			倭瑪亞帝國（白衣大食）	可薩		西突厥
600			薩珊帝國	保加爾		突厥
500	民族大移動期			阿瓦爾		
400				匈人		
300				薩爾馬提亞		
200						
100		羅馬帝國	安息帝國			康居
紀元後／前	拉坦諾文化					
100						
200						
300		亞歷山大帝國				
400	伊特魯斯克	阿契美尼德王朝		斯基泰	索格瑪泰	薩迦（塞）
500	哈爾斯塔特文化					
600						
700		烏拉爾圖	亞述	前斯基泰	前索格瑪泰	
800						
900						
1000	青銅器時代					
1500		西臺		横穴墓文化		安德羅諾沃文化
2000		蘇美		地穴墓文化 梅科普文化		
3000		銅石器時代		顏那亞文化 凱米·歐巴文化		

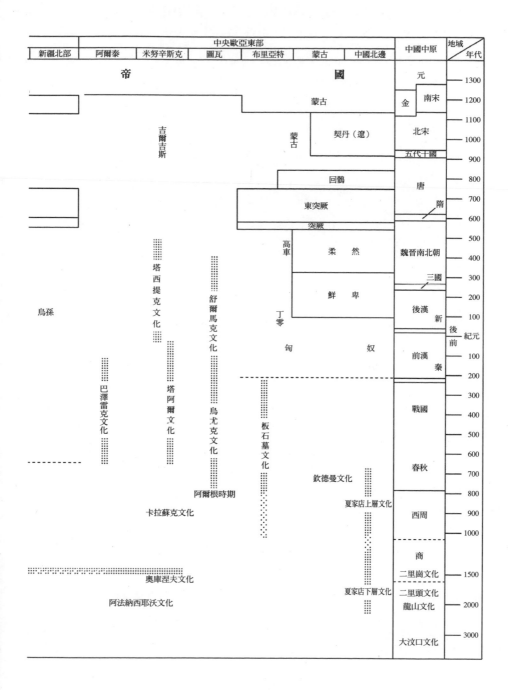

二、突厥、回鶻時代祭祀可汗等級與貴人所營建的設施

這張表大致是按照年代順序，總結突厥、回鶻時代的可汗以及僅次於它的王侯、貴族等級人物的祭祀遺址。本表資料以沃伊托夫的一系列研究[1]和我參加的 1993、1995 ～ 1997 年度國立民族學博物館的松原正毅教授為代表的科研、1996 ～ 1997 年度以大阪大

時代	遺跡名	緯度・經度（秒小數點以下四捨五入）	祭祀對象	年代	石堆
突厥第一汗國	布古特	N47° 49'12" E101°16'56"	佗鉢可汗	582 年	7.5×7.5m
突厥第一汗國	特圖夫	N48°36'41" E98°59'56"	伊利可汗或沙鉢略可汗	六世紀後半	直徑 15m
突厥第一汗國	巴顏查干沙加迪	N47°45'20" E101°20'40"	？	六世紀後半？	8×8m
突厥第一與第二汗國中間期？	恩格圖	N47°33'12" E105°50'58"	？	七世紀？	
突厥第二汗國	希韋特・烏蘭	N48°47'56" E102°00'19"	骨咄祿可汗？	七世紀末？	直徑 35m
突厥第二汗國	穆哈爾	N47°12'31" E105°32'08"	默啜可汗？	八世紀初	
突厥第二汗國	翁金	N46°20'20" E102°11'02"	阿史那族王侯[1]	八世紀初	
突厥第二汗國	查干敖包 I	N47°41'41" E107°28'42"	暾欲谷（阿史德元珍？）	720 年代	
突厥第二汗國	伊夫・霍馬特	N46°55'08" E104°33'47"	闕利啜	731 年左右	
突厥第二汗國	和碩柴達木 II	N47°33'49" E102°49'57"	闕特勤	731	
突厥第二汗國	和碩柴達木 I	N47°33'27" E102°50'15"	毗伽可汗	735	
回鶻汗國	霍森・塔爾	N48°21'45" E101°51'10"	懷仁可汗？	747 ？	直徑 10m
回鶻汗國	西奈烏斯	N48°32'28" E102°12'46"	葛勒可汗	759	直徑 26m

(1) 以往的研究中，都會在碑文中讀到「阿爾普・伊爾・伊特米什」這個人名，認為這就是碑文的主人公。但是森安孝夫的科研調查顯示，這不能看作是人名，這是很有說服力的解釋（森安孝夫、奧其爾 編，《蒙古國現存遺跡、碑文調查研究報告》，頁135）。

(2) 土牆和周邊溝渠嚴重塌陷，僅依靠表面的調查很難準確測量出實際規模。因此，最好將以下的數值看作概數。

(3) 除此之外，土牆的內側也有6個立石，這也可以算作是巴爾巴爾吧。另外，沃伊托夫認為有258個（V.E. Vojtov, *Drevnetyurkskij panteon i model' mirozdaniya v kul'tovo-pominal'nykh pamyatnikakh Mongolii VI-VIII vv*, p.29）。

(4) 螭首原本是以龍的身體呈半圓形的狀態表示。但在布古特中是以突厥的狼祖傳說為依據，表現狼和幼兒的姿態。（森安孝夫、奧其爾編，《蒙古國現存遺跡、碑文調查研究報告》，頁122）

(5) 每個石槨的外部刻一些塔姆加的圖案。只有石槨可能已過時的時期，我將放在( )中。

(6) 參看第壹部第七章「最早的石人？（二）」。

(7) 雖然只是斷片，但至少有橫190×長133公分（森安孝夫、奧其爾編，《蒙古國現存遺跡、碑文調查研究報告》，頁126）。

(8) 這個數值是依據森安孝夫、奧其爾（森安孝夫、奧其爾編，《蒙古國現存遺跡、碑文調查研究報告》）。沃伊托夫的說法是980公尺，有166個（V.E. Vojtov, *Drevnetyurkskij panteon i model' mirozdaniya v kul'tovo-pominal'nykh pamyatnikakh Mongolii VI-VIII vv*, p.29）。

學的森安孝夫教授為代表的科研、[2]2003 ～ 2004 年度以金澤大學的高浜秀教授為代表的科研。另外，我自己也擔任了研究代表，根據 1998 ～ 1999 年度的三菱財團[3]和 2002 年度創價大學的補助金進行調查。

石槨		石人				巴爾巴爾		土牆(2)	周溝	陵	石獸		石碑	磁石	螭首
尺寸	紋式	本人	妻	隨從	巴爾巴爾	石列長度	數量				石羊	石獅子			
						300m	276(3)	59×30m	內側	有			有	龜趺	有(4)
						308m	210	70×50m	內側	有			缺	龜趺	?
						732m	184	57×41m	內側						
2.5×2.5m	斜格子紋(5)			約34		2200m	552	60×40m	內側	有	1	1			
				9					?(6)		6	5	有	方形	無
斷片	斜格子紋	1	1	1		1000m	115	60×30m	內側	有			缺	龜趺	?
斷片(7)	圓花紋	1		5	1	900m(8)	157	68×48m	內側	有	2		有(9)	龜趺	無(10)
2.6×2.6m 1.7×1.7m	圓花紋	1	1	6		1280m	286	55×42m		有			2	無	無
斷片(11)	獅子、鳳凰紋	1	1	4(12)		1130m	165(13)	55×35m	內側	有	2	3(14)	有	方形	無
	圓花紋	1	1	7	1	3000m	125(15)	100×50m	內側	有	2	?(16)	有	龜趺	有
	鳳凰、圓花紋	1	1	3	1?	3000m	?	95×60m	內側	有	2	1	有	龜趺	有
								56×44m	內側				缺	龜趺	?
								47×45m	內側				有	龜趺	無

(9)　過去幾乎所有的研究都認為石碑有2塊，龜趺也有2塊，但是森安孝夫的調查表明，兩者都是1塊。（森安孝夫、奧其爾編，《蒙古國現存遺跡、碑文調查研究報告》，頁131）。

(10)　沿著半圓形的碑頭上端進行魚板形的線刻，有說法認為是螭首的一種簡略表現方式。（森安孝夫、奧其爾編，《蒙古國現存遺跡、碑文調查研究報告》，頁132）。

(11)　雖然只是斷片，但至少有橫190×長130公分左右（森安孝夫、奧其爾編，《蒙古國現存遺跡、碑文調查研究報告》，Pl.9f）。

(12)　沃伊托夫將石人的總數定為8個，但其中兩個應該視為模仿皮袋的石片（森安孝夫、奧其爾編，《蒙古國現存遺跡、碑文調查研究報告》，頁149）。

(13)　此外，土牆內側也有2個立石，這也可以算作是巴爾巴爾吧（森安孝夫、奧其爾編，《蒙古國現存遺跡、碑文調查研究報告》，頁149）。

(14)　沃伊托夫認為有2個石獅子，但是可以確認是3個（森安孝夫、奧其爾編，《蒙古國現存遺跡、碑文調查研究報告》，頁149）。

(15)　沃伊托夫定為169～173個（V.E. Vojtov, *Drevnetyurkskij panteon i model' mirozdaniya v kul'tovo-pominal'nykh pamyatnikakh Mongolii VI-VIII vv*, p.29）。

(16)　沃伊托夫推測有2個（V.E. Vojtov, *Drevnetyurkskij panteon i model' mirozdaniya v kul'tovo-pominal'nykh pamyatnikakh Mongolii VI-VIII vv*, p.29）。

三、唐代陵墓原有的石刻數量（唐初至高宗、武后時代）

陵墓名	被葬者或關係	營造年	蕃酋、蕃臣	鞍馬（人）	獨角獸	獅子	犀	翼馬	翁仲	羊	虎	鴕鳥	石碑
永康陵	高祖的祖父	618		2	2	2			2				
興寧陵	高祖的父親	618		4	2	2			6	4			
李壽墓	高祖的從父弟	631							2		2		龜形墓誌
獻陵	高祖	635					2		6		8		
昭陵	太宗	636-649(1)	14	6	2	2							
長樂公主墓	太宗第五女	643							2	2	2		龜趺碑
李靖墓	太宗的臣子	649							1	1			方座碑
新城公主墓	太宗第二十一女	663							2	2	2		龜趺碑
鄭仁泰墓	太宗的臣子	664								3	3		
韋貴妃墓	太宗的貴妃	666							?	有	?		龜趺碑
李勣墓	太宗的臣子	669							2	3	3		龜趺碑
恭陵	高宗與武后的長子	675				8		2	6				方座碑
乾陵	高宗與武后	683-706	64（61）	16		8		2	20			2	方座碑2
順陵	武后母親	690		2	2	10			13	3			
章懷太子墓	高宗與武后的次子	706		2									
懿德太子墓	中宗的長子	706				2			4	2			
永泰公主墓	中宗的七女	706				2			4				

(1) 蕃酋與蕃臣像在永徽年間（650-655）製作。

注釋

第一章

1. 林俊雄，〈草原世紀的開展〉，小松久男編，《中央歐亞史》（東京：山川出版社，2000年），頁15—88。

2. Sher Ya. A., *Kamennye izvayaniya Semirech'ya*, "Nauka": Moskva-Leningrad, 1966.

3. Glaesser, G. "Review: Ja. A. Šer, Kamennye izvajanija Semirec'ja", *East and West* 17(1-2), 1967, p.134.

4. Charikov, "Kamennye skul'ptury srednevekovykh kochevnikov Priirtysh'ya", *Arkheologicheskie issledovaniya drevnego i srednevekovogo Kazakhstana*, Alma-Ata, 1980, pp.130-140.

5. Ermolenko, L.N., *Srednevekovye kamennye izvayaniya kazakhstanskikh stepej*, Izdatel'stvo Instituta arkheologii I etnografii SO RAN: Novosibirsk, 2004, pp.16-17

6. Ermolenko, L.N., "Dva srednevekovykh izvayaniya smeshennoj ikonografii iz muzeev Kazakhstana", *Arkheologo-etnograficheskij sbornik*, Kemerovskij gosudarstvennyj universitet: Kemerovo, 2003, p.128.

7. Ermolenko, L.N., *Srednevekovye kamennye izvayaniya kazakhstanskikh stepej*, p.47

8. Kubarev, V.D., *Drevnetyurkskie izvayaniya Altaya*, "Nauka", Sibirskoe otdelenie: Novosibirsk, 1984, pp.20-21.

9. Kubarev, V.D., *Drevnetyurkskie izvayaniya Altaya*, pp.45-46.

10. Kyzlasov, L.R., Istoriya *Tuvy v srednie veka*, Izdatel'stvo Moskovskogo Universiteta: Moskva, 1969, p.35; pp.80-81.

11. Grach A.D., *Drevnetyurkskie izvayaniya Tuvy*, Izdatel'stvo Vostochnoj literatury: Moskva, 1961, p.54.

12. Bayar, D., Mongol töv nutag dah' turegiin hün chuluu, Mongol ulsyn shinjleh uhaany akademiin tüühiin hüreelen: Ulaanbaatar, 1997, p.72.

13. Ermolenko, L.N., *Srednevekovye kamennye izvayaniya kazakhstanskikh stepej*, p.18.

14. 王博、祁小山，《絲綢之路草原石人研究》，烏魯木齊：新疆人民出版社，1996年；林俊雄，〈蒙古高原的石人〉，《國立民族學博物館研究報告》，第21卷第1期（1996年），頁177—283。

第二章

1. 影山悅子，〈壁畫談粟特——阿弗拉西阿卜遺址〉，《文明之道3　海與陸的絲綢之路》（NHK出版，2003年），頁234。

2   Al'baum, "Novye rospisi Afrasiab", *Strany i narody Vostoka* 10, 1971, pp.83-89; Marshak
    B. I., Le programme iconograpgique des peintures de la, "Salle des Ambassadeurs" àAfrasiab
    (Samarkand). *Arts Asiatiques*, XLIX(1994), pp.1-20.

3   山田勝芳，《貨幣的中國古代史》（東京：朝日新聞社，2000年），頁274。

4   Gavrilova, *Mogil'nik Kudyrge kak istochnik po istorii altajskikh plemen*, "Nauka":
    Moskva-Leningrad, 1965, p.24,26,104.

5   塔巴爾迪耶夫（Tabaldiev, K.Sh）、索爾特巴耶夫（Soltobaev, O.A.），林俊雄譯，
    〈天山中刻有魯尼碑文的岩畫〉，《絲綢之路研究》，第3輯（2002年），頁44。

6   Khudyakov, Yu.S., Tabaldiev, K.Sh., Soltobaev, O.A., "Novye nakhodki predmetov
    izobrazitel'nogo iskusstva drevnikh tyurok na Tyan'-Shane", *Rossijskaya arkheologiya*,
    3(1997), p.145,147.

7   Magomedov, *Obrazovanie Khazarskogo kaganata*, "Nauka": Moskva, 1983; Pletneva,
    S.A., *Ocherki Khazarskoj arkheologii*, "Mosty kul'tury": Moskva, 1999, p.183.

8   Magomedov, *Obrazovanie Khazarskogo kaganata*, p.75,86.

9   林俊雄，〈草原世界的開展〉，頁79。

10 大澤孝，〈關於新疆伊犁河流域的粟特語銘文石人〉，《國立民族學博物館研究
    報告別冊》，第20輯（1999年），頁330。

11 吉田豊，〈新疆維吾爾自治區新出粟特語資料〉，《內陸亞細亞語言研究》，第6
    輯（1991），頁76。

12 杉村棟編，《MIHO MUSEUM南館圖錄》，MIHO MUSEUM，1997年。

13 陝西省考古研究所，《西安北周安伽墓》，北京：文物出版社，2003年。

14 Kubarev V.D., *Drevnetyurkskie izvayaniya Altaya*, "Nauka", Sibirskoe otdelenie:
    Novosibirsk, 1984, pp.22-26.

15 劉向陽，《唐代帝王陵墓》（西安：三秦出版社，2003年），頁156。

16 陳安利，《唐十八陵》（北京：中國青年出版社，2001年），頁65、191。

17 大澤孝，〈關於哈卡斯共和國蘇萊克岩畫的三角冠帽畫像的考察〉，《中東伊斯
    蘭・非洲文化的各種姿態和語言研究》（大阪：大阪外國語大學，2001年），頁
    231─258。

18 Rudenko S.I.& Glukhov, A.N., "Mogil'nik Kudyrge na Altae", *Materialy po etnografii*,
    III(2), 1927, p.51.

19 I.L.Kyzlasov, "Izobrazhenie Tangri i Umaj na Sulekskoj pisanitse", *Etnograficheskoe
    obozrenie*, 4, 1998, pp.39-53；大澤孝，〈關於哈卡斯共和國蘇萊克岩畫的三角冠帽
    畫像的考察〉，頁231─258。

20 大澤孝，〈關於哈卡斯共和國蘇萊克岩畫的三角冠帽畫像的考察〉，頁249

21 Kubarev, V.D.& Bayar, D., "Kamennye izvayaniya Shivet-Ulana(Tsentral'naya Mongoliya)",
    Arkheologiya, etnografiya i antropologiya Evrazii, 4, 2002, p.83.

22 Sher Ya. A., *Kamennye izvayaniya Semirech'ya*, p.16,19,49,61；王博、祁小山，《絲
    綢之路草原石人研究》，頁090-C-19；Belli, O., *Stone Balbals and Statues in Human
    Form in Kirghizistan*, Arkeoloji ve Sanat Yayınları, Istanbul, 2003, p.40.

23 Kubarev V.D., *Drevnetyurkskie izvayaniya Altaya*, p.17,27.

24 林俊雄，〈蒙古高原的石人〉，頁VII-32;39,IX-8,16；Bayar, D., Mongol töv nutag dah' turegiin hün chuluu, Mongol ulsyn shinjleh uhaany akademiin tüühiin hüreelen: Ulaanbaatar, 1997, p.127.

25 林俊雄，〈蒙古高原的石人〉，頁VII-2,6,7,9,17,38,IX-58; Bayar, D., Mongol töv nutag dah' turegiin hün chuluu, p.103.

26 Kubarev, "The Robe of the Old Turks of Central Asia according to Art Materisls:, *Archaeology, Ethnology & Anthropology of Eurasia*, 3(2000),p.85.

27 Belenizki, A.M., *Mittelasien: Kunst der Sogden*, VEB E.A. Seemann: Leipzig, 1980, Abb.51,55.

28 Kubarev, V.D., *Drevnetyurkskie izvayaniya Altaya*, p.33-36.

29 Sher Ya. A., *Kamennye izvayaniya Semirech'ya*, p.28.

30 《絲綢之路的遺寶——古代‧中世的東西文化交流》（東京：日本經濟新聞社，1985年），頁138。

31 Ya.A. Sher, *Kamennye izvayaniya Semirech'ya*, pp.67-68.

32 A.N. Bernshtam, *Istoriko-arkheologicheskie ocherki Tsentral'nogo Tyan'-Shanya i Pamiro-Alaya (MIA No.26)*, Izdatel'stvo Akademii nauk SSSR: Moskva-Leningrad, 1952, p.81.

33 L.I. Al'baum, *Balalyk-tepe*, Izdatel'stvo Akademii nauk UzSSR: Tashkent, 1960, p.194.

34 L.I. Al'baum, *Balalyk-tepe*, p.194.

35 L.I. Al'baum, "Ob etnicheskoj prinadlezhnosti 'balbalov'", *Kratkie soobshcheniya Instituta material'noj kul'tury*, 80, 1960, p.99.

36 L.I. Al'baum, *Zhivopis' Afrasiaba*, Izdatel'stvo Akademii nauk UzSSR: Tashkent, 1975, p.30；L.I.阿里巴姆，加藤九祚譯，《古代撒馬爾罕壁畫》（東京：文化出版局，1980年），頁76。

37 Ya.A. Sher, *Kamennye izvayaniya Semirech'ya*, p.68.

38 M.A. Stein, *Ancient Khotan*, Oxford University at the Clarendon Press, 1907, pl.LXI, LXIV.

39 A. Godard, Y. Godard, J. Hackin, *Les antiquites bouddhiques de Bamiyan*, Les Editions G. Van Oest: Paris et Bruxelles, 1928, pl.XXIIIa.

40 M. Bussagli, *Central Asian Painting from Afghanistan to Sinkiang*, Skira: Geneva, 1963, pp.38-39.

41 Bussagli1978:61

42 M.A. Stein, *Ancient Khotan*, p.280,299.

43 《新疆的壁畫——克孜爾千佛洞》（京都：中國外文出版社&美乃美，1981年），上：圖97；下：圖53。

44 Ya.A. Sher, *Kamennye izvayaniya Semirech'ya*, p.68.

45 L.I. Al'baum, *Balalyk-tepe*, ris.96,105,112,121；角田文衛，〈巴拉克的壁畫〉，《世界考古學大系9北方歐亞‧中亞》，東京：平凡社，1962年。

46 A.M. Belenizki, *Mittelasien: Kunst der Sogden*, p.42, Abb.39；《絲綢之路的遺寶——古代‧中世的東西文化交流》，頁89。

47　A.M. Belenizki, *Mittelasien: Kunst der Sogden*, Abb.53；田辺勝美，〈安國的金駝座與有翼雙峰駱駝〉，《東方》，第25卷第1期（1982年），頁54。

48　V.A. Shishkin, *Varakhsha*, Izdatel'stvo Akademii nauk SSSR: Moskva, 1963, tabl. XIV.

49　A.M. Belenizki, *Mittelasien: Kunst der Sogden*, Abb.15.

50　《絲綢之路的遺寶——古代・中世的東西文化交流》，頁127。

51　K.V. Trever & V.G. Lukonin, *Sasanidskoe serebro*, "Iskusstvo": Moskva, 1987, pp.112-113.

52　K.V. Trever & V.G. Lukonin, *Sasanidskoe serebro*, pp.52-53; P.O. Harper & P. Meyers, *Silver Vessels of the Sasanian Period. Volume One: Royal Imagery*, The Metropolitan Museum of Art: New York, 1981, pp.24-27.

53　《絲綢之路的遺寶——古代・中世的東西文化交流》，頁156。

54　D.M. Lang, *Armenia: Cradle of Civilization*, George Allen & Unwin Ltd.: London, 1970, p.217.

55　林俊雄，〈突厥石人中所見粟特的影響——特別是以手指表現為焦點〉，頁38。

56　陝西省考古研究所，《西安北周安伽墓》（北京：文物出版社，2003年），頁30、pl.55。

57　V.A. Mogil'nikov, "Tyurki", *Stepi Evrazii v epokhu srednevekov'ya (Arkheologiya SSSR)*, "Nauka": Moskva, 1981, p.128.

58　Ya.A. Sher, *Kamennye izvayaniya Semirech'ya*, p.80.

59　V.D. Kubarev, *Drevnetyurkskie izvayaniya Altaya*, pp.43-44.

60　S.V. Kiselev, *Drevnyaya istoriya Yuzhnoj Sibiri*, "Nauka": Moskva, 1951, p.536.

61　S.V. Kiselev, *Drevnyaya istoriya Yuzhnoj Sibiri*, p.541.

62　林俊雄，〈草原世界的開展——中世的中央歐亞〉，藤川繁彦編，《中央歐亞的考古學》（東京：同成社，1999年），頁323。

63　林俊雄，〈北方歐亞的火鐮——烏拉以東〉，頁358—362。

64　L.R. Kyzlasov, *Tashtykskaya epokha v istorii Khakassko-Minusinskoj kotloviny (I v. do n.e. - V v. n.e.)*, Izdatel'stvo Moskovskogo Universiteta: Moskva, 1960, p.156, pl.IV-192.

65　Ya.I. Sunchugashev, *Drevnyaya metallurgiya Khakasii: Epokha zheleza*, "Nauka", Sibirskoe otdelenie: Novosibirsk, 1979, p.126.

66　V.D. Kubarev, *Drevnetyurkskie izvayaniya Altaya*, p.44.

第三章

1　L.R. Kyzlasov, *Istoriya Tuvy v srednie veka*, Izdatel'stvo Moskovskogo Universiteta: Moskva, 1969, p.23.

2　V.D. Kubarev, *Drevnetyurkskie izvayaniya Altaya*, "Nauka", Sibirskoe otdelenie: Novosibirsk, 1984, p.50.

3　L.R. Kyzlasov, *Istoriya Tuvy v srednie veka*, p.26.

4　Yu.S. Khudyakov, "Drevnetyurkskie pominal'nye pamyatniki na territorii Mongolii", *Drevnie kul'tury Mongolii*, Izdatel'stvo "Nauka", Sibirskoe otdelenie: Novosibirsk, 1985, p.175; 林俊雄，〈蒙古高原的石人〉，《國立民族學博物館研究報告》，第21卷第1期（1996年），頁201。

5　林俊雄，〈蒙古高原的石人〉，頁200。

6　L. Jisl, *Balbals, Steinbabas und andere Steinfiguren als Äusserungen der Religiösen Vorstellungen der Ost-Türken*, Academia: Prag, 1970; E.A. Novgorodova, "Pamyatniki izobraziteľnogo iskusstva drevnetyurkskogo vremeni na territorii MNR", *Tyurkologicheskij sbornik 1977*, "Nauka": Moskva, 1981, pp.203-218; 林俊雄，〈蒙古草原上的古代突厥遺跡〉，《東方學》，第81輯（1991年），頁166—179；林俊雄，〈蒙古高原的石人〉，頁205。

7　林俊雄，〈蒙古草原上的古代突厥遺跡〉，頁166—179。

第四章

1　L.R. Kyzlasov, *Istoriya Tuvy v srednie veka*, Izdateľstvo Moskovskogo Universiteta: Moskva, 1969, p.39.

2　護雅夫，〈北亞視野下的騎馬民族說——特別是關於立石、石人和「巴爾巴爾」〉，《歷史與人物》，第11輯（1975年），頁64—73。

3　L. Jisl, "The Orkhon Türks and Problems of the Archaeology of the Second Eastern Türk Kaghanate", *Annals of the Náprstek Museum Praha*, 18, 1997, p.67.

4　Ya.A. Sher, *Kamennye izvayaniya Semirech'ya*, "Nauka": Moskva-Leningrad, 1966, p.58.

5　V.E. Vojtov, *Drevnetyurkskij panteon i modeľ mirozdaniya v kuľtovo-pominaľnykh pamyatnikakh Mongolii VI-VIII vv*, Gosudarstvennyj muzej Vostoka: Moskva, 1996, pp.86-87.

6　家島彥一，〈伊本・法德蘭的伏爾加保加利亞旅行記〉（東京：東京外國語大學亞洲・非洲語言文化研究所，1969年），頁25。

7　V.D. Kubarev, *Drevnie izvayaniya Altaya (Olennye kamni)*, Izdateľstvo "Nauka", Sibirskoe otdelenie: Novosibirsk, 1979, p.95.

8　V.D. Kubarev, *Drevnetyurkskie izvayaniya Altaya*, "Nauka", Sibirskoe otdelenie: Novosibirsk, 1984, p.69.

9　V.E. Vojtov, *Drevnetyurkskij panteon i modeľ mirozdaniya v kuľtovo-pominaľnykh pamyatnikakh Mongolii VI-VIII vv*, p.86.

10　S.I. Rudenko, *Frozen Tombs of Siberia*, J.M. Dent & Sons Ltd.: London, 1970, p.4.

11　林俊雄，〈1995年西蒙古調查紀行（2）〉，《草原考古通信》，第8輯（1997年），頁16。

第五章

1　A.D.格拉奇著，加藤九祚、林俊雄譯，〈內陸亞洲最古老的突厥族火葬墓〉，《考古學報》，第49輯（1970年），頁11—15。

2　V.A. Mogiľnikov, "Tyurki", *Stepi Evrazii v epokhu srednevekov'ya (Arkheologiya SSSR)*,

"Nauka": Moskva, 1981, p.32.

3　張沛，《昭陵碑石》（西安：三秦出版社，1993年），頁12、113。

4　L. Jisl, *Balbals, Steinbabas und andere Steinfiguren als Äusserungen der Religiösen Vorstellungen der Ost-Türken*, Academia: Prag, 1970, p.54.

5　D. Bayar, "Övörhangai aimgiin nutagt bui türegiin üeiin hün höshöönii tuhai", *Studia Archaeologica*, XIII(1-8), 1992, pp.34-35; 林俊雄，〈蒙古高原的石人〉，《國立民族學博物館研究報告》，第21卷第1期（1996年），頁213。

6　G. Clauson, *An Etymological Dictionary of Pre-Thirteenth-Century Turkish*, Oxford University Press, 1972, p.293,425,878.

7　L.A. Evtyukhova, "Kamennye izvayaniya severnogo Altaya", *Trudy Gosudarstvennogo istoricheskogo muzuya*, XVI, 1941, p.132.

8　Gavrilova, *Mogil'nik Kudyrge kak istochnik po istorii altajskikh plemen*, "Nauka": Moskva-Leningrad, 1965, p.18.

9　Gavrilova, *Mogil'nik Kudyrge kak istochnik po istorii altajskikh plemen*.

10　Yu.I. Trifonov, "Ob etnicheskoj prinadlezhnosti pogrebenij s konem drevnetyurkskogo vremeni (v svyazi s voprosom o strukture pogrebal'nogo obryada tyurkov-tugyu)", *Tyurkologicheskij sbornik 1972*. "Nauka": Moskva, 1973, p.374.

11　I. Ecsedy, "Ancient Turk (T'u-chueh) Burial Customs", p.282.

第六章

1　S.G. Klyashtornyj, "Sovetsko-Mongol'skaya ekspeditsiya", *Arkheologicheskie otkrytiya 1982 g*, "Nauka": Moskva, 1984, p.511.

2　V.E. Vojtov, *Drevnetyurkskij panteon i model' mirozdaniya v kul'tovo-pominal'nykh pamyatnikakh Mongolii VI-VIII vv*, Gosudarstvennyj muzej Vostoka: Moskva, 1996, p.105.

3　S.G. Kljaštornyj & V.A. Livšic, "The Sogdian Inscription of Bugut Revised", Acta Orientalia Academiae Scientiarum Hungaricae XXVI(1), 1972, p.71.

4　吉田豊、森安孝夫，〈布古特碑文〉，頁122—125。

5　S.G. Klyashtornyj, "Sovetsko-Mongol'skaya ekspeditsiya", pp.511-512; V.E. Vojtov, *Drevnetyurkskij panteon i model' mirozdaniya v kul'tovo-pominal'nykh pamyatnikakh Mongolii VI-VIII vv*; Hayashi T., "Runic Inscription on a Roof Tile Found in Mongolia", *XIV. Türk Tarih Kongresi: Kongreye Sunulan Bildiriler*, Türk Tarih, Kurum: Ankara (in printing), 2005.

6　V.E. Vojtov, *Drevnetyurkskij panteon i model' mirozdaniya v kul'tovo-pominal'nykh pamyatnikakh Mongolii VI-VIII vv*, p.105.

7　A. Ochir, Erdenebaatar, "Tsetsüühiin bichees", *Studia Archeologica Instituti Historiae Academiae Scientiarum Mongoli*, XIX(10), 2001, pp.88-90.

8　向井佑介，〈中國北朝瓦生產的展開〉，《史林》，第87卷第5期（2004年），頁1—40。

9　T. Tekin, *A Grammar of Orhon Turkic*, Indiana University: Bloomington, 1968, p.335;

G. Clauson, *An Etymological Dictionary of Pre-Thirteenth-Century Turkish*, Oxford University Press, 1972, p.141.

10 O. Pritsak, "Old Turkic Names in the Chinese Sources", *Journal of the Turkish Studies*, 9, 1985, p.206.

11 V. Rybatzki, "Titles of Türk and Uigur Rulers in the Old Turkic Inscriptions", *Central Asiatic Journal*, 44(2), 2000, p.207.

12 V. Rybatzki, "Titles of Türk and Uigur Rulers in the Old Turkic Inscriptions", p.208.

13 護雅夫，〈突厥第一汗國šad號的研究〉，《古代突厥民族史研究I》（東京：山川出版社，1967年），頁299—397。（初次發表於1961年）。

14 V.E. Vojtov, *Drevnetyurkskij panteon i model' mirozdaniya v kul'tovo-pominal'nykh pamyatnikakh Mongolii VI-VIII vv*, p.27,146.

15 H. Halén, *Memoria Saecularis Sakari Pälsi*, Suomalais-Ugrilainen Seura: Helsinki, 1982, p.65.

第七章

1   V.E. Vojtov, "Arkheologicheskie issledovaniya B.Ya. Vladimirtsova i novye otkrytiya v Mongolii", *Mongolica*, "Nauka": Moskva, 1986, p.122; V.E. Vojtov, "Kamennye izvayaniya iz Ungetu", *Tsentral'naya Aziya: Novye pamyatniki pis'mennosti i iskusstva*, "Nauka": Moskva, 1987, p.106; V.E. Vojtov, *Drevnetyurkskij panteon i model' mirozdaniya v kul'tovo-pominal'nykh pamyatnikakh Mongolii VI-VIII vv*, Gosudarstvennyj muzej Vostoka: Moskva, 1996, p.31; 林俊雄，〈蒙古草原上的古代突厥遺跡〉，《東方學》，第81輯（1991年），頁167；林俊雄，〈蒙古高原の石人〉，《國立民族學博物館研究報告》，第21卷第1期（1996年），頁219—224。

2   G.I. Borovka, "Arkheologicheskoe obsledovanie srednego techeniya r. Toly", *Severnaya Mongoliya*, II, Izdatel'stvo Akademii nauk SSSR: Leningrad, 1927, pp.77-78.

3   D. Bayar, "Tuulyn höndij deh' türegiin omnoh üeiin hün chuluuny tuhai", *Studia Archaeologica*, VII(10), 1978, pp.3-22; Ser-Odjav, "Ungutinskie pamyatniki", *Erdem shinjilgeenii ögüülel, iltgeliin Emhetgel*, Mongol uls shinjleh uhaany akademi arheologiin hüreelen: Ulaanbaatar, 2003, pp.396-400.

4   Ser-Odjav, "Ungutinskie pamyatniki", p.398.

5   D. Bayar, "Tuulyn höndij deh' türegiin omnoh üeiin hün chuluuny tuhai", pp.15-16; Ser-Odjav, "Ungutinskie pamyatniki", p.400.

6   V.E. Vojtov, "Kamennye izvayaniya iz Ungetu", p.103.

7   V.E. Vojtov, "Kamennye izvayaniya iz Ungetu", pp.104-106.

8   S.G. Klyashtornyj, "Khram, izvayanie i stela v drevnetyurkskikh tekstakh", *Tyurkologicheskij sbornik 1974*, "Nauka": Moskva, 1978, p.575; V.E. Vojtov, *Drevnetyurkskij panteon i model' mirozdaniya v kul'tovo-pominal'nykh pamyatnikakh Mongolii VI-VIII vv*, p.30.

9   V.D. Kubarev & D. Bayar, "Kamennye izvayaniya Shivet-Ulana (Tsentral'naya Mongoliya)", *Arkheologiya, etnografiya i antropologiya Evrazii*, 4, 2002, pp.74-85.

10 G.J. Ramstedt, J.G. Granö & P. Aalto, "Materialen zu den alttürkischen Inschriften der

Mongolei", *Journal de la Société Finno-Ougrienne*, 60, 1958, p.82.

11 森安孝夫、奧其爾編，《蒙古國現存遺跡、碑文調查研究報告》（大阪：中央歐亞學研究會，1999年），頁141。

12 G.J. Ramstedt, J.G. Granö & P. Aalto, "Materialen zu den alttürkischen Inschriften der Mongolei", p.84.

13 V.E. Vojtov, *Drevnetyurkskij panteon i model' mirozdaniya v kul'tovo-pominal'nykh pamyatnikakh Mongolii VI-VIII vv*, pp.39-40.

14 S.G. Klyashtornyj, "Khram, izvayanie i stela v drevnetyurkskikh tekstakh", p.576.

15 V.E. Vojtov, *Drevnetyurkskij panteon i model' mirozdaniya v kul'tovo-pominal'nykh pamyatnikakh Mongolii VI-VIII vv*, p.88.

16 森安孝夫、奧其爾編，《蒙古國現存遺跡、碑文調查研究報告》，頁142。

17 V.D. Kubarev & D. Bayar, "Kamennye izvayaniya Shivet-Ulana (Tsentral'naya Mongoliya)", p.84.

18 大塚紀宜，〈關於所謂突厥的石人墓〉，西谷正編，《由絲綢之路連結的中國新疆地區與我國九州地區比較考古學研究》，福岡：九州大學考古學研究室，1995年。

19 吉田豊，〈新疆維吾爾自治區新出粟特語資料〉，《內陸亞細亞語言研究》，第6輯（1991年），頁76。

第八章

1 V.E. Vojtov, "Arkheologicheskie issledovaniya B.Ya. Vladimirtsova i novye otkrytiya v Mongolii", *Mongolica*, "Nauka": Moskva, 1986, p.125.

2 L.R. Kyzlasov, *Istoriya Tuvy v srednie veka*, Izdatel'stvo Moskovskogo Universiteta: Moskva, 1969, p.82.

3 林俊雄，〈蒙古高原的石人〉，《國立民族學博物館研究報告》，第21卷第1期（1996年），頁183、185。

4 Ya.A. Sher, *Kamennye izvayaniya Semirech'ya*, "Nauka": Moskva-Leningrad, 1966, p.62.

5 L.N. Ermolenko, "Dva srednevekovykh izvayaniya smeshennoj ikonografii iz muzeev Kazakhstana", *Arkheologo-etnograficheskij sbornik*, Kemerovskij gosudarstvennyj universitet: Kemerovo, 2003, pp.130-132.

6 E.A. Novgorodova, "Kypchakskie svyatilishcha na yuge Kazakhstana (Sandykskij pereval, g.Merke)", *Uchenye zapiski Komissii po izucheniyu pamyatnikov tsivilizatsij drevnego i srednevekovogo Vostoka*, "Nauka": Moskva, 1989, p.155; A. Dosymbaeva, *Merke - sakral'naya zemlya tyurkov Zhetysu*, "Senim": Taraz, 2002, p.55,67.

7 E.A. Novgorodova, "Kypchakskie svyatilishcha na yuge Kazakhstana (Sandykskij pereval, g.Merke)", pp.152-153.

8 L.N. Ermolenko, *Srednevekovye kamennye izvayaniya kazakhstanskikh stepej*, Izdatel'stvo Instituta arkheologii I etnografii SO RAN: Novosibirsk, 2004, p.69.

第九章

1   J. Guilaine, "Civilisations de l'Europe au Néolithique et à l'Âge du Bronze", 2004, p.695.

2   A. Philippon, *Statues-menhirs: des énigmes de pierre venues du fond des âges*, Editions du Rouergue: Rodez, 2002.

3   A. Philippon, *Statues-menhirs: des énigmes de pierre venues du fond des âges*, p.215.

4   F. Mezzena, "Le stele antropomorfe nell'area megalitica di Aosta", *Dei di pietra: La grande statuaria antropomorfa nell'Europa del III millennio a.C.*, Skira: Milano, 1984, p.94.

5   F. Mezzena, "Le stele antropomorfe nell'area megalitica di Aosta", p.114.

6   Cossard1998:210

7   Sherrat, "The Transformation of Early Agrarian Europe: The Later Neolithic and Copper Ages, 4500-2500 BC", B.Cunliffe, ed., *The oxford Illustrated History of Prehistoric Europe*, Oxford University Press, 1994, p.198.

8   A. Philippon, *Statues-menhirs: des énigmes de pierre venues du fond des âges*, p.201; J. Guilaine, "Civilisations de l'Europe au Néolithique et à l'Âge du Bronze", p.701.

9   A. Gallay, "La nécropole du Petit-Chasseur à Sion et ses stèles", *Dans les Alpes à l'aube du métal*, Musees cantonaux du Valais, Sion, 1995, p.107.

10 A. Philippon, *Statues-menhirs: des énigmes de pierre venues du fond des âges*, p.202; J. Guilaine, "Civilisations de l'Europe au Néolithique et à l'Âge du Bronze", p.699.

11 A. Philippon, *Statues-menhirs: des énigmes de pierre venues du fond des âges*, p.204; J. Guilaine, "Civilisations de l'Europe au Néolithique et à l'Âge du Bronze", p.700.

12 Gruppo Archeologico Pisano, "The Stelae-Statues of Lunigiana", https://www.comune.pisa.it/gr-archeologico/musvir/stele/sstele_e.htm , 2004.

13 G. Camporeale, et al., *Gli Etruschi: Mille anni di civiltà*, Casa Editrice Bonechia Firenze, 1982.

14 D.Ya. Telegin & J.P. Mallory, *The Anthropomorphic Stelae of the Ukraine: The Early Iconography of the Indo-Europeans*, The Institute for the Study of Man: Washington, D.C., 1994, p.32; J. Guilaine, "Civilisations de l'Europe au Néolithique et à l'Âge du Bronze", p.697.

15 D.Ya. Telegin & J.P. Mallory, *The Anthropomorphic Stelae of the Ukraine: The Early Iconography of the Indo-Europeans*, pp.27-32.

16 Yu. Rassamakin, "The Eneolithic of the Black Sea Steppe: Dynamics of Cultural and Economic Development 4500-2300 BC", *Late Prehistoric Exploitation of the Eurasian Steppe*, McDonald Institute for Archaeological Research, University of Cambridge: Cambridge, 1999, pp.59-182.

17 D.Ya. Telegin & J.P. Mallory, *The Anthropomorphic Stelae of the Ukraine: The Early Iconography of the Indo-Europeans*, p.32.

18 D.Ya. Telegin & J.P. Mallory, *The Anthropomorphic Stelae of the Ukraine: The Early Iconography of the Indo-Europeans*.

19 D.Ya. Telegin & J.P. Mallory, *The Anthropomorphic Stelae of the Ukraine: The Early*

    Iconography of the Indo-Europeans, p.10.

20 D.Ya. Telegin & J.P. Mallory, *The Anthropomorphic Stelae of the Ukraine: The Early Iconography of the Indo-Europeans*, p.58.

21 林俊雄，〈從中央歐亞遊牧民的古墳看王權的建立與發展〉，初期王權研究委員會編，《古代王權的誕生III：中央歐亞・西亞・北非編》（東京：角川書店，2003年），頁47。

22 B. Cunliffe, ed., *The Oxford Illustrated History of Prehistoric Europe*, Oxford University Press, 1997, p.126.

23 B.A. Rybakov, *Yazychestvo drevnej Rusi*, "Nauka": Moskva, 1981.

24 D.Ya. Telegin & J.P. Mallory, *The Anthropomorphic Stelae of the Ukraine: The Early Iconography of the Indo-Europeans*, p.80.

25 D.Ya. Telegin & J.P. Mallory, *The Anthropomorphic Stelae of the Ukraine: The Early Iconography of the Indo-Europeans*, p.86.

26 V. Sevin, "Mystery Stelae", *Archaeology*, 53(4), 2000, pp.46-51.

27 S.A. Esayan, *Skul'ptura drevnej Armenii*, Izdatel'stvo Akademii nauk Armyanskoj SSR: Erevan, 1980, p.20.

28 B.B. Piotrovskij, *Vishapy: kamennye statui v gorakh Armenii*, Izdanie Armyanskogo filiala AN SSSR: Leningrad, 1939, p.39.

29 S.A. Esayan, *Skul'ptura drevnej Armenii*, p.20.

30 S.A. Esayan, *Skul'ptura drevnej Armenii*, p.33,37.

31 S.A. Esayan, *Skul'ptura drevnej Armenii*, p.36.

32 R. Efendi, *Kamennaya plastika Azerbajdzhana*, Ishyg: Baku, 1986.

33 M.D. Khalilov, "Issledovanie kamennykh izvayanij Karabakha", *Arkheologicheskie otkrytiya 1982 goda*, "Nauka": Moskva, 1984, p.439.

34 A. Schachner, "Zur Bildkunst des 2. Jahrtausends v. Chr. zwischen Kaspischem Meer und Van-See am Beispiel einer Stele im Museum von Astara (Azerbaycan)", *Archäologische Mitteilungen aus Iran und Turan*, 33, 2001, p.123.

35 A. Schachner, "Zur Bildkunst des 2. Jahrtausends v. Chr. zwischen Kaspischem Meer und Van-See am Beispiel einer Stele im Museum von Astara (Azerbaycan)", p.132.

36 M.L. Ingraham & G. Summers, "Stelae and Settlements in the Meshkin Shahr Plain, Northeastern Azerbaijan, Iran", *Archäologische Mitteilungen aus Iran*, 12, 1979, p.76.

37 K.Kh. Kushnareva & V.I. Markovin, *Epokha bronzy Kavkaza i Srednej Azii. Rannyaya i srednyaya bronza Kavkaza*, "Nauka": Moskva, 1994, p.333.

第十章

1 雪嶋宏一，〈從烏拉山到喀爾巴阡山──中央歐亞西部的騎馬遊牧文化〉，藤川繁彥編，《中央歐亞的考古學》（東京：同成社，1999年），頁189。

2 N.L. Chlenova, *Olennye kamni kak istoricheskij istochnik (na primere olennykh kamnej Severnogo Kavkaza)*, Izdatel'stvo "Nauka", Sibirskoe otdelenie: Novosibirsk, 1984, p.60.

3 A.A. Kovalev, "O proiskhozhdenii olennykh kamnej zapadnogo regiona", *Arkheologiya, paleoekologiya i paleodemografiya Evrazii*, GEOS: Moskva, 2000, pp.138-180.

4 V.S. Ol'khovskij & G.L. Evdokimov, *Skifskie izvayaniya VII-III vv. do n.e.*, Rossijskaya Akademiya nauk: Moskva, 1994.

5 Ol'khovskij, Evdokimov1994:76

6 V.S. Ol'khovskij & G.L. Evdokimov, *Skifskie izvayaniya VII-III vv. do n.e.*, p.76.

7 B.Kh. Atabiev, "Izvayaniya rannikh kochevnikov iz Kabardino-Balkarii", *Arkheologiya, paleoekologiya i paleodemografiya Evrazii*, GEOS: Moskva, 2000, p.194.

8 V.S. Ol'khovskij & G.L. Evdokimov, *Skifskie izvayaniya VII-III vv. do n.e.*, p.77.

9 A.A. Voloshinov, "Novye pamyatniki pozdneskifskoj skul'ptury iz Yugo-Zapadnogo i Tsentral'nogo Kryma", *Pozdnie skify Kryma (Tr. GIM, vyp.118)*, Gosudarstvennyj Istoricheskij muzej: Moskva, 2001, p.155.

10 D.Ya. Telegin & J.P. Mallory, *The Anthropomorphic Stelae of the Ukraine: The Early Iconography of the Indo-Europeans*, The Institute for the Study of Man: Washington, D.C., 1994, p.75.

11 V.S. Ol'khovskij & G.L. Evdokimov, *Skifskie izvayaniya VII-III vv. do n.e.*, p.28.

12 V.S. Ol'khovskij & G.L. Evdokimov, *Skifskie izvayaniya VII-III vv. do n.e.*, pp.44-45,76.

13 S.Yu. Gutsalov & A.D. Tairov, "Stely i antropomorfnye izvayaniya rannego zheleznogo veka yuzhnoural'skikh stepej", *Arkheologiya, paleoekologiya i paleodemografiya Evrazii*, GEOS: Moskva, 2000, pp.226-251.

14 V.S. Ol'khovskij & G.L. Evdokimov, *Skifskie izvayaniya VII-III vv. do n.e.*, p.38.

15 V.S. Ol'khovskij & G.L. Evdokimov, *Skifskie izvayaniya VII-III vv. do n.e.*, pp.37-38.

16 O.D. Dashevskaya & G.A. Lordkipanidze, "Skifskoe izvayanie iz Vostochnoj Gruzii", *Istoriko-arkheologicheskij al'manakh*, 1, 1995, p.101.

17 R.M. Boehmer, "Skythische Grabstelen aus Muğesir (Nordost-Irak), *Baghdader Mitteilungen*, 29, 1998, pp.87-88.

18 S.H. Devedjian, "Statue de divinité (?) masculine", *Arménie: Trésors de l'Arménie ancienne des origines au IVe siècle*, Somogy Editions d'Art: Paris, 1996, p.160.

19 V.S. Olkhovskiy, "Ancient Sanctuaries of the Aral and Caspian Regions: A Reconstruction of their History", *Kurgans, Ritual Sites, and Settlements: Eurasian Bronze and Iron Age (BAR International Series 890)*, Hadrian Books Ltd: Oxford, 2000, p.34; A. Genito, V.S. Ol'khovskij, Z.S. Samashev & A.-P. Frankfort, "Issledovanie drevnikh svyatilishch aralo-kaspijskikh stepej: itogi i perspektivy", *Arkheologiya, paleoekologiya i paleodemografiya Evrazii*, GEOS: Moskva, 2000, p.9,17.

20 V.S. Olkhovskiy, "Ancient Sanctuaries of the Aral and Caspian Regions: A Reconstruction of their History", p.36; A. Genito, V.S. Ol'khovskij, Z.S. Samashev & A.-P. Frankfort, "Issledovanie drevnikh svyatilishch aralo-kaspijskikh stepej: itogi i perspektivy", p.16; 雪嶋宏一，〈從烏拉山到喀爾巴阡山——中央歐亞西部的騎馬遊牧文化〉，頁244。

21 V.S. Olkhovskiy, "Ancient Sanctuaries of the Aral and Caspian Regions: A Reconstruction of their History", p.35.

22 V.S. Olkhovskiy, "Ancient Sanctuaries of the Aral and Caspian Regions: A Reconstruction of their History", p.35,37.

23 V.S. Olkhovskiy, "Ancient Sanctuaries of the Aral and Caspian Regions: A Reconstruction of their History", p.36.

24 V.S. Olkhovskiy, "Ancient Sanctuaries of the Aral and Caspian Regions: A Reconstruction of their History", pp.36-37.

第十一章

1 D.G. Savinov, "Problemy izucheniya okunevskoj kul'tury", *Okunevskij sbornik*, Sankt-Peterburg, 1997, p.9.

2 L.R. Kyzlasov, *Drevnejshaya Khakasiya*, Izdatel'stvo Moskovskogo Universiteta: Moskva, 1986.

3 M.P. Gryaznov & E.R. Shnejder, "Drevnie izvayaniya Minusinskikh stepej", *Materialy po etnografii*, IV-2, 1929, p.64.

4 L.R. Kyzlasov, *Drevnejshaya Khakasiya*, p.189.

5 畠山禎，〈北亞的鹿石〉，《古文化談叢》，第27輯（1992年），頁207—209。

6 V.V. Volkov, *Olennye kameni Mongolii*, Ulan-Bator, 1981, p.102; V.V. Volkov, *Olennye kameni Mongolii*, Nauchnyj mir: Moskva, 2002, p.19.

7 林俊雄，〈關於斯基泰的各種問題——斯基泰研究的現狀〉，《埃爾米塔日美術館名品展——生活的樂趣》（東京：日本經濟新聞社，2001年），頁11—15。

8 R.B. Ismagilov, "Pogrebenie Bol'shogo Gumarovskogo kurgana v Yuzhnom Priural'e i problema proiskhozhdeniya skifskoj kul'tury", *Arkheologicheskij sbornik Gosudarstvennogo Ermitazha*, 29, 1988, p.32,40,43; 雪嶋宏一，〈從烏拉山到喀爾巴阡山——中央歐亞西部的騎馬遊牧文化〉，藤川繁彥編，《中央歐亞的考古學》（東京：同成社，1999年），頁208。

9 V.V. Volkov, *Olennye kameni Mongolii*, p.20.

10 V.V. Volkov, *Olennye kameni Mongolii*, p.119; V.V. Volkov, *Olennye kameni Mongolii*, pp.19-23.

11 E.A. Novgorodova, *Drevnyaya Mongoliya*, "Nauka": Moskva, 1989, pp.187-201.

12 高浜秀，〈從大興安嶺到阿爾泰山——中央歐亞東部的騎馬遊牧文化〉，藤川繁彥編，《中央歐亞的考古學》（東京：同成社，1999年），頁93。

13 畠山禎，〈北亞的鹿石〉，頁220；林俊雄，〈蒙古高原北部的鹿石與赫列克蘇爾〉，《考古學雜誌》，第85卷第3期（2000年），頁99。

14 M.E. Kilunovskaya & Vl.A. Semenov, "Olennye kamni Tuvy", *Arkheologicheskie vesti*, 5, 1998, p.145.

15 A.A. Kovalev, "O proiskhozhdenii olennykh kamnej zapadnogo regiona", *Arkheologiya, paleoekologiya i paleodemografiya Evrazii*, GEOS: Moskva, 2000, p.173.

16 護雅夫，〈北亞古代遊牧國家的構造〉，《古代突厥民族史研究II》（東京：山川出版社，1992年），頁15。（初次發表於1971年）。

17 江上波夫，〈匈奴的祭祀〉，《匈奴的社會與文化（江上波夫文化史論集3）》（東京：山川出版社，1999年），頁300。

18 A.N. Bernshtam, *Istoriko-arkheologicheskie ocherki Tsentral'nogo Tyan'-Shanya i Pamiro-Alaya (MIA No.26)*, Izdatel'stvo Akademii nauk SSSR: Moskva-Leningrad, 1952, p.144; L.R. Kyzlasov, *Tashtykskaya epokha v istorii Khakassko-Minusinskoj kotloviny (I v. do n.e. - V v. n.e.)*, Izdatel'stvo Moskovskogo Universiteta: Moskva, 1960, p.160; V.D. Kubarev, *Drevnie izvayaniya Altaya (Olennye kamni)*, Izdatel'stvo "Nauka", Sibirskoe otdelenie: Novosibirsk,1979, p.91.

19 L.R. Kyzlasov, *Tashtykskaya epokha v istorii Khakassko-Minusinskoj kotloviny (I v. do n.e. - V v. n.e.)*, p.160.

20 E.B. Vadetskaya, "Tashtykskaya kul'tura", *Stepnaya polosa Aziatskoj chasti SSSR v skifo-sarmatskoe vremya*, "Nauka": Moskva, 1992, pp.245.

21 L.R. Kyzlasov, *Tashtykskaya epokha v istorii Khakassko-Minusinskoj kotloviny (I v. do n.e. - V v. n.e.)*, p.159.

22 L.A. Evtyukhova, "Kamennye izvayaniya Yuzhnoj Sibiri i Mongolii", *Materialy i issledovaniya po arkheologii SSSR*, No.24, "Nauka": Moskva, 1952, p.96.

23 L.R. Kyzlasov, *Tashtykskaya epokha v istorii Khakassko-Minusinskoj kotloviny (I v. do n.e. - V v. n.e.)*, p.157,159.

24 E.B. Vadetskaya, *Tashtykskaya epokha v drevnej istorii Sibiri*, "Peterburgskoe Vostokovedenie": Sankt-Peterburg, 1999.

25 王博、祁小山，《絲綢之路草原石人研究》（烏魯木齊：新疆人民出版社，1996年），頁207。

26 易曼白，〈新疆克爾木齊古墓群發掘簡報〉，《文物》，1981年第1期，頁23—32；陳良偉，〈試論西域石刻人像的起源及其相關問題〉，《新疆文物》，1989年第4期，頁64—72。

27 A.A. Kovalev, "Die ältesten Stelen am Ertix", *Eurasia Antiqua*, 5, 1999, pp.135-178.

28 A.A Kovalev, "Überlegungen zur Herkunft der Skythen aufgrund archäologischer Daten", *Eurasia Antiqua*, 4, 1998, pp.247-271.

29 A.A. Kovalev, "Die ältesten Stelen am Ertix", p.152.

30 V.E. Vojtov, "Kamennye izvayaniya iz Ungetu", *Tsentral'naya Aziya: Novye pamyatniki pis'mennosti i iskusstva*, "Nauka": Moskva, 1987, pp.92-109; 林俊雄，〈蒙古高原的石人〉，《國立民族學博物館研究報告》，第21卷第1期（1996年），頁232—233。

第十二章

1 Ya.A. Sher, *Kamennye izvayaniya Semirech'ya*, "Nauka": Moskva-Leningrad, 1966, p.37.

2 岑仲勉，《突厥集史》（北京：中華書局，1958年），頁896；葛承雍，〈唐昭陵、乾陵蕃人石像與「突厥化」問題〉，《歐亞學刊》，第3輯（2002年），頁150—162。

3 楊寬著，尾形勇、太田侑子譯，《中國皇帝陵的起源與變遷》（東京：學生社，

　　　1981年），頁112。

4　關野貞，《中國的建築與藝術》（東京：岩波書店，1938年），頁78。（初次發表於1908年）。

5　陳安利，《唐十八陵》，頁194。

6　楊寬著，尾形勇、太田侑子譯，《中國皇帝陵的起源與變遷》，頁106、109。

7　陳安利，《唐十八陵》，頁194。

8　楊寬著，尾形勇、太田侑子譯，《中國皇帝陵的起源與變遷》，頁108—109。

9　楊寬著，尾形勇、太田侑子譯，《中國皇帝陵的起源與變遷》，頁111。

10　曹丹，〈蘆山縣漢樊敏闕清理復原〉，《文物》，1963年第11期，頁66；A. Paludan, *The Chinese Spirit Road*, Yale University Press: New Haven, 1991, p.51.

11　平勢隆郎，《龜碑和正統》，東京：白帝社，2002年。

12　楊寬著，尾形勇、太田侑子譯，《中國皇帝陵的起源與變遷》，頁66。

13　A. Paludan, *The Chinese Spirit Road*, p.68; 奈良縣立橿原考古學研究所編，《南朝石刻》（橿原：橿原考古學協會，2002年），頁85。

14　A. Paludan, *The Chinese Spirit Road*, p.81.

15　楊寬著，尾形勇、太田侑子譯，《中國皇帝陵的起源與變遷》，頁68。

16　王國維校，袁英光、劉寅生標點，《水經注校》（上海：上海人民出版社，1984年），頁423—424。

17　楊寬著，尾形勇、太田侑子譯，《中國皇帝陵的起源與變遷》，頁71。

18　黃明蘭，〈洛陽北魏景陵位置的確定和靜陵位置的推測〉，《文物》，1978年第7期，頁39。

19　楊寬著，尾形勇、太田侑子譯，《中國皇帝陵的起源與變遷》，頁113。

20　A. Paludan, *The Chinese Spirit Road*, p.98; 尤廣熙，《中國石獅造型藝術》（北京：中國建築工業出版社，2003年），頁6。

21　王重光、陳愛娣，《中國帝陵》（上海：上海古籍出版社，1996年），頁161。

22　任常泰，《中國陵寢史》（臺北：文津出版，1995年），頁160。

23　中國社會科學院考古研究所，〈河北磁縣灣漳北朝墓〉，《考古》，1990年第7期，頁601—607。

24　陝西省考古研究所，〈北周武帝孝陵發掘簡報〉，《考古與文物》，1997年第2期，頁9。

25　陝西省考古研究所，《西安北周安伽墓》（北京：文物出版社，2003年），頁9。

26　A. Paludan, *The Chinese Spirit Road*, p.85; 尤廣熙，《中國石獅造型藝術》，頁6。

27　劉向陽，《唐代帝王陵墓》（西安：三秦出版社，2003年），頁5。

28　陳安利，《唐十八陵》，頁40。

29　劉向陽，《唐代帝王陵墓》，頁350。

30　劉向陽，《唐代帝王陵墓》，頁358。

31　劉向陽，《唐代帝王陵墓》，頁352。

32　來村多加士，《唐代皇帝陵的研究》，頁110—111。

33　來村多加士，《唐代皇帝陵的研究》，頁25。

34　楊寬著，尾形勇、太田侑子譯，《中國皇帝陵的起源與變遷》，頁75。

35 葛承雍，〈唐昭陵六駿與突厥葬俗研究〉，《中華文史論叢》，第60期（1999年），頁202。

36 陳安利，《唐十八陵》，頁196。

37 劉向陽，《唐代帝王陵墓》，頁41。

38 陳安利，《唐十八陵》，頁47。

39 陳安利，《唐十八陵》，頁258。

40 陳安利，《唐十八陵》，頁263。

41 陳安利，《唐十八陵》，頁273。

42 劉向陽，《唐代帝王陵墓》，頁67。

43 陳安利，《唐十八陵》，頁281。

44 劉向陽，《唐代帝王陵墓》，頁60。

45 劉向陽，《唐代帝王陵墓》，頁337—338。

46 劉向陽，《唐代帝王陵墓》，頁100、365。

47 陳國燦，〈唐乾陵石人像及其銜名的研究〉，《文物集刊》，1980年第2期，頁190；來村多加士，《唐代皇帝陵的研究》，頁177；劉向陽，《唐代帝王陵墓》，頁106。

48 劉向陽，《唐代帝王陵墓》，頁111。

49 陳安利，《唐十八陵》，頁58。

50 劉向陽，《唐代帝王陵墓》，頁101。

51 劉向陽，《唐代帝王陵墓》，頁342。

52 陳安利，《唐十八陵》，頁316。

53 陳安利，《唐十八陵》，頁299。

54 來村多加士，《唐代皇帝陵的研究》，頁58。

55 楊寬著，尾形勇、太田侑子譯，《中國皇帝陵的起源與變遷》，頁155；來村多加士，《唐代皇帝陵的研究》，頁172；劉向陽，《唐代帝王陵墓》，頁94。

56 劉向陽，《唐代帝王陵墓》，頁155—156；陳安利，《唐十八陵》，頁65。

57 來村多加士，《唐代皇帝陵的研究》，頁172；陳安利，《唐十八陵》，頁81；劉向陽，《唐代帝王陵墓》，頁196。

58 平勢隆郎，《龜碑和正統》，頁21。

59 楊寬著，尾形勇、太田侑子著，《中國皇帝陵的起源與變遷》，頁120。

第十三章

1 Sher Ya. A., *Kamennye izvayaniya Semirech'ya*, "Nauka": Moskva-Leningrad, 1966.

2 岑仲勉，《突厥集史》，北京：中華書局，1958年；葛承雍，〈唐昭陵六駿與突厥葬俗研究〉，《中華文史論叢》，第60輯（1999年），頁182—209、〈唐昭陵、乾陵蕃人石像與「突厥化」問題〉，《歐亞學刊》，第3期（2002年），頁150—162。

3 來村多加士，《唐代皇帝陵的研究》（東京：學生社，2001年），頁172。

4 楊寬著，尾形勇、太田侑子譯，《中國皇帝陵的起源與變遷》（東京：學生社，

1981年），頁115。

5　來村多加士，《唐代皇帝陵的研究》，頁174。

6　楊寬著，尾形勇、太田侑子譯，《中國皇帝陵的起源和變遷》，頁115。

7　固原縣文物工作站，〈寧夏固原北魏墓清理簡報〉，《文物》，1984年第6期，頁
　　46—56；東山健吾監修，〈寧夏美術的變遷〉，《大黃河‧鄂爾多斯秘寶展——
　　中國寧夏美術的精華》（NHK中國軟體計畫，1992年），頁4—8。

8　白鳥庫吉，〈粟特國考〉，《白鳥庫吉全集7》（東京：岩波書店，1971年），頁
　　65—68。

9　唐‧李延壽，《北史》（北京：中華書局，1974年）卷九二〈和士開傳附安吐根
　　傳〉，頁3047。

10　桑原隲藏，〈關於隋唐時代到中國居住的西域人〉，《桑原隲藏全集2》（東京：
　　岩波書店，1968年），頁315。

11　唐‧令狐德棻，《周書》卷五十〈異域傳下〉，中華書局標點本，頁908。

12　護雅夫，〈東突厥國家內部的粟特人〉，《古代突厥民族史研究I》（東京：山川
　　出版社，1967年），頁61—93。（初次發表於1965年）；護雅夫，〈與突厥可汗
　　國內部粟特人有關的資料〉，《古代突厥民族史研究II》（東京：山川出版社，
　　1992年），頁200—215。（初次發表於1972年）。

第十四章

1　N.I. Veselovskij, "Sovremennoe sostoyanie voprosa o 'Kamennykh babakh' ili 'balbalakh'",
　　Zapiski Odesskogo obshchestva istorii i drevnostej XXXII, 1915, p.422.

2　S.A. Pletneva, *Polovetskie kamennye izvayaniya (Arkheologiya SSSR SAI E4-2)*, "Nauka":
　　Moskva, 1974, p.5.

3　柏郎嘉賓（Carpini）、魯不魯克（Rubruquis）著，護雅夫譯，《中亞‧蒙古旅行
　　記》（東京：桃源社，1965年），頁155。

4　S.A. Pletneva, ed., *Stepi Evrazii v epokhu srednevekov'ya (Arkheologiya SSSR)*, "Nauka":
　　Moskva, 1981, p.219.

5　S.A. Pletneva, *Polovetskie kamennye izvayaniya (Arkheologiya SSSR SAI E4-2)*.

6　S.A. Pletneva, *Polovetskie kamennye izvayaniya (Arkheologiya SSSR SAI E4-2)*, p.72.

7　C.R. Beazley, *The Texts and Versions of John de Plano Carpini and William de
　　Rubruquis*, Kraus Reprint Ltd.: Nendeln, 1967, p.156.

8　S.A. Pletneva, *Polovetskie kamennye izvayaniya (Arkheologiya SSSR SAI E4-2)*, p.69.

9　K.I. Krasil'nikov & L.I. Tel'nova, "Polovetskie izavayaniya Srednego Podontsov'ya:
　　tipologiya, evolyutsiya, khronologiya", *Stepi Evropy v epokhu srednevekov'ya*, tom 1,
　　Institut arkheologii NAN Ukrainy, Donetsk, 2000, pp.227-244.

10　S.A. Pletneva, *Polovetskie kamennye izvayaniya (Arkheologiya SSSR SAI E4-2)*, p.50.

11　S.A. Pletneva, ed., *Stepi Evrazii v epokhu srednevekov'ya (Arkheologiya SSSR)*, p.221.

12　S.A. Pletneva, *Polovetskie kamennye izvayaniya (Arkheologiya SSSR SAI E4-2)*, p.75.

13　S.A. Pletneva, *Polovetskie kamennye izvayaniya (Arkheologiya SSSR SAI E4-2)*, p.76.

第十五章

1   Kazakevich, "Namogil'nye statui v Darigange", *Materialy Komissii po issledovaniyu Mongol'skoj i Tannu-Tuvinskoj Respublik i Buryat-Mongol'skoj ASSR*, 5, 1930, pp.1-35.

2   D. Bayar, *Mongolchuudyn chuluun hörög (XIII-XlV zuun)*, Mongol ulsyn shinjleh uhaany akademiin tüühiin hüreelen: Ulaanbaatar, 1995.

3   Kazakevich, "Namogil'nye statui v Darigange", p.3.

4   內蒙古考古研究所，〈正藍旗羊群廟元代祭祀遺址及墓葬〉，《內蒙古文物考古文集》，第1輯（1994年），頁610—621。

5   明·宋濂，《元史》（北京：中華書局，1979年）卷一二八〈土土哈傳〉，頁3131—3132

6   藤枝晃，〈元朝文人傳記中的奇普查克石人〉，《學海》，第5輯（1947年），頁23—25。

第十六章

1   B. Karamağaralı, *Ahlat mezartaşları*, Güven Matbaası: Ankara, 1972, p.75.

2   R. Efendi, *Kamennaya plastika Azerbajdzhana*, Ishyg: Baku, 1986.

3   I. Tasmagambetov, *Kulpytas*, Berel: Astana, 2002, p.67.

4   S.E. Azhigali, *Next to the Edge of the Precaspian History*, Dzhouldas and Company: Almaty, 2000, p.241.

附錄二

1   V.E. Vojtov, "Arkheologicheskie issledovaniya B.Ya. Vladimirtsova i novye otkrytiya v Mongolii", *Mongolica*, "Nauka": Moskva, 1986; V.E. Vojtov, *Drevnetyurkskij panteon i model' mirozdaniya v kul'tovo-pominal'nykh pamyatnikakh Mongolii VI-VIII vv*, Gosudarstvennyj muzej Vostoka: Moskva, 1996

2   森安孝夫、奧其爾編，《蒙古國現存遺跡、碑文調查研究報告》（大阪：中央歐亞學研究會，1999年）。

3   林俊雄，〈草原世界的開展〉，小松久男編，《中央歐亞史》（東京：山川出版社，2000年），頁15—88。

參考文獻

アリバウム L. I.（加藤九祚訳）1980『古代サマルカンドの壁画』文化出版局。

池田温編 1997「唐令拾遺補」東京大学出版会。

江上波夫 1999「匈奴の祭祀」『匈奴の社会と文化』（江上波夫文化史論集3）山川
　　出版社、pp.273-310（初出は1948年）。

江上波夫、加藤九祚監 1991『南ロシア騎馬民族の遺宝展』朝日新聞社。

大澤孝 1992「イエニセイ河流域の突厥文字銘文れ人について――その作成年代を中
　　心に――」『古代文化』44(12): 1-17。

――1999「新疆イリ河流域のソグド語銘文石人について」『国立民族学博物館研究
　　報告別冊』20: 327-378。

――2001「ハカス共和国スレク岩絵の三角冠像についての一考察」『中衆イスラ
　　ム・アフリカ文化の諸相と言語研究』大阪外国語大学、pp.231-258。

――2002「古代テュルク系遊牧民の埋葬儀　における動物供犠」小長谷有紀編『北
　　アジアにおける人と動物のあいだ』東方書店、pp.159-206。

大塚紀宜 1995「いわゆる突厥の石人墓について」西谷正編『シルクロードによって
　　結ばれた、中国新疆地區と我が国九州地區との比較考古学的研究』九州大学考
　　古学研究室、pp.49-57。

影山悦子 2003「壁画が語るソグド――アフラシアブ造跡――」『文明の道3海と陸
　　のシルクロード』NHK出版、p.233-234。

カルピニ、ルブルク（護雅夫訳）1965『中央アジア・蒙古旅行記』桃源社。

来村多加士 2001『唐代皇帝陵の研究』学生社。

グラーチ A. D.（加藤九祚・林俊雄訳）1970「内陸アジア最古みのチュルク族の火葬
　　墓」『考古学ジャーナル』49:11-15。

桑原騭藏 1968「隋唐時代に支那に来往した叫域人に就いて」『桑原騭藏全集2』岩
　　波書店、pp.270-360（初出は1926年）。

白鳥庫吉 1971「粟特国考」『白鳥庫吉全集7』岩波書店、p.43-123（初出は1924
　　年）。

『シルクロードの遺宝』、1985、日本経済新聞社。

『新疆の壁画――キジル千仏洞――上』、1981、中国外文出版社&美乃美。

杉村棟編 1997『MIHO MUSEUM南館図録』MIHO MUSEUM。

関野貞 1938『支那の建築と芸術』岩波書店（初出は1938年）。

『大黄河・オルドス秘宝展』、1992、NHKちゅうごくソフトプラン。

高浜秀 1999「大興安嶺からアルタイまで――中央ユーラシア東部の騎馬遊牧文化
　　――」藤川繁彦編『中央ユーラシアの考古学』同成社、pp. 53-136。

田辺勝美 1982「安国の金駝座と有翼双峯駱駝」『オリエント』25(1):50-72。

タバルデイエフK. SH.、ソルトバエフO. A. （林俊雄訳）2002「天山山中のルーニック碑文を伴う岩画」『シルクロード研究』3:41-49。

角田文衞 1962「バラルイクの壁画」『世界考古学大系9北方ユーラシア・中央アジア』平凡社、巻末折込。

内藤みどり 1988『西突厥史の研究』早稲田大学出版部。

──1998「突厥キュリ＝チョル考」『内陸アジア史研究』13:13-33。

奈良　立橿原考古学研究所編 2002『南朝石刻』橿原考古学協会。

仁井田陞 1964『唐令拾遺』東京大学出版会（初版は1933年）。

畠山禎 1992「北アジアの鹿石」『古文化談叢』27:207-225。

林俊雄1991「モンゴル草原における古代テュルクの遺跡」『東方学』81:166-179。

──1993「突厥の石人に見られるソグドの影響──とくに手指表現に焦点を当てて──」『創価大学人文論集』5:27-44。

──1994「北方ユーラシアの火打金──ウラル以東──」『日本と世界の考古学──現代考古学の展開──』雄山閣出版、pp.352-369。

──1996「モンゴル高原の石人」『国立民族学博物館研究報告』21(1): 177-283。

──1997「1995年西モンゴル調査行（2）」『草原考古通信』8:11-27。

──1999「草原世界の展開──中世の中央ユーラシア──」藤川繁彦編『中央ユーラシアの考古学』同成社、pp.263-339。

──2000「草原世界の展開」小松久男編『中央ユーラシア史』山川出版社pp,15-88。

──2000a「モンゴル高原北部の鹿石とヘレクスル」『考古学雑誌』85(3):98-102。

──2001「スキタイに関する様々な問題──スキタイ研究の現状──」『エルミタージュ美術館名品展──生きる喜び──』日本経済新聞社、pp.11-15。

──2003「中央ユーラシア遊牧民の古墳から見た王権の成立と発展」初期王権研究委員会編『古代王権の誕生III：中央ユーラシア・西アジア・北アフリカ編』角川書店、pp.46-69。

東山健吾1992「寧夏の美術の歩み」『大黄河・オルドス秘宝展』NHKちゅうごくソフトプラン、pp.4-8。

平勢隆郎2002『亀の碑と正統』白帝社。

藤枝晃1947「元朝の文人の伝へたキプチャク人の石人形」『学海』5:23-25。

向井佑介2004「中国北朝における瓦生産の展開」『史林』87(5):140。

護雅夫1967「突厥第一帝国におけるšad号の研究」『古代トルコ民族史研究』山川出版社、pp.299-397（初出は1961年）。

──1967a「東突厥国家内部におけるソグド人」『古代トルコ民族史研究I』山川出版社、pp.61-93（初出は1965年）。

──1975「北アジアからみた騎馬民族説──とくに立石・石人・『バルバル』について──」「歴史と人物」11:64-73。

──1992「北アジアにおける古代遊牧国家の構造」『古代トルコ民族史研究I』山川出版社、pp.3-31（初出は1971年）。

──1992a「突厥可汗国内部におけるソグド人の役割に間する一資料」『古代トルコ民族史研究II』山川出版社、pp.200-215（初出は1972年）。

──1997「高車伝にみえる諸氏族名について──高車諸氏族の分布──」古代トル
　　コ民族史研究III』山川出版社、pp.279-297（初出は1948年）。
森安孝夫、A.オチル編 1999『モンゴル国現存遺蹟・碑文・調査研究報告』中央ユー
　　ラシア学研究会、大阪。
家島彦一 1969『イブン・フアドラーンのヴォルガ・ブルガール旅行記』東京外国語大
　　学、アジア・アフリカ言語文化研究所。
山田勝芳 2000『貨幣の中国古代史』朝日新聞社。
雪嶋宏一 1999「ウラルからカルパチアまで──中央ユーラシア西部の騎馬遊牧文化
　　──」藤川繁彦編『中央ユーラシアの考古学』同成社、pp.l89-261。
楊寛（尾形勇・太田侑子訳）1981『中国皇帝陵の起源と変遷』学生社。
吉田豊 1991「新疆維吾爾自治区新出ソグド語資料」『内陸アジア言語の研究』6: 57-
　　83。
吉田豊、森安孝夫 1999「ブグト碑文」（森安、オチル 1999, pp.122-125）。

※　※　※

岑仲勉 1958『突厥集史』中華書局、北京。
陳安利 2001『唐十八陵』中国青年出版社、北京。
陳国燦 1980「唐乾陵石人像及其銜名的研究」『文物集刊』2:189-203。
陳良偉 1989「試論西域石刻人像的起源及其相関問題」『新疆文物』4:64-72。
程征、李惠 1988『唐十八陵石刻』陝西人民美術出版社、咸陽。
葛承雍 1999「唐昭陵六駿与突厥葬俗研究」『中華文史論叢』60:182-209。
──2002「唐昭陵、乾陵蕃人石像与『突厥化』問題」『欧亜学刊』3:150-162。
固原県文物工作作站 1984「寧夏固原北魏墓清理簡報」『文物』6:46-56。
黄明蘭 1978「洛陽北魏景陵位置的確定和靜陵位置的推測」『文物』7:36-39, 22。
劉向陽 2003『唐代帝王陵墓』三秦出版社、西安。
內蒙古考古研究所 1994「正藍旗羊群廟元代祭祀遺址及墓葬」『內蒙古文物考古文
　　集』1:610-621。
任常泰 1995『中国陵寢史』文津出版、台北。
陝西省考古研究 1997「北魏武帝孝陵発掘簡報」『考古与文物』2:8-28。
──2003『西安北周安伽墓』文物出版社、北京。
陝西省咸陽市文物局 2002『咸陽文物精華』文物出版社、北京。
王博 1996「対切木爾切克早期非独立墓地石人的認識」『新疆芸術』5:13-20。
王博、祁小山 1996『絲綢之路草原石人研究』新疆人民出版社。
王重光、陳愛娣 1996『中国帝陵』上海古籍出版社。
王仁波編 1990『隋唐文化』上海学林出版社。
易曼白 1981「新疆克爾木　古墓群発掘簡報」『文物』1:23-32。
尤広熙 2003『中国石獅造型芸術』中国建築工業出版社、北京。
張沛 1993『昭陵碑石』三秦出版社、西安。
中国社会科学院考古研究所 1990「河北磁県湾漳北朝墓」『考古』7:601-607。

※ ※ ※

Al baum, L. I. 1960. *Balalyk-tepe*. IzdatePstvo Akademii nauk UzSSR: Tashkent.

――――1960a. Ob etnicheskoj prinadlezhnosti "balbalov". *Kratkie soobshcheniya Instituta material'noj kul'tury* 80: 95-100.

――――1971. Novye rospisi Afrasiaba. *Strany i narody Vostoka* 10: 83-89.

――――1975. *Zhivopis' Afrasiaba*. Izdatel'stvo·Akademii nauk UzSSK: Tashkent.

Alabiev. B. Kh. 2000. Izvayaniya rannikh kochevnikov iz Kabardino-Balkarii. *Arkheologiya, paleoekologiya i paleodenwgrafiya Evrazii*. GKOS: Moskva, pp.181-196.

Azarpay, G. 1981. *Sogdian Painting*. University of California Press, Berkeley.

Azhigali, S. E. *Next to the Edge of the Precaspian History*. Dzhouldas and Company: Almaty.

Bayar, D. 1978. Tuulyn höndij deh' türegiin omnoh üeiin hün chuluuny tuhai. *Studia Archaeologica* VII (10): 3-22.

Bayar. D. 1992. Övörhangai aimgiin nutagt bui türegiin üeiin hiin höshöönii tuhai. *Studia Arhcaeologica*. XIII (1-8): 29-52.

――――1995. *Mongolchuudyn chuluun hörög (XIII-XIV zuun)*. Mongol ulsyn shinjleh uhaany akademiin tüühiin hüreelen: Ulaanbaatar.

――――1997. Mongol töv nutag dah' turegiin hiin chuluu. Mongol ulsyn shinjleh uhaany akademiin tüühiin hüreelen: Ulaanbaatar.

Beazley, C. R. 1967. *The Texts and Versions of John de Plano Carpini and William de Rubruquis*. Kraus Reprint Ltd.: Nendeln.

Belenizki, A. M. 1980. *Mittelasien: Kunst derSogden*. VEB K.A. Seemann: Leipzig.

Belli, O. 2003. *Stone Balbals and Statues in Human Form in Kirghizistan*. Arkeoloji ve Sanat Yayinlaı: Istanbul.

Bernshtam, A. N. 1952. *Istoriko-arkheologicheskie ocherki TsentraVnogo Tyan'-Shanya i Pamiro-Alaya (MIA No.26)*. Izdatel'stvo Akademii nauk SSSR: Moskva-Leningrad.

Bichurin, N. Ya. 1950. *Sobranie svedenij o narodakh, obitavshikh v Srednej Azii v drevnie vremena*. I. Izdatel'stvo Akademii nauk SSSR: Moskva-Leningrad.

Bisembaev, A. A. 2000. Seriya kamennykh izvayanij iz fondov Aktyubinskogo oblastnogo istoriko-kraevedcheskogo muzeya. *Izvestiya Natsional'noj AN Respubliki Kazakhstan: seriya obshchestvennykh nauk* 1(224): 78-83.

Boehmer, R. M. 1998. Skythische Grabstelen aus Muğesir (Nordost-Irak). *Baghdader Mitteilungen* 29: 81-94.

Borovka, G. I. 1927. Arkheologicheskoe obsledovanie srednego techeniya r. Toly. *Severnaya Mongoliya*, II. Izdaterstvo Akademii nauk SSSR: Leningrad, pp.43-88.

Bussagli, M.1963. *Central Asian Painting from Afghanistan to Sinkiang*. Skira: Geneva.

Camporeale, G. *et al*.1982. *Gli Etruschi: Mille anni di civiltà*. Casa Editrice Bonechia Firenze.

Charikov, 1980. Kamennye skul'ptury srednevekovykh kochevnikov Prnrtysh'ya. *Arkheologicheskie issledovaniya drevnego i srednevekovogo Kazakhstana*. Alma-Ata, pp.130-140.

Chlenova, N. L. 1984. *Olennye kamtii kak istoricheskij istochnik (na primere olennykh kamnej Severnogo Kavkaza)*. Izdatel'stvo "Nauka", Sibirskoe otdelenie: Novosibirsk.

Clauson, G. 1972. *An Etymological Dictionary of Pre-Thirteenth-Century Turkish*. Oxford University Press.

Cunliffe, B., ed. 1997. The Oxford Illustrated History of Prehistoric Europe. Oxford University Press.

Dannheimer, H. 1993. *Die keltische Jahrtausend*. Verlag Philipp von Zabem: Mainz am Rhein.

Dashevskaya, O. D. & Lordkipanidze, G.A. 1995. Skifskoe izvayanie iz Vostochnoj Gruzii. *Istoriko-arkheologicheskij al'manakh* 1:99-101.

Devedjian, S.H. 1996. Statue de divinité (?) masculine. *Arménie: Tré*sors de l'*Annénie ancienne des origines au IVe st*ècle. Somogy Editions d'Art: Paris.

Dosymbaeva, A. 2002. *Merke - sakral'naya zemlya tyurkov Zhetysu*. "Senim": Taraz.

Ecsedy, I. 1984. Ancient Turk (T'u-chueh) Burial Customs. *Acta Orientalia Acaderniae Scientiarum Hungaricae* XXXVIII (3): 263-287.

Efendi, R. 1986. *Kamennaya plastika Azerbajdzhana*. Ishyg: Baku.

Erddlyi, I. 1978. Recently Found Relics of Turkic Stone Sculpture from the Territory of the Mongolian People's Republic. *Arts of the Eurasian Steppelands*. University of London, Percival David Foundation of Chinese Art, pp.203-217.

Ermolenko, L. N. 2003. Dva srednevekovykh izvayaniya smeshennoj ikonografu iz muzeev Kazakhstana. *Arkheologo-etnograficheskij shornik*. Kemerovskij gosudarstvennyj universitet: Kemerovo, pp.125-134.

———— 2004. Srednevekovye kamennye izvayaniya kazakhstanskikh stepej. Izdatel'stvo Instituta arkheologii i etnografii SO RAN: Novosibirsk.

Esayan, S. A. 1980. *Skul'ptura drevnej Annenii*. Izdatel'stvo Akademii nauk Armyanskoj SSR: Erevan.

Evtyukhova, L. A. 1941. Kamennye izvayaniya severnogo Altaya. *Trudy Gosudarstvennogo istoricheskogo rnuzuya* XVI: 119-134.

———— 1952. Kamennye izvayaniya Yuzhnoj Sibirii Mongom. *Materialy I issledovaniya po arkheologii SSSR*. No.24. "Nauka": Moskva, pp.72-120.

Gallay, A. 1995. La nécropole du Petit-Chasseur à Sion et ses stèles. *Dans les Alpes* àl'*aube du métal*. Musees cantonaux du Valais, Sion, pp. 103-112.

Gavrilova, 1965. *Mogil'nik Kudyrge kak istochnik po istorii altajskikh piemen*. "Nauka": Moskva-Leningrad.

Genito, A., Ol'khovskij, V.S., Samashev, Z.S. & Frankfort, A.-P 2000. Issledovanie drevnikh svyatilishch aralo-kaspijskikh stepej: itogii perspekuvy. *Arkheologiya, paleoekologiya i paleodemografiya Evrazii*. GEOS: Moskva, pp.7-20.

Glaesser, G.1967. Review: Ja. A. Šer, Kamennye izvajanija Semireč'ja. *East and West* 17(1-2): 131-134.

Godard, A., Godard, Y., Hackin, J.1928. *Les antiquités bouddhiques de Bamiyan*. Les Editions G. Van Oest: Paris et Bruxelles.

Grach, A. D. 1961. *Drevnetyurkskie izvayaniya Tnvy*. Izdatel'stvo Vostochnoj literatury: Moskva.

Gruppo Archeologico Pisano. 2004. Tlie Stelae-Statues of Lunigiana. https://www.comune.pisa.it/gr-archeologico/musvir/stele/sstele_e.htm

Gryaznov, M. P. 1950. Minusinskie kamennye baby v svyazi s nekotorymi novymi materialami. *Sovetskaya arkheologiya* XVII: 128-156.

Gryaznov, M. P. & Shnejder, E.R. 1929. Drevnie izvayaniya Minusinskikh stepej. *Materialy po ettiografti* IV-2: 63-90.

Guilaine, J. 2004. Civilisations de l'Europe au Néolithique et à l'Âge du Bronze, pp.695-703.

Gurkin, S. V. 1987. Polovetskie svyatilishcha s derevyannymi izvayaniyami na Nizhnem Donu. *Sovetskaya arkheologiya* 4:100-109.

Gutsalov, S.Yu. & Tairov, A.D. 2000. Stely i antropomorfnye izvayaniya rannego zheleznogo veka yuzhnoural'skikh stepej. *Arkheologiya, paleoekologiya i paleodemografiya Evrazii*. GEOS: Moskva, pp.226-251.

Halén, H. 1982. *Memoria Saecularis Sakari Pälsi*. Suomalais-Ugrilainen Seura: Helsinki.

Harper, P. O. & Meyers, P. 1981. *Silver Vessels of the Sasanian Period. Volume One: Royal Imagery*. The Metropolitan Museum of Art: New York.

Hayashi T. 2005. Runic Inscription on a Roof Tile Found in Mongolia. *XIV. Türk Tarih Kongresi: Kongreye Sunulan Bildiriler*. Türk Tarih Kuruni: Ankara (in printing).

Honegger, M. 1995. Techniques et dconomie au Néolithique final. *Dans les Alpes à l'aube du metal*. Musées cantonaux du Valais, Sion, pp.127-132.

Horváth, A. P. 1989. *Pechenegs, Cumans, Iasians: Steppe Peoples in Medieval Hungary*. Corvina: Budapest.

Ingraham, M. L. & Summers, G.1979. Stelae and Settlements in the Meshkin Shahr Plain, Northeastern Azerbaijan, Iran. *Archäologische Mitteilungen aus Iran* 12: 67-102.

Ismagilov, R. B. 1988. Pogrebenie Bol'shogo Gumarovskogo kurgana v Yuzhnom Riural'e i problema proiskhozhdeniya skifskoj kul'tury. *Arkheologicheskij sbomik Gosudarstvennogo Ermitazha* 29: 29-47.

Jisl, L 1970. *Balbals,Steinbabas und andere Steinfiguren als Äusserungen der Rengiosen Vorstellungen der Ost-Türken*. Academia: Prag.

———1997. The Orkhon Türks and Problems of the Archaeology of the Second Eastern Türk Kaghanate. *Annals of the Náprstek Museum Praha* 18:1-112.

Karamaiğarali, B. 1972. Ahlat mezartaşlan. Güven Matbaasi: Ankara.

Kazakevich, 1930. Namogil'nye statui v Darigange. *Materialy Komissii po issledovaniyu Mongol'skoj i Tannu-Tuvinskoj Respublik i Buryat-Mongol'skoj ASSR* 5:1-35.

Khalilov, M. D. 1984. Issledovanie kamennykh izvayanij Karabakha. *Arkheologicheskie otkrytiya 1982 goda*. "Nauka": Moskva, pp.438-439.

Khudyakov, Yu. S. 1985. Drevnetyurkskie pominal'nye pamyatniki na territorii Mongolii. *Drevnie kul'tury Mongolii*. Izdatel'stvo "Nauka", Sibirskoe otdelenie: Novosibirsk, pp.168-184.

Khudyakov, Yu. S. & Plotnikov, Yu. A. 1990. Drevnetyurkskie kamennye izvayaniya v yuzhnoj chasti Ubsunurskoj kotloviny. *Arkheologicheskie, etnograficheskie I antropologicheskie issledovaniya v Mongolii.* Izdatel'stvo "Nauka", Sibirskoe otdelenie: Novosibirsk, pp.168-184.

Khudyakov, Yu. S., Tabaldiev, K.Sh., Soltobaev, O.A. 1997. Novye nakhodki predmetov izobrazitel'nogo iskusstva drevnikh tyurok na Tyan'-Shane. *Rossijskaya arkheologiya* 3:142-147.

Kilunovskaya, M. E. & Semenov, VI.A 1998. Olennye kamni Tuvy. *Arkheologicheskie vesti* 5:143-154.

Kiselev, S. V. 1951. *Drevnyaya istoriya Yuzhnoj Sibiri.* "Nauka": Moskva.

Klyashtornyj, S. G. 1977. Epigraficheskie raboty v Mongolii. *Arkheologicheskie otkrytiya 1976 g.* "Nauka": Moskva, pp.588-589.

———— 1978. Epigraficheskie raboty v Mongolii. *Arkheologicheskie otkrytiya 1977 g.* "Nauka": Moskva, pp.575-576.

———— 1978a. Khram, izvayanie i stela v drevnetyurkskikh tekstakh. *Tyurkologicheskij sbornik 1974.* "Nauka": Moskva, pp.238-255.

———— 1984. Sovetsko-Mongol'skaya ekspeditsiya. *Arkheologicheskie otkrytiya 1982 g.* "Nauka": Moskva, pp.511-512.

Kljaštomyj, S. G. & Livšic, V.A. 1972. "The Sogdian Inscription of Bugut Revised. *Acta Orientalia Academiae Scientiarum Hungaricae* XXVI (1): 69-102.

Kovalev, A. A. 1998. Überlegungen zur Herkunft der Skythen aufgrund archäologischer Daten. *Eurasia Antiqua* 4: 247-271.

———— 1999. Die ältesten Stelen am Ertix. *Eurasia Antiqua* 5:135-178.

———— 2000. O proiskhozhdenii olennykh kamnej zapadnogo regiona. *Arkheologiya, paleoekologiya i paleodemografiya Evrazii.* GEOS: Moskva, pp.138-180.

Krasil'nikov, K. I. & Tel'nova, L.I. 2000. Polovetskie izavayaniya Srednego Podontsov'ya: tipologiya, evolyutsiya, khronologiya. *Stepi Evropy v epokhu srednevekov'ya*, tom 1. Institut arkheologii NAN Ukrainy, Donetsk, pp.227-244.

Kubarev, V. D. 1979. *Drevnie izvayaniya Altaya (Olennye kamni).* Izdatel'stvo "Nauka", Sibirskoe otdelenie: Novosibirsk.

———— 1984. *Drevnetyurkskie izvayaniya Altaya.* "Nauka" Sibirskoe otdelenie: Novosibirsk.

———— 2000. The Robe of the Old Turks of Central Asia according to Art Materials. *Archaeology, Ethnology & Anthropology of Eurasia* 3: 81-88.

Kubarev, V. D. & Bayar, D. 2002. Kamennye izvayaniya Shivet-Ulana (Tsentral'naya Mongoliya). *Arkheologiya, etnografiya i antropologiya Evrazn* 4: 74-85.

Kushnareva, K.Kh. & Markovin, V.I. 1994. *Epokha bronzy Kavkaza i Srednej Azii. Ramiyaya i srednyaya bronza Kavkaza.* "Nauka": Moskva.

Kyzlasov, I. L. 1998. Izobrazhenie Tengri i Umaj na Sulekskoj pisanitse. *Etnograficheskoe obozrenie* 4: 39-53.

Kyzlasoy, L. R. 1960. *Tashtykskaya epokha v istorii Khakassko-Minusinskoj kotbviny* (I v. do n.e. - V v. n. e.). Izdatel'stvo Moskovskogo Universiteta: Moskva.

―――― 1969. *Istoriya Tuvy v srednie veka*. Izdatel'stvo Moskovskogo Universiteta: Moskva.

―――― 1986. *Drevnejshaya Khakasiya*. Izdatel'stvo Moskovskogo Universiteta: Moskva.

Lang, D.M. 1970. *Armenia: Cradle of Civilization*. George Allen & Unwin Ltd.: London.

Liu Mau-tsai 1958. *Die chinesischen Nachrichten zur Geschichte der Ost-Türken (T'ukie)*. Otto Harrassowitz: Wiesbaden.

Magomedov, 1983. *Obrazovanie Khazarskogo kaganata*. "Nauka": Moskva.

Marshak, B. I. *et al.* 1983. *Pamyatniki kul'tury i iskusstva Kirgizii: katalog vystavki*. "Nauka": Leningrad.

―――― 1994. Le programme iconographique des peintures de la "Salle des Ambassacleurs" à Afrasiab (Samarkand). *Arts Asiatiques* XLIX: 1-20.

Mezzena, F.1998. Le stele antropomorfe nell'area megalitica di Aosta. *Dei di pietra:La grande statuaria antropomorfa nell'Europa del III millennio a.C.* Skira: Milano, pp.90-120.

Mogil'nikov, V. A. 1981. *Tyurki. Stepi Evrazii v epokhu srednevekov'ya (Arkheologiya SSSR)*. "Nauka": Moskva, pp.2943.

Museo Archeologico di Aosta. 1998. *Dei di pietra: Im grande statuaria antropomorfa nell'Europa del III millennio a.C.* Skira: Milano.

Novgorodova, E. A. 1981. Pamyatniki izobrazitel'nogo iskusstva drevnetyurkskogo vremeni na territorii MNR. *Tyurkologicheskij sbornik 1977*. "Nauka": Moskva. pp.203-218.

―――― 1989. *Drevnyaya Mongoliya*. "Nauka": Moskva.

―――― 1989a. Kypchakskie svyatilishcha na yuge Kazakhstana (Sandykskij pereval, g.Merke). *Uchenye zapiski Komissti po izucheniyu pamyatnikov tsivilizatsij drevnego i srednevekovogo Vostoka.* "Nauka": Moskva, pp. 136-176.

Nowgorodowa, E. A. 1980. *Alte Kunst der Mongolei*. VEB E.A. Seemann: Leipzig.

Ochir, A., Erdenebaatar, 2001. Tsetsuiihiin bichees. *Studia Archeologica Instituti Historiae Academiae Scientiarum Mongoli* XIX (10): 88-90.

Olkhovski, V. S. 1994. Baite, un ensamble cultuel á l'est de la Caspienne. *Les scythes: Guerriers nomades au contact des brillantes civilisatmis grecque, perse et chitioise*. Editions Faton: Dijon.

Olkhovskij, V. S. & Evdokimov, G.L. 1994. *Skifskie izvayaniya VII-III vv. do n.e.* Rossijskaya Akademiya nauk: Moskva.

Ol'khovskij, V. S., Yatsenko, S.A. 2000. O znakakh-tamgakh iz svyatilishcha Bajte III na Ustyurte. *Arkheologiya, paleoekologiya i paleodemografiya Evrazii*. GEOS: Moskva, pp.295-315.

Olkhovskiy, V. S. 2000. Ancient Sanctuaries of the Aral and Caspian Regions: A Reconstruction of their History. *Kurgans, Ritual Sites, and Settlements: Eurasian Bronze and Iron Age (BAR International Series 890)*. Hadrian Books Ltd: Oxford, pp.33-42.

Paludan, A. 1991. *The Chinese Spirit Road*. Yale University Press: New Haven.

Pauli, L. 1980. *Die Kelten in Mitteleuropa*. Salzburger Landesausstellung.

Philippon, A. 2002. *Statues-menhirs: dés enigmes de pierre venues du fond des âges*. Editions du Rouergue: Rodez.

Piotrovskij, B. B. 1939. *Vishapy: kamennye statui v gorakh Armen*ii. Izdanie Armyanskogo filiala AN SSSR: Leningrad.

Pletneva, S. A. 1974. *Polovetskie kamennye izvayaniya (Arkheologiya SSSR SAI E4-2)*. "Nauka": Moskva.

———, ed. 1981. *Stepi Evrazii v epokhu srednevekov'ya (Arkheologiya SSSR)*. "Nauka": Moskva.

———1999. *Ocherki Khazarskoj arkheologii*. "Mosty kul'tury": Moskva.

Podol'skij, M.L 1997. Ovladenie beskonechnost'yu (opyt tipologicheskogo podkhoda k okunevskomu iskusstvu). *Okunevskijsbomik*. Sankt-Peterburg, pp.168-201.

Pritsak, O. 1985. Old Turkic Names in the Chinese Sources. *Journal of the Turkish* Studies 9: 205-211.

Ramstedt, G. J., Granö, J.G. & Aalto, P.1958. Materialen zu den alttürkischen Inschriften der Mongolei. Journal de la Société Finno-Ougrienne 60:1-91.

Rassamakin, Yu. 1999. The Eneolithic of the Black Sea Steppe: Dynamics of Cultural and Economic Development 4500-2300 BC. *Late Prehistoric Exploitation of the Eurasian Steppe*. McDonald Institute for Archaeological Research, University of Cambridge: Cambridge, pp.59-182.

Rudenko, S. I.1970. *Frozen Tombs of Siberia*. J.M. Dent & Sons Ltd.: London.

Rudenko, S. I. & Glukhov, A.N. 1927. Mogil'nik Kudyrge na Altae. *Materialy po etnografii* III (2): 37-52.

Rybakov, B. A. 1981. *Yazychestvo drevnej Rusi*. "Nauka": Moskva.

Rybatzki, V. 2000. Titles of Türk and Uigur Rulers in the Old Turkic Inscriptions. Central Asiatic Journal 44(2): 205-292.

Savinov, D. G. 1997. Problemy izucheniya okunevskoj kul'tury. *Okunevskij sbomik*. Sankt-Peterburg, pp.7-18.

Savinov, D. G. & Podl'rskij, M.L 1997. *Okunevskij sbomik*. Izdatel'stvo "Petro-RIF": Sankt-Peterburg.

Schachner, A. 2001.Zur Bildkunst des 2. Jahrtausends v. Chr. zwischen Kaspischem Meer und Van-See am Beispiel einer Stele im Museum von Astara (Azerbaycan). *Archäologische Mitteilungen aus Iran und Turan* 33:115-142.

Ser-Odjav, 2003. Ungutinskie pamyatniki. *Erdem shinjilgeentt ögüülel, iltgeliin emhetgel*. Mongol uls shinjleh uhaany akademi arheolognn hureelen: Ulaanbaatar, pp.396-400.

Sertkaya, O. *et al.*, ed. 2001. *Album of the Turkish Monuments in Mongolia*. Turkish International Cooperation Administration (TICA): Ankara.

Sevin, V. 2000. Mystery Stelae. *Archaeology* 53(4): 46-51.

Sher, Ya. A. 1966. *Kamennye izvayaniya Semirech'ya*. "Nauka": Moskva-Leningrad.

Sherrat, 1994. The Transformation of Early Agrarian Europe: The Later Neolithic and Copper Ages, 4500-2500 BC. B.Cunliffe, ed. *The Oxford Illustrated History of Prehistoric Europe*. Oxford University Press, pp.167-201.

Shishkin, V. A. 1963. *Varakhsha*. Izdatel'stvo Akademii nauk SSSR: Moskva.

Stein, M. A. 1907. *Ancient Khotan*. Oxford University at the Clarendon Press.

Sunchugashev, Ya.I. 1979. *Drevnyaya metallurgiya Khakasit: Epokha zheleza*. "Nauka", Sibirskoe otdelenie: Novosibirsk.

Tasmagambetov, I. 2002. *Kulpytas*. Berel: Astana.

Tekin, T. 1968. *A Grammar of Orhon Turkic*. Indiana University: Bloomington.

Telegin, D. Ya. & Mallory, J.P. 1994. *The Anthropomorphic Stelae of the Ukraine: The Early Iconography of the Indo-Europeans*. The Institute for the Study of Man: Washington, D.C.

Trever, K. V. & Lukonin, V. G. 1987. *Sasanidskoe serebro*. "Iskusstvo": Moskva.

Trifonov, Yu.I.1973. Ob etnicheskoj prinadlezhnosti pogrebenij s konem drevnetyurkskogo vremeni (v svyazi s voprosom o strukture pogrebal'nogo obryada tyurkov-tugyu). *Tyurkologicheskij sbornik 1972*. "Nauka": Moskva, pp.351-374.

Vadetskaya, E. B. 1992. Tashtykskaya kul'tura. *Stepnaya polosa Aziatskoj chasti SSSR v skifo-sarmatskoe vremya*. "Nauka": Moskva, pp.236-246.

———— 1999. *Tashtykskaya epokha v drevnej istorn Sibiri*. "Peterburgskoe Vostokovedenie": Sankt-Peterburg.

Veselovsky, N. I. 1915. Sovremennoe sostoyanie voprosa o "Kamennykh babakh" ili "balbalakh". *Zapiski Odesskogo obshchestva istorii i drevmstej* XXXll: 408-444.

Vojtov, V.E. 1986. Arkheologicheskie issledovaniya B.Ya. Vladimirtsova i novye otkrytiya v Mongolii. *Mongolica*. "Nauka": Moskva, pp.118-136.

———— 1987. Kamennye izvayaniya iz Ungetu. *Tsentral'naya Aziya: Novye pamyatniki pis'mennosti i iskusstva*. "Nauka": Moskva, pp.92-109.

———— 1996. *Drevnetyurkskij panteon i model' mirozdaniya v kuVtovo-pominal'nykh pamyatnikakh Mongolii VI-VIII vv*. Gosudarstvennyj muzej Vostoka: Moskva.

Volkov, V.V. 1981. *Olennye kameni Mongolii*. Ulan-Bator.

———— 2002. Olennye kameni Mongolii. Nauchnyj mir: Moskva.

Voloshinov, A. A. 2001. Novye pamyatniki pozdneskifskoj skul'ptury iz Yugo-Zapadnogo i Tsentral'nogo Kryma. *Pozdnie skify Kryma* (Tr. GIM, vyp.118). Gosudarstvennyj Istoricheskij muzej: Moskva, pp.147-155.

Zakharov, A. A. 1934. The Statue of Zbrucz. *Eurasia Septentrionalis Antiqua* IX: 336-348.

石人考古學

突厥遺緒與歐亞草原的世界

ユーラシアの石人

作者｜林俊雄　譯者｜朱振宏
主編｜洪源鴻　責任編輯｜涂育誠
行銷企劃總監｜蔡慧華
封面設計｜張巖　內頁排版｜宸遠彩藝

社長｜郭重興　發行人兼出版總監｜曾大福
出版發行｜八旗文化／遠足文化事業股份有限公司
地址｜新北市新店區民權路 108-2 號 9 樓
電話｜02-22181417　傳真｜02-86671065
客服專線｜0800-221029　E-mail｜gusa0601@gmail.com
Facebook｜facebook.com/gusapublishing　Blog｜gusapublishing.blogspot.com
法律顧問｜華洋法律事務所／蘇文生律師
印刷｜通南彩色印刷有限公司

出版｜2022 年 9 月　初版一刷
定價｜550 元

ISBN｜　9786267129821（平裝）
　　　　9786267129791（EPUB）
　　　　9786267129807（PDF）

國家圖書館出版品預行編目（CIP）資料

石人考古學：
突厥遺緒與歐亞草原的世界
林俊雄著／朱振宏譯／初版／新北市／八旗
文化出版
遠足文化發行／二〇二二年九月
譯自：ユーラシアの石人
ISBN：978-626-7129-82-1（平裝）

一、考古遺址　二、文化研究　三、突厥
四、遊牧民族　五、歐亞大陸

797.8　　　　　　　　　　　111012842